Índice

Índice	2
1. Introducción a PowerShell	**10**
Introducción	11
Características	11
Consola	12
Versiones	13
Cmdlets	14
Alias	18
Ayuda	19
Canalizaciones	21
Operaciones	23
Seleccionar	23
Agrupar	24
Ordenar	26
Contar	29
Comparar	30
Dar formato	31
Entrada y salida	32
Where	33
Grid	34
Measure	35
Seguridad	36
Entorno de scripting integrado (ISE)	37
2. Programación en PowerShell	**40**
Variables	41
Constantes	43
Ámbito	43
Tipos	43
Tipos simples	45
Tipos complejos	54
Variables de entorno	59
Objetos	60
Ficheros	67
Operaciones aritméticas	68
Sumar	68
Restar	68
Multiplicar	69
Dividir	69
Resto	69
Conversiones entre sistemas numéricos	70

Operaciones lógicas	72
And	72
Or	73
Not	74
Operadores bit a bit	75
Operaciones de comparación	79
eq (Equal to - Igual a)	79
lt (Less than - Menos que)	80
gt (Greater than - Más que)	81
ge (Greater than or Equal to - Mayor o igual a)	81
le (Less than or equal to - Menor o igual a)	82
ne (Not equal to - No es igual a)	83
Sentencias condicionales	83
If	83
Else	84
ElseIf	84
Switch	85
Sentencias de repetición	87
Bucle While	87
Bucle Do-While	88
Bucle For	88
Bucle Foreach	89
Funciones	89
3. Gestión del hardware en PowerShell	**95**
Introducción	96
Procesador	96
Memoria caché	100
Memoria	101
Acceso directo a memoria	103
Discos duros	103
Buses	104
Conexiones E/S	105
Dispositivos de entrada y salida	108
Entrada	109
Salida	109
Entrada y salida	110
Placa base y otros componentes	111
BIOS	111
Batería	112
Refrigeración	113
4. Gestión del sistema de archivos en PowerShell	**116**
Introducción	118
Discos	119
Discos físicos	120

Discos virtuales	122
Particiones	123
Cifrado	124
La ruta	125
Permisos	126
Archivos	127
Obtener archivos	127
Crear archivos	131
Enviar la salida de un comando a un fichero	132
Almacenar contenido en un fichero	132
Agregar contenido a un fichero	132
Vaciar el contenido de un fichero	133
Vaciar el contenido de un ítem	133
Ver el contenido de un fichero	134
Importar el contenido de un fichero separado por comas	134
Importar el contenido de un fichero XML	135
Exportar contenido a un fichero separado por comas	135
Exportar contenido a un fichero XML	136
Copiar ficheros	137
Eliminar un fichero	137
Mover un fichero	138
Renombrar	138
Imprimir	139
Comprimir	140
Añadir un archivo un fichero comprimido	140
Descomprimir	141
Permisos	141
Realizar función hash sobre un archivo	143
Directorios	143
Crear un una carpeta	143
Cambiar de directorio	144
Listar el contenido de un directorio	144
Copiar carpetas	145
Borrar carpetas	145
Mover carpetas	146
Renombrar carpetas	146
Comprimir	146
Añadir un archivo al directorio comprimido	148
Descomprimir	148
Permisos	149
Compartir una carpeta	152
Ver carpetas compartidas	152
Ver recursos compartidos	154
5. Gestión del software en PowerShell	**155**

Introducción	156
Software	156
Listar software	157
Buscar software	160
Instalar software	161
Desinstalar software	161
Control de aplicaciones	161
Actualizaciones	162
Listar actualizaciones	163
Antivirus	164
6. Virtualización en PowerShell	**167**
Introducción	168
Máquinas virtuales	168
Listar hosts virtuales	168
Ver propiedades del host virtual	169
Crear host virtual	169
Actualizar propiedades de la máquina virtual	170
Arrancar máquinas virtuales	171
Parar máquinas virtuales	172
Crear una instantánea	172
Ver las instantáneas de una máquina virtual	174
Eliminar una máquina virtual	174
Añadir un disco virtual a una máquina virtual	175
Gestión de red virtual	176
Ver información sobre la red virtual	176
7. Gestión de procesos en PowerShell	**178**
Introducción	179
Procesos	179
Información sobre procesos	179
Tabla de procesos	184
Estados de un proceso	186
Crear procesos	187
Parar procesos	188
El procesador	191
Hilos	192
Comunicación entre procesos	194
Segundo plano	194
Servicios	195
8. Gestión de usuarios en PowerShell	**201**
Introducción	202
Características	202
Cuenta de usuario	202
Listas de control de acceso	203
Control de cuentas de usuario	204

Ejecutar como	205
Perfil de usuario	207
Directivas de Grupo	208
Usuarios	210
Ver o listar usuarios	212
Crear usuarios	215
Cambiar contraseña a un usuario	217
Modificar usuario	217
Eliminar usuario	218
Utilizar credenciales	220
Grupos	222
Ver o listar grupos	223
Crear grupos	225
Añadir usuarios a grupos	225
Eliminar usuarios de grupos	227
Eliminar grupos	227
9. Gestión de la red en PowerShell	**229**
Introducción	230
Capa física	230
Adaptadores de red	231
Capa de Internet	236
ARP	237
IP	237
ICMP	241
Capa de transporte	246
TCP	246
UDP	250
Capa de aplicación	254
DNS	254
Diagnóstico de conexiones	258
10. Gestión del rendimiento en PowerShell	**260**
Introducción	261
Monitorización	261
Rendimiento	262
Registros del sistema	263
Reparación	268
Copias de seguridad	268
Restauración	270
11. Gestión del Directorio Activo en PowerShell	**272**
Introducción	273
Servidores y clientes	273
Bases de datos	275
Credenciales	275
Objetos	277

Grupo de Trabajo versus Directorio Activo	278
Servicios de directorio	278
Directorio Activo	279
Instalación de un Directorio Activo	280
Componentes	282
Dominio	283
Esquema	285
Catálogo global	286
Objetos del Directorio Activo	286
Unidades organizativas	289
Equipos	289
Usuarios	290
Perfiles móviles	302
Grupos	303
Operaciones sobre el Directorio Activo	308
Directivas de Grupo	309
Registro	310
Objetos de directivas	311
Tipos de reglas	311
Funcionamiento	311
Listar directivas	312
Creación y manejo	315
Orden de aplicación de las directivas	316
Herencia, bloqueo, forzado y resolución de conflictos	316
Filtrado de Seguridad	318
Realizar copias de seguridad de las GPO	319
Directivas de contraseñas y bloqueo de cuentas	319
Asignación de derechos de usuario	319
Auditoría	320
Registros de sucesos	320
12. Interfaces de usuario gráficas en PowerShell	**322**
Introducción	323
Componentes	323
Ventana (Window)	323
Formulario (Form)	326
Etiqueta (Label)	328
Etiqueta de enlace (LinkLabel)	329
Botón (Button)	330
Caja de texto (TextBox)	335
Casilla de verificación (CheckBox)	336
Cuadro combinado (ComboBox)	338
Selector de fecha y hora (DateTimePicker)	339
Cuadro de lista (ListBox)	340
Vista de lista (ListView)	341

Calendario mensual (MonthCalendar)	342
Cuadro de imagen (PictureBox)	342
Barra de progreso (ProgressBar)	343
Botón de opción (RadioButton)	344
Cuadro de texto enriquecido (RichTextBox)	344
Barra de estado (StatusStrip)	345
Caja de texto (TextBox)	347
Contenedores	347
Cuadro de grupo (GroupBox)	347
Divisor (SplitContainer)	348
Gestores de posiciones	348
Eventos	350
Dibujos	355
Automatización	366

1. Introducción a PowerShell

- Introducción
- Características
- Consola
- Versiones
- Cmdlets
- Alias
- Ayuda
- Canalizaciones
- Operaciones
    - Seleccionar
    - Agrupar
    - Ordenar
    - Contar
    - Comparar
    - Dar formato
    - Entrada y salida
    - Where
    - Grid
    - Measure
- Seguridad
- Entorno de scripting integrado (ISE)

Introducción

Desde el año 2006 Microsoft dispone de una línea de comandos mejorada que se denomina PowerShell (aunque los orígenes de PowerShell datan de años anteriores y el nombre del proyecto se conocía como MONAD), es más potente y rica que la consola de MS-DOS.

PowerShell es una línea de comandos con tecnología de scripting basada en tareas que proporciona a los administradores de tecnologías de la información (TI) un control integral y la posibilidad de automatizar las tareas de administración del sistema.

PowerShell se ha creado sobre .NET Framework, Common Language Runtime (CLR) y .NET Framework, y acepta y devuelve objetos de .NET.

Los comandos (cmdlets, se pronuncia command-let) de PowerShell son sencillos de recordar usan el sistema verbo-nombre para llamar a los cmdlets, los verbos y los nombres están en inglés.

Microsoft ha liberado una edición de PowerShell llamada: PowerShell Core. Se trata de una línea de comandos PowerShell más pequeña que la PowerShell convencional y es multiplataforma, quiere decir que puede instalarse en sistemas operativos: MacOS y Linux, también en Windows.

Características

Las principales características de PowerShell son:

- Es un lenguaje de scripting.
- Diseñado para administradores de sistemas.
- Entorno interactivo y shell básica.
- Basado en .NET (.NET es una plataforma de desarrollo para la creación de todas las aplicaciones: web, para dispositivos móviles, escritorio, juegos, IoT y mucho más. Se admite en Windows, Linux y macOS).
- Controlar y automatizar el sistema operativo.
- Permite controlar también aplicaciones de Windows.
- Mejora de la antigua shell de Windows y elimina problemas antiguos.
- Incorpora conceptos y ventajas de distintos entornos.
- Realizar tareas de administración relacionadas con el registro, procesos, servicios, eventos, etc.
- Gestión de WMI (Windows Management Instrumentation, en español, Instrumentación de Administración Windows).
- Diseño sencillo.
- Orientación a objetos. Aunque los cmdlets se escriben como texto, se comportan como objetos.
- Coherencia en los cmdlets, cada cmdlet se puede utilizar siempre de la misma forma. Si hay un cmdlet que ordena no es necesario añadir esa funcionalidad a un nuevo cmdlet.

- Seguridad. Tiene sistemas que controlan la ejecución de scripts y así se evita la ejecución de scripts no deseados.
- Se pueden administrar remotamente.
- Los proveedores de Windows PowerShell permiten obtener acceso a almacenes de datos (como el Registro y el almacén de certificados) con la misma simplicidad con que se obtiene acceso al sistema de archivos.
- Permite realizar automatizaciones al tener el control del sistema operativo.
- Es multiplataforma, se puede ejecutar en cualquier sistema operativo.

Consola

El programa que sirve para ejecutar PowerShell se llama powershell.exe y la versión versión ISE (el entorno de script integrado) se llama powershell_ise.exe.

Versiones

Existen diversas versiones de PowerShell, siendo la más reciente la 7.5. Microsoft ha lanzado una edición reducida llamada PowerShell Core. Esta versión es más compacta que la PowerShell tradicional y es multiplataforma, lo que significa que puede instalarse en sistemas operativos como MacOS, Linux y también en Windows.

Ejemplos

Cmdlet que sirve para conocer la versión actual de PowerShell

Get-Host

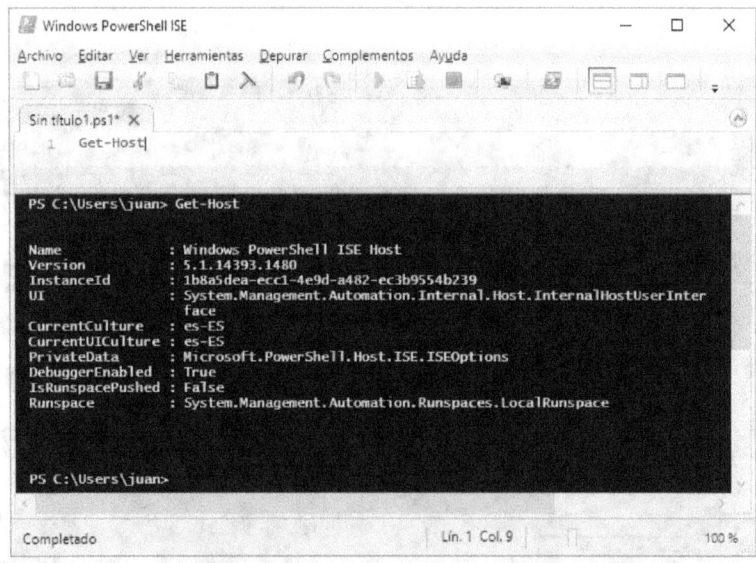

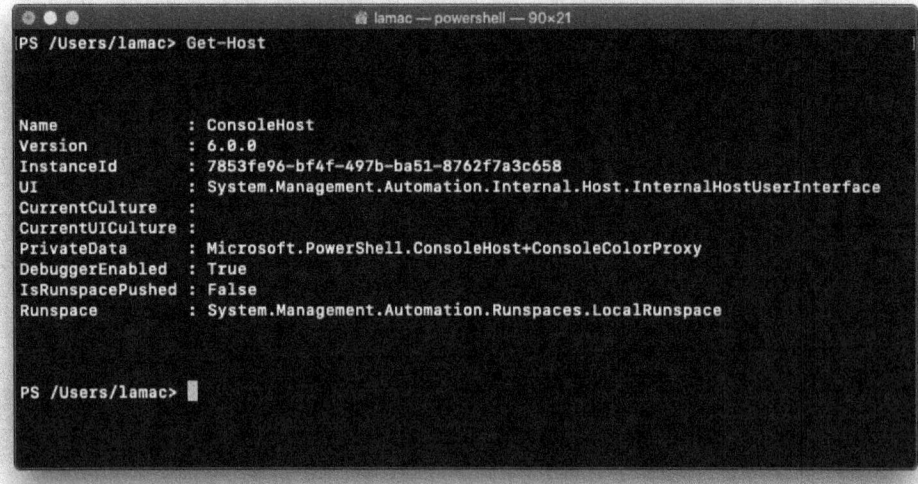

¿Cómo puedo saber si una sesión es de PowerShell convencional o bien de PowerShell Core?

Ejecutando en la consola

$PSVersionTable.PSEdition

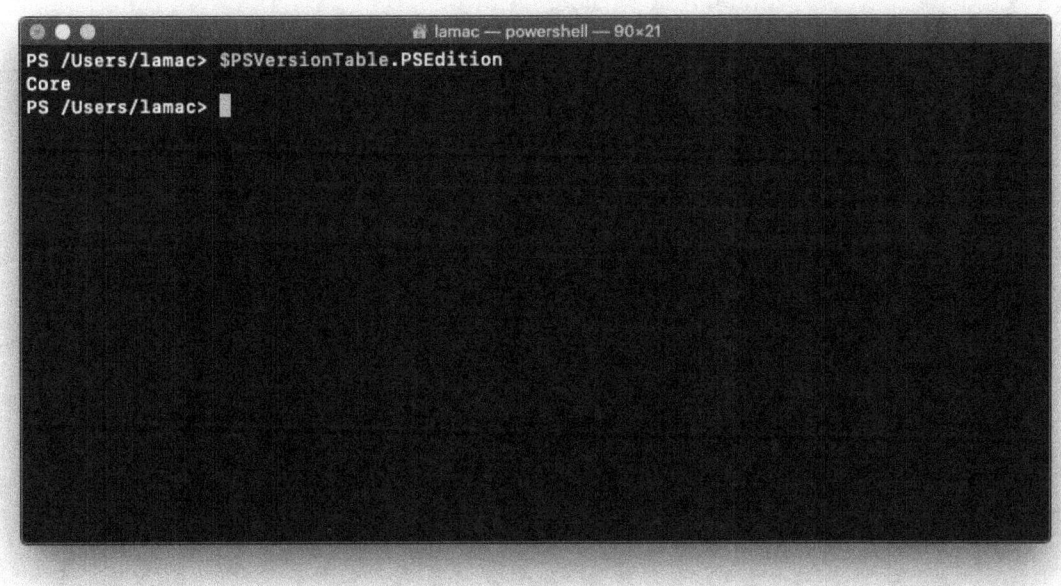

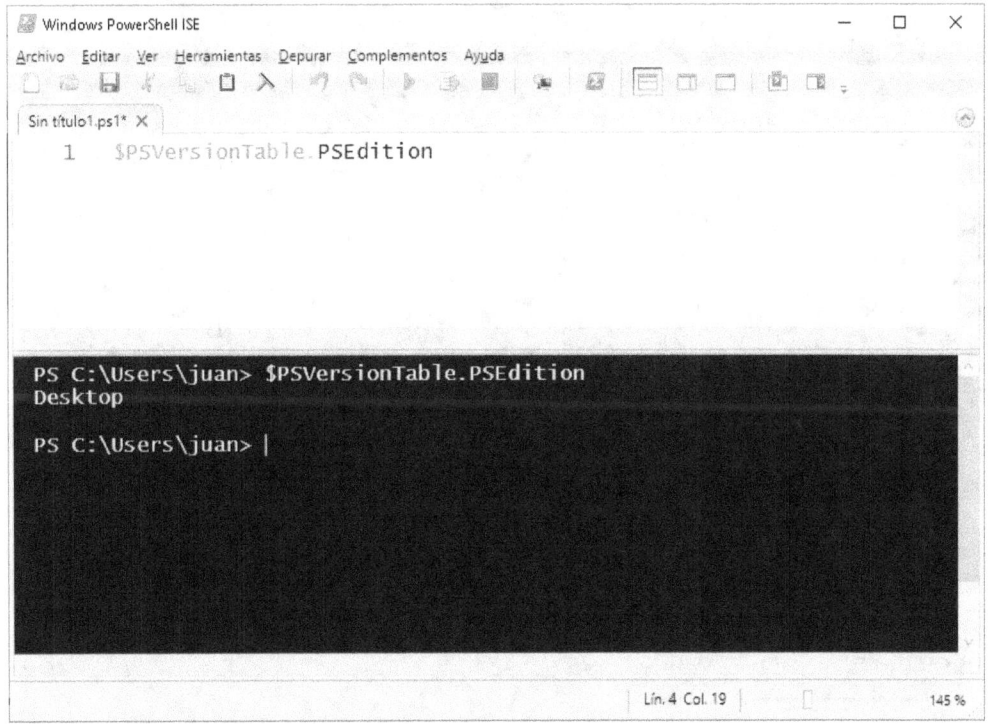

Cmdlets

PowerShell cuenta con comandos que asisten al usuario en la ejecución de operaciones y en la obtención de resultados. Estos comandos se conocen como cmdlets. En PowerShell, los comandos se consideran objetos, por lo que al ejecutar un cmdlet, el resultado no es un simple texto, sino un objeto. Cada cmdlet puede usarse de forma individual, pero su verdadera potencia se revela al enlazar varios cmdlets para realizar tareas complejas. Existen cmdlets básicos y también es posible crear nuevos.

Cmdlet que sirve para listar todos los cmdlets soportados:

Get-Command

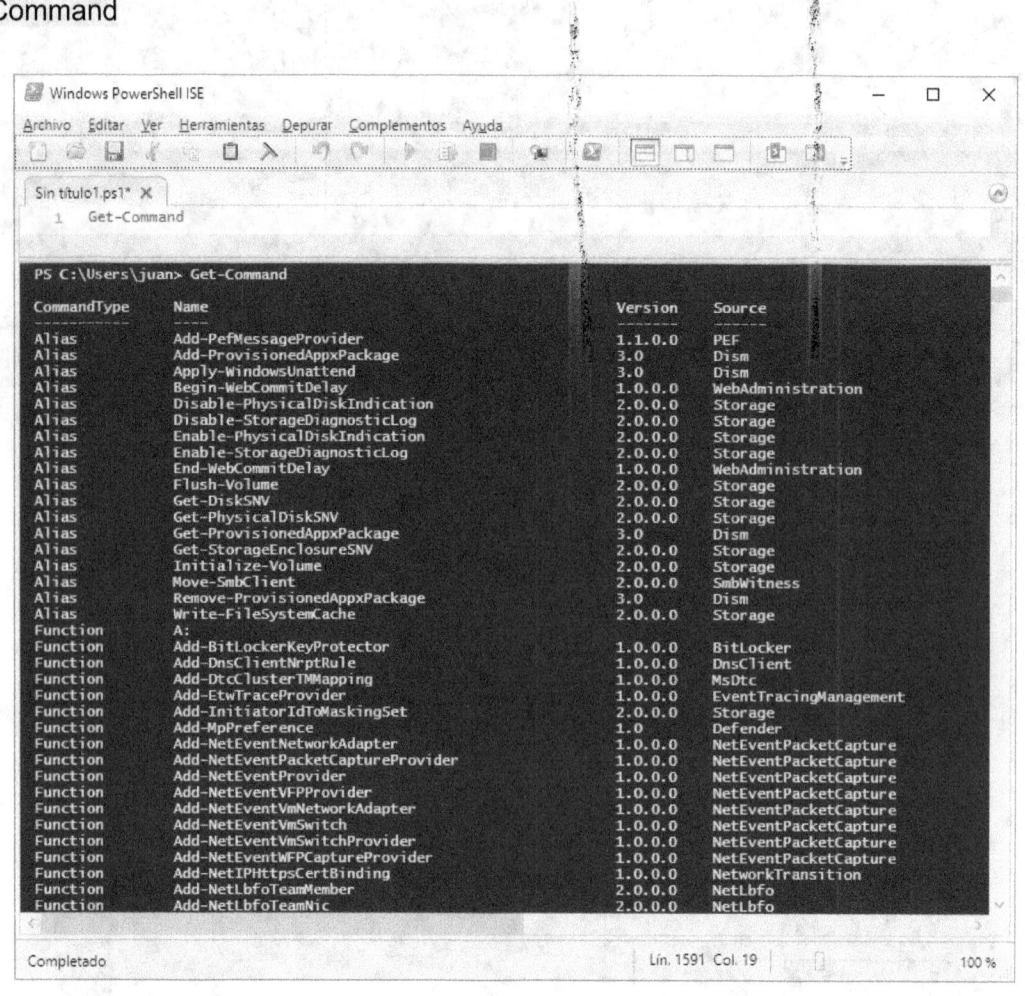

Alias:

gcm

Descubrir cmdlets:

Get-Command -Name *-Service

El comando Get-Command -Name *-Service es útil para descubrir y listar todos los cmdlets relacionados con la gestión de servicios en Windows, facilitando el acceso a las operaciones que se pueden realizar sobre los servicios del sistema.

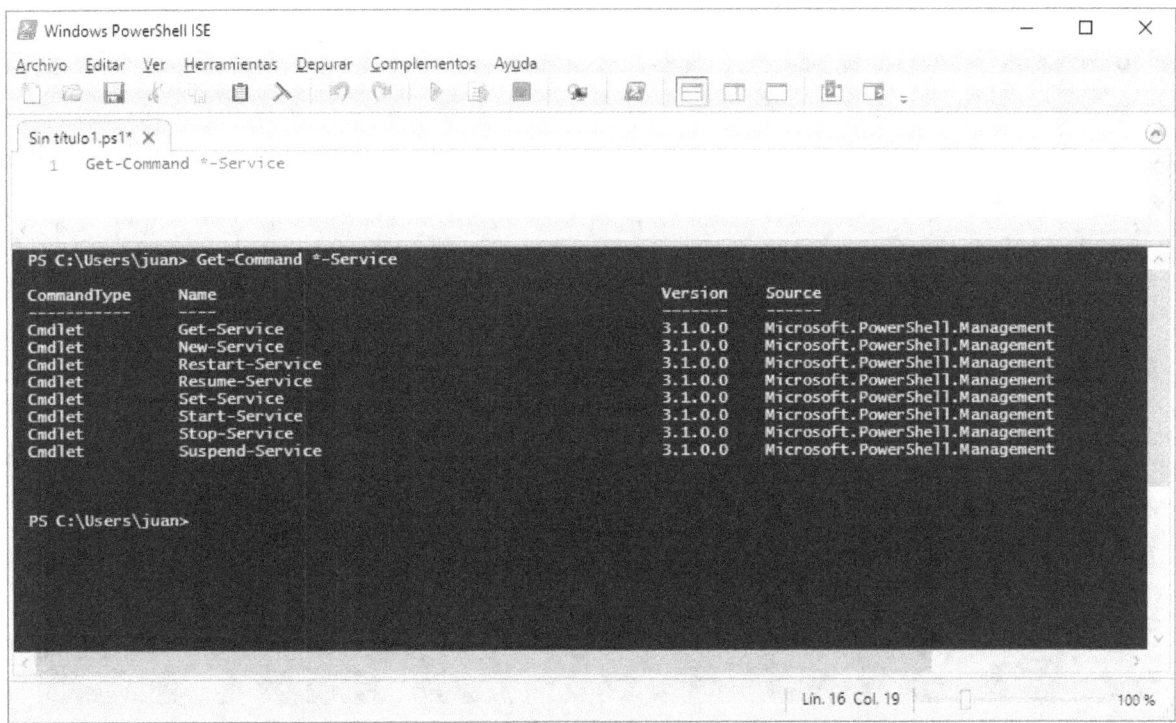

Los cmdlets se pueden ejecutar y verificar el resultado de la ejecución para saber si se ha ejecutado correctamente o no.

Ejemplos

Mostrar algunos cmdlets de PowerShell (se explicarán en próximos capítulos)

Get-Process

Ver procesos que se están ejecutando en el sistema

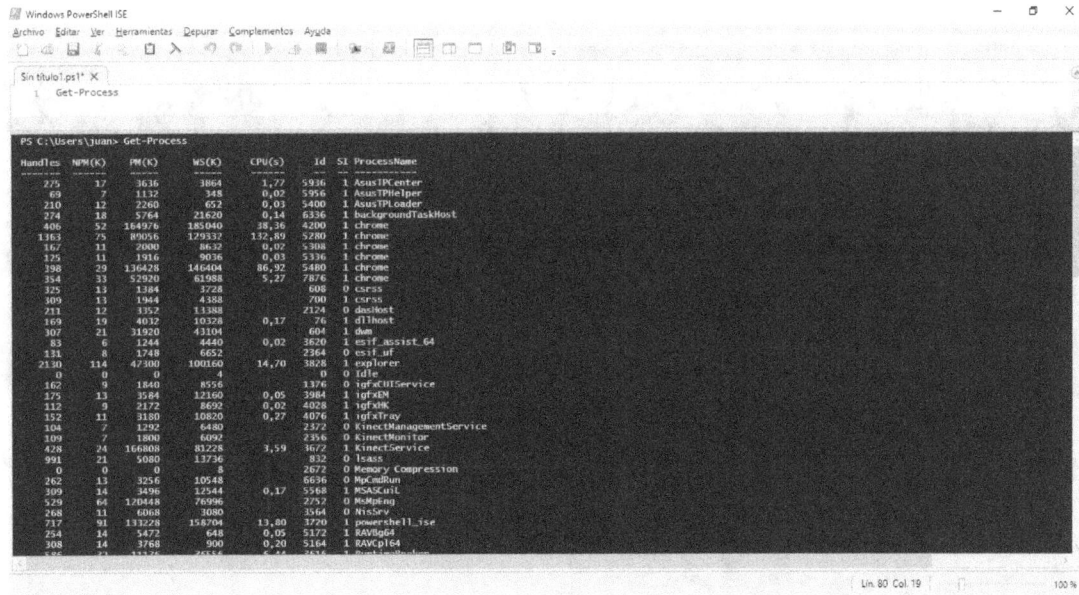

Stop-Process -Name notepad

Parar el proceso Bloc de notas

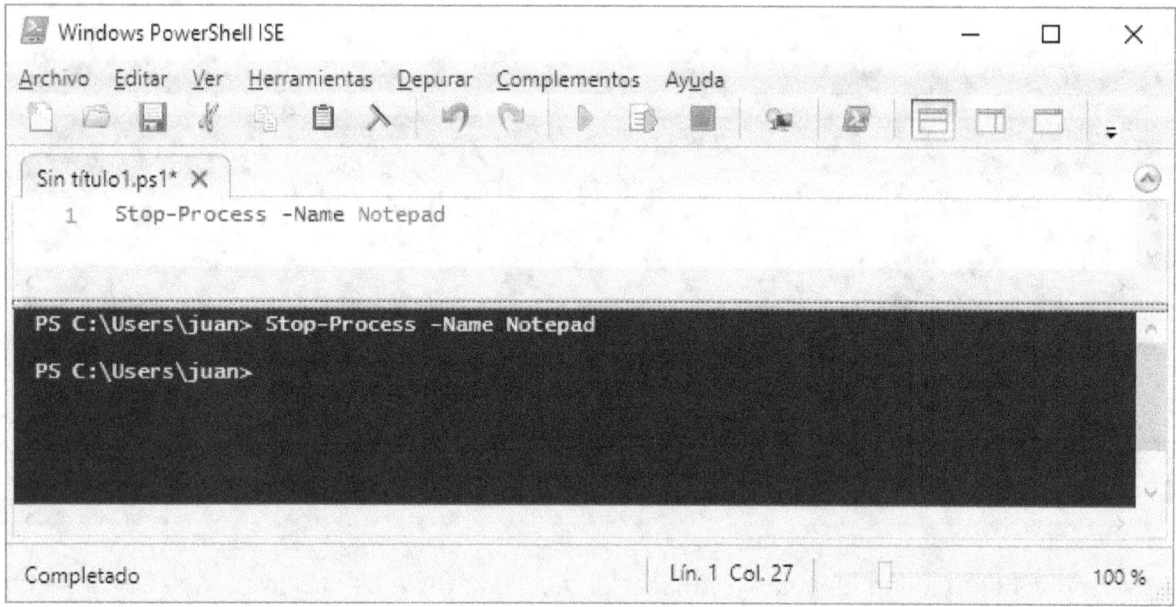

Get-Date

#Ver la fecha actual

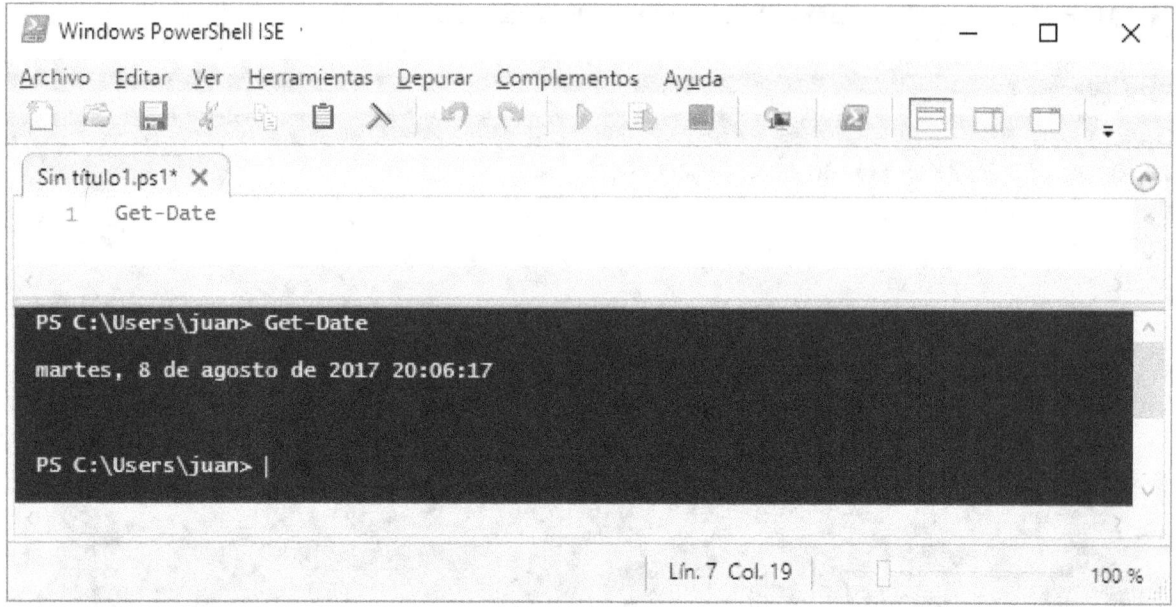

Alias

Los usuarios pueden invocar los cmdlets según su preferencia, incluso utilizando los nombres de comandos de otras shells. Esto proporciona una gran flexibilidad, permitiendo a los usuarios adaptar PowerShell a su estilo de trabajo habitual o integrar scripts de diferentes entornos de shell.

Mostrar todos los alias que hay en PowerShell:

alias

Ejemplo

El cmdlet que tiene el alias cls es

alias cls

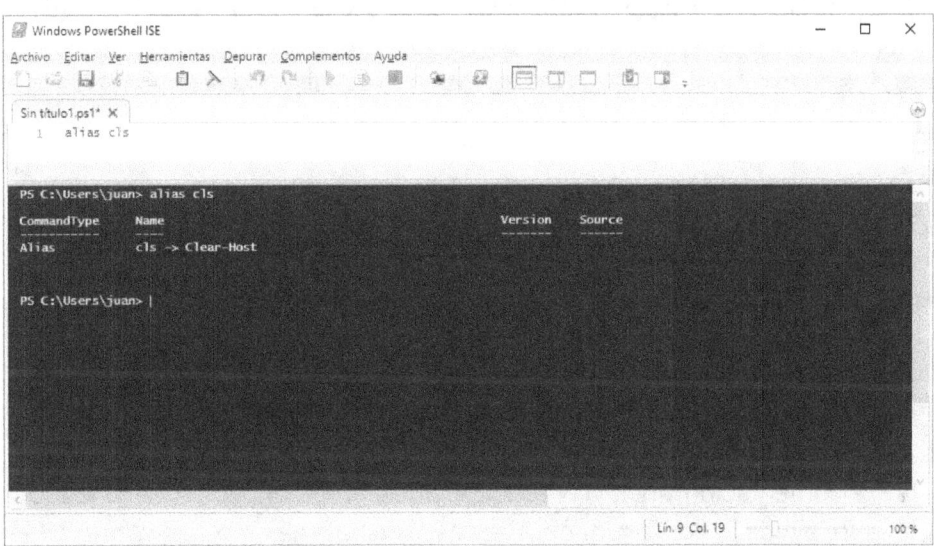

Los cmdlet tienen parámetros, también podemos utilizar alias de los parámetros con el siguiente cmdlet:

(Get-Command Get-Command).Parameters.Values | Select-Object Name,Aliases

Ejemplo

Ver los alias de los parámetros del cmdlet Get-Process

(Get-Command Get-Process).Parameters.Values | Select-Object Name,Aliases

El comando obtiene una lista de los parámetros que admite el cmdlet Get-Process, mostrando el nombre de cada parámetro junto con sus alias (si tiene).

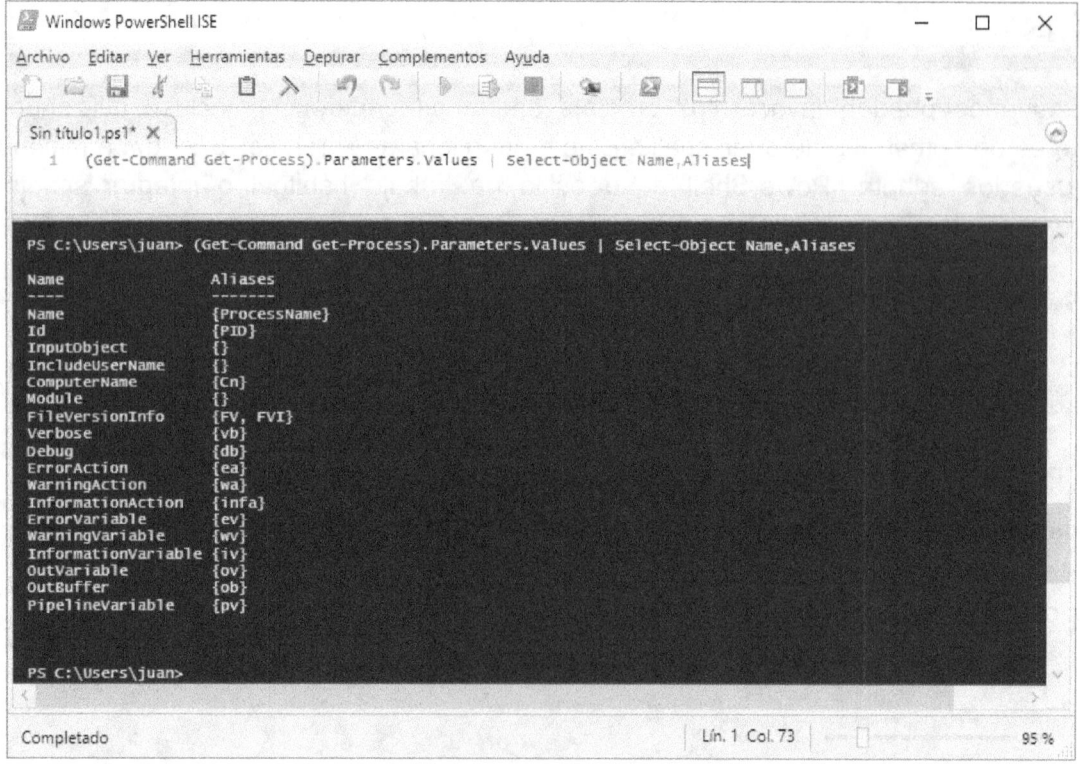

Ayuda

PowerShell cuenta con un sistema de ayuda exhaustivo que facilita la utilización de cmdlets, proveedores, funciones, scripts y otros elementos. Este sistema proporciona información detallada sobre la sintaxis, parámetros y ejemplos de uso, permitiendo a los usuarios entender y aplicar eficientemente cada componente de PowerShell.

Además, la documentación incluye descripciones de conceptos avanzados y guías prácticas, lo que ayuda a los usuarios a aprovechar al máximo las capacidades de esta herramienta. La ayuda también se mantiene actualizada para asegurar que los usuarios dispongan de la información más reciente y relevante.

Cmdlet de ayuda:

Get-Help

Ayuda detallada:

Get-Help Get-ChildItem -Detailed

Mostrar todo el contenido de la ayuda:

Get-Help Get-ChildItem -Full

Buscar ayuda online:

Get-Help -Name Get-Acl -Online

Actualizar ayuda:

Update-Help

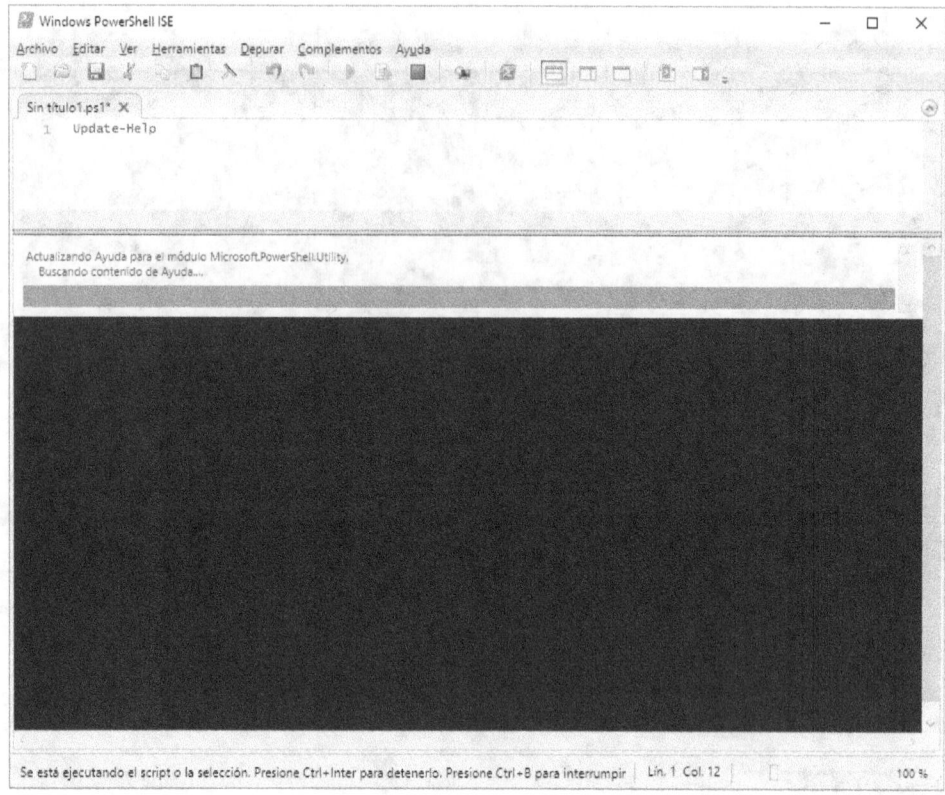

Canalizaciones

En PowerShell, la canalización se realiza entre varios cmdlets, donde la salida de un cmdlet se convierte en la entrada de otro. Este es uno de los conceptos más útiles de PowerShell, ya que permite interrelacionar diferentes cmdlets. A diferencia de otras shells, la canalización en PowerShell se basa en objetos y no en textos, lo que facilita el manejo y la manipulación de datos complejos de manera más eficiente y precisa.

Ejemplo

Mostrar los procesos ordenador por nombre

Get-Process | Sort-Object Name

El comando obtiene una lista de todos los procesos que se están ejecutando en el sistema mediante Get-Process y después los ordena alfabéticamente por el nombre del proceso utilizando Sort-Object Name.

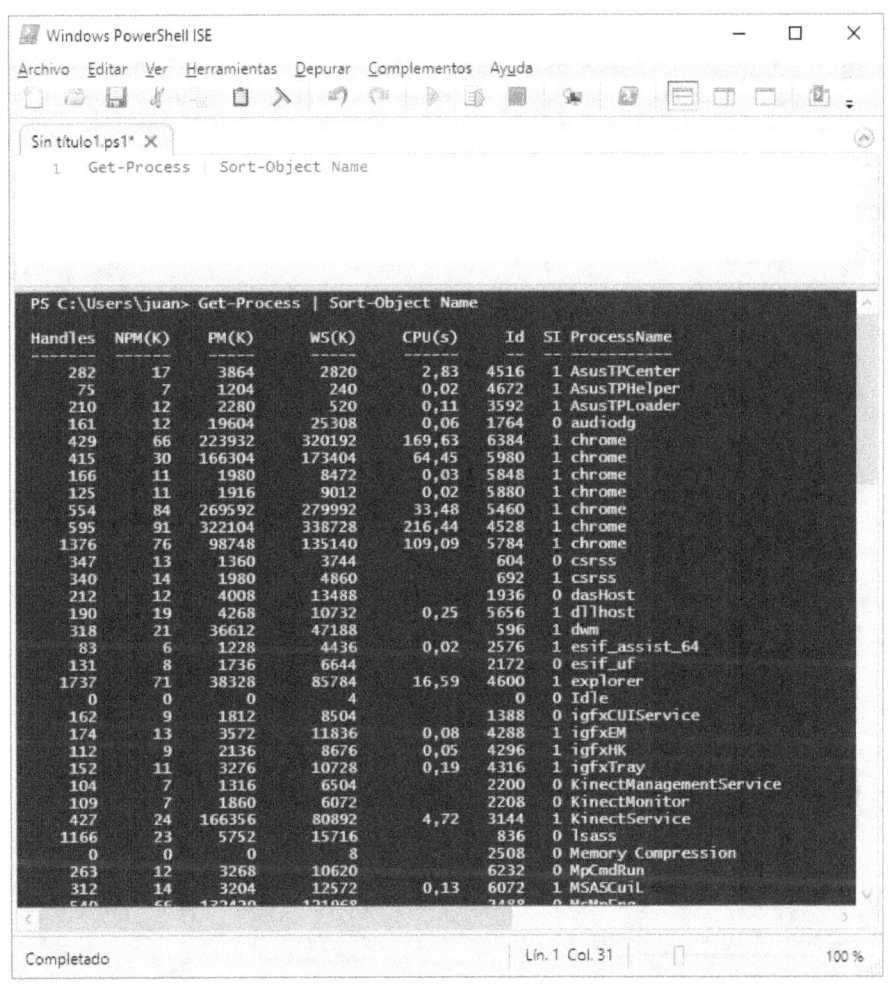

Operaciones

Las operaciones que se pueden realizar con cmdlets son variadas y abarcan múltiples aspectos de la administración y automatización del sistema. A continuación veremos una a una las principales operaciones de PowerShell.

Seleccionar

La función de seleccionar permite extraer y filtrar propiedades de objetos, facilitando la manipulación y visualización de datos. Esta función permite elegir columnas específicas, limitar el número de resultados y crear nuevos objetos con las propiedades seleccionadas, optimizando así el manejo de la información.

Cmdlet:

Select-Object

Alias:

select

Ejemplos

Seleccionar el nombre de los procesos que se están ejecutando

Get-Process | Select-Object Name

El comando obtiene todos los procesos que se están ejecutando en el sistema utilizando Get-Process, y después selecciona y muestra únicamente la propiedad Name de esos procesos, es decir, los nombres de los procesos en ejecución.

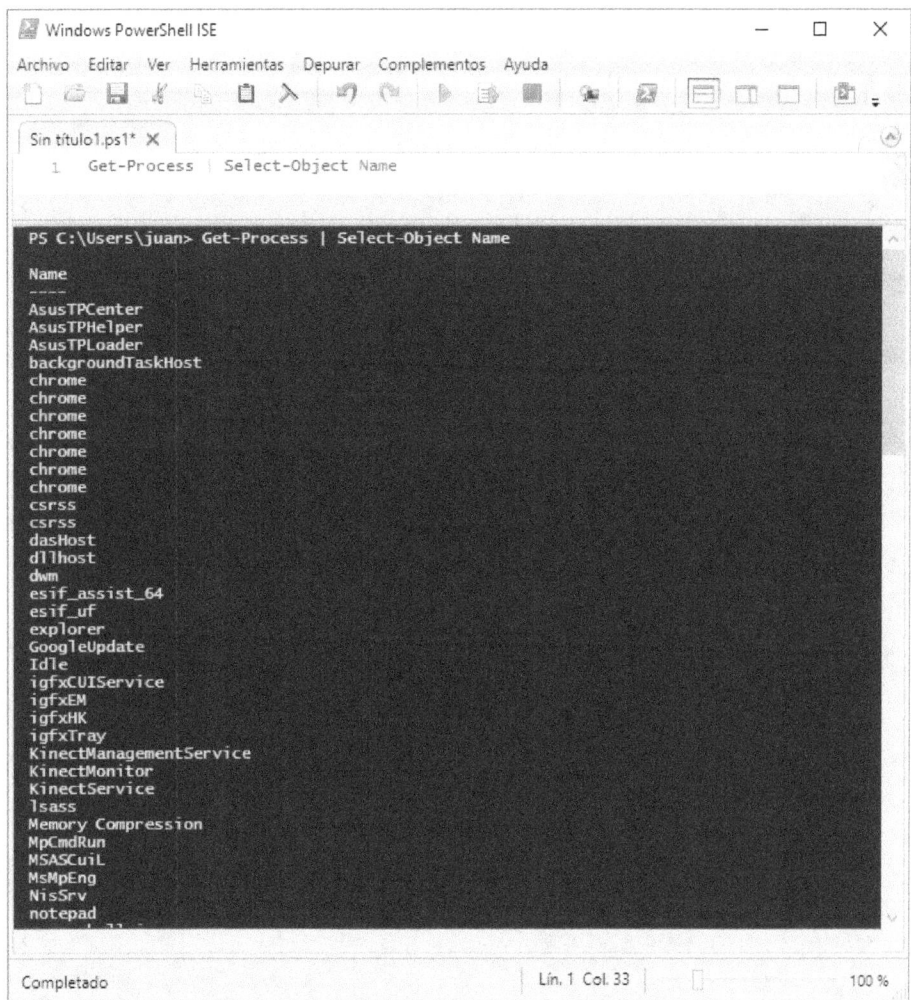

Seleccionar el nombre de los cinco primeros procesos que se están ejecutando

Get-Process | Select-Object Name -First 5

El comando obtiene una lista de todos los procesos que se están ejecutando en el sistema, selecciona únicamente la propiedad Name (los nombres de los procesos) y después muestra los primeros cinco resultados.

Agrupar

Agrupar permite organizar datos en conjuntos basados en ciertos criterios compartidos. Esto facilita el análisis y la manipulación de datos al reunir elementos similares. El cmdlet correspondiente permite realizar operaciones agregadas en grupos de datos, como sumar valores o contar elementos, lo que sirve para generar informes y resúmenes de datos.

Cmdlet:

Group-Object

Alias:

group

Ejemplo

Agrupar el nombre de los procesos que se están ejecutando

Get-Process | Group-Object

El comando obtiene todos los procesos en ejecución en el sistema utilizando Get-Process y los agrupa según un valor predeterminado, que en este caso es el tipo de objeto completo que representa cada proceso. Esto crea grupos de procesos, pero como cada proceso generalmente es único (con diferentes identificadores de procesos), el comando terminará agrupando cada proceso en su propio grupo.

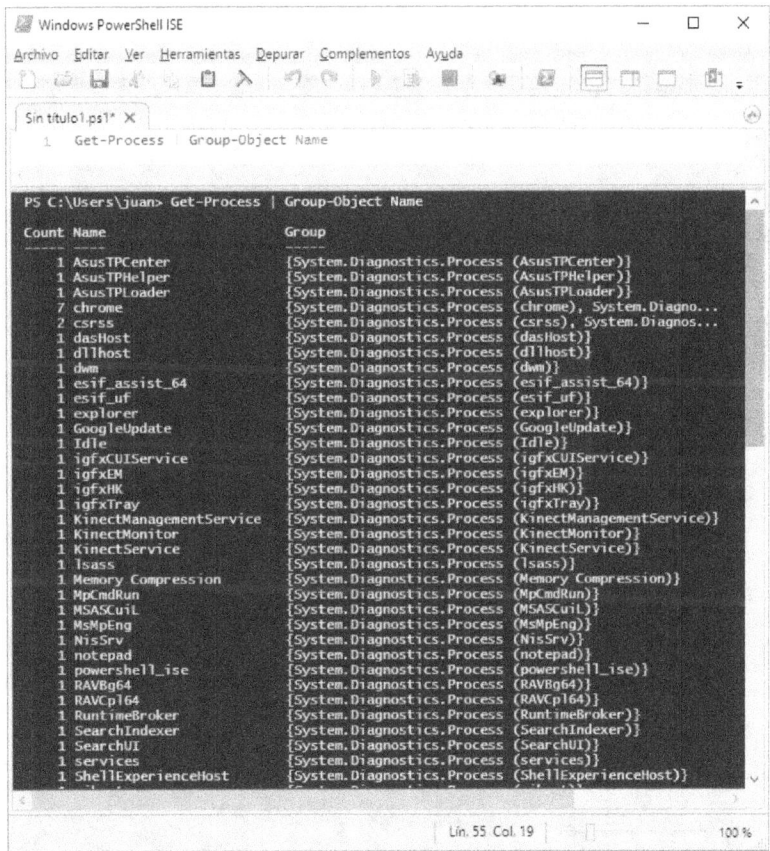

Ordenar

Ordenar implica organizar datos en un orden específico, ya sea ascendente o descendente, según criterios definidos. Esto facilita la visualización y el análisis de datos al presentarlos de manera estructurada y comprensible.

Cmdlet:

Sort-Object

Ejemplos

Ordenar por el nombre los procesos que se están ejecutando

Get-Process | Sort-Object Name

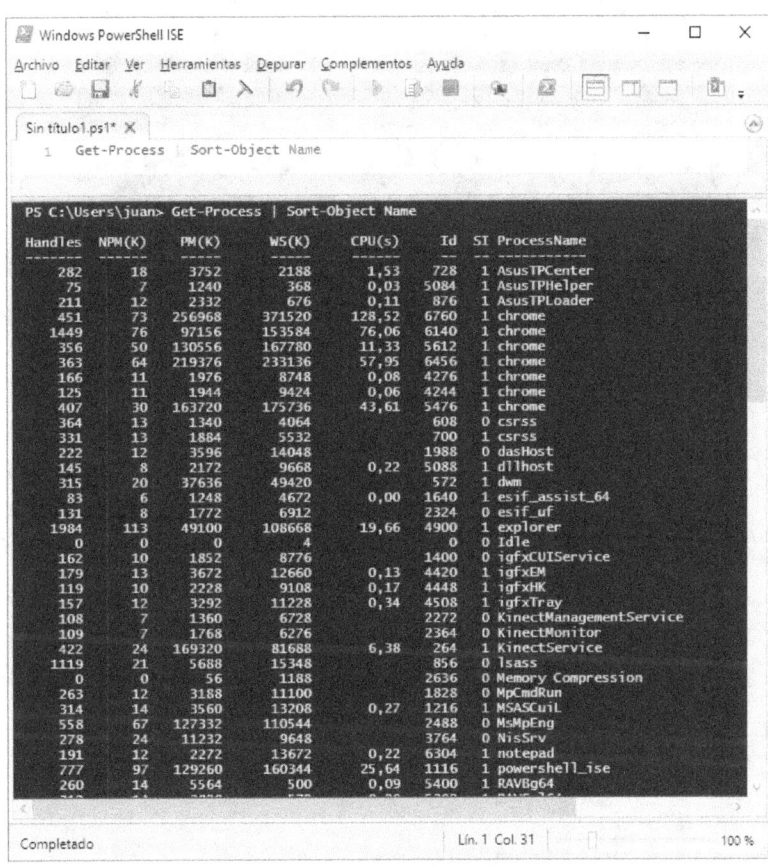

Ordenar procesos por nombre descendente y uso de CPU ascendente

Get-Process | Sort-Object -Property @{E='Name'; A=$False},@{E='CPU';A=$True}

El comando realiza una ordenación compleja de los procesos obtenidos con Get-Process utilizando múltiples criterios de ordenación definidos con la opción -Property.

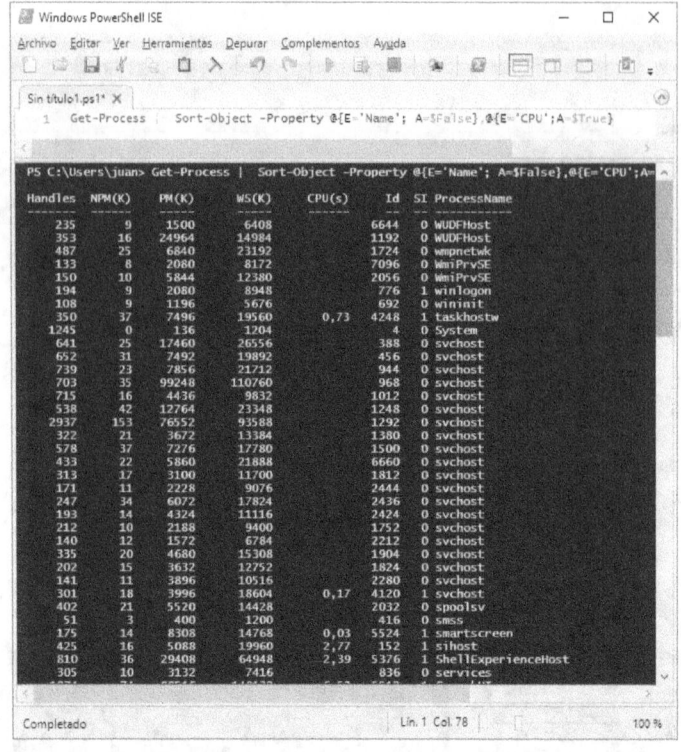

Contar

Contar es un método fundamental que permite determinar la cantidad de elementos en una colección de datos. Método en PowerShell para contar:

count

Ejemplo

Contar el número de procesos que se están ejecutando

(Get-Process).count

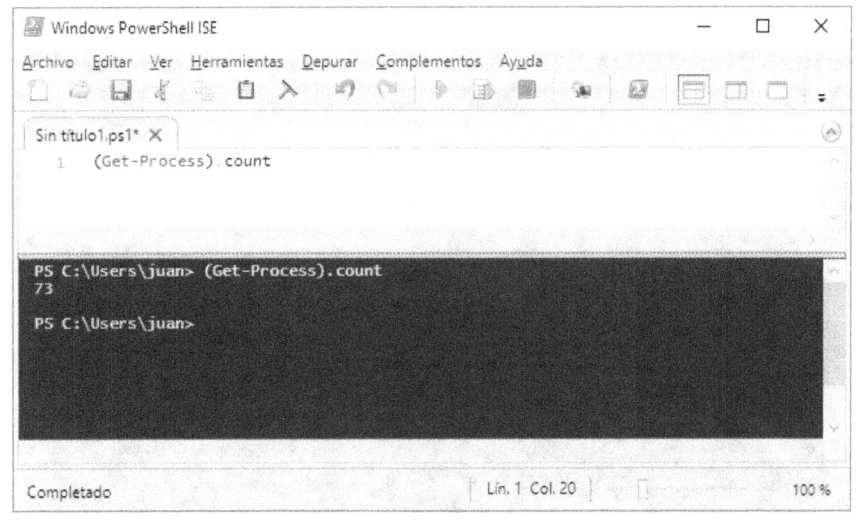

Comparar

La comparación es una operación esencial que permite evaluar la igualdad, la diferencia, el tamaño relativo y otras relaciones entre valores. Se utiliza para tomar decisiones condicionales, filtrar datos y ordenar resultados.

Cmdlet:

Compare-Object

Alias:

compare
diff

Ejemplo

Ver los nombres procesos que se están ejecutando en dos momentos distintos y comparar el resultado

$procesosa=gps | Select-Object Name
$procesosb=gps | Select-Object Name
Compare-Object -ReferenceObject $procesosa -DifferenceObject $procesosb -Property name

El código compara dos listas de procesos en ejecución en el sistema y muestra las diferencias entre ellas.

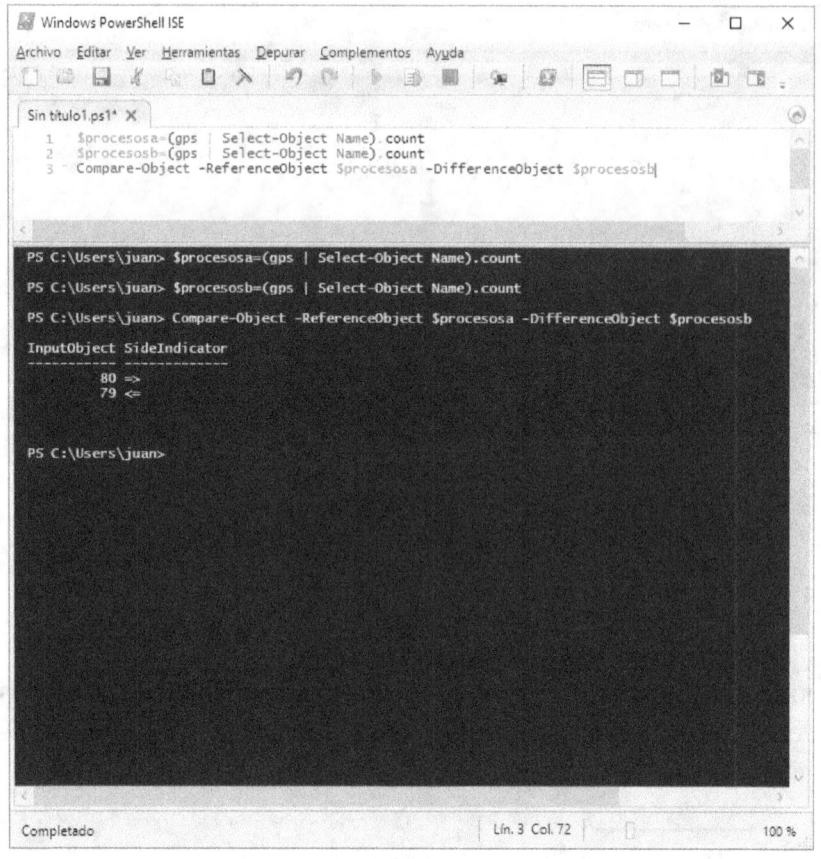

Dar formato

Dar formato en implica presentar los datos de manera legible y estéticamente agradable.

Cmdlets:

Format-Custom
Format-Table
Format-List
Format-Wide

Alias:

fc
ft
fl
fw

Ejemplo

Mostrar información sobre los procesos que se están ejecutando con distinto formato

Get-Process | Format-Custom
Get-Process | Format-Table
Get-Process | Format-List
Get-Process | Format-Wide

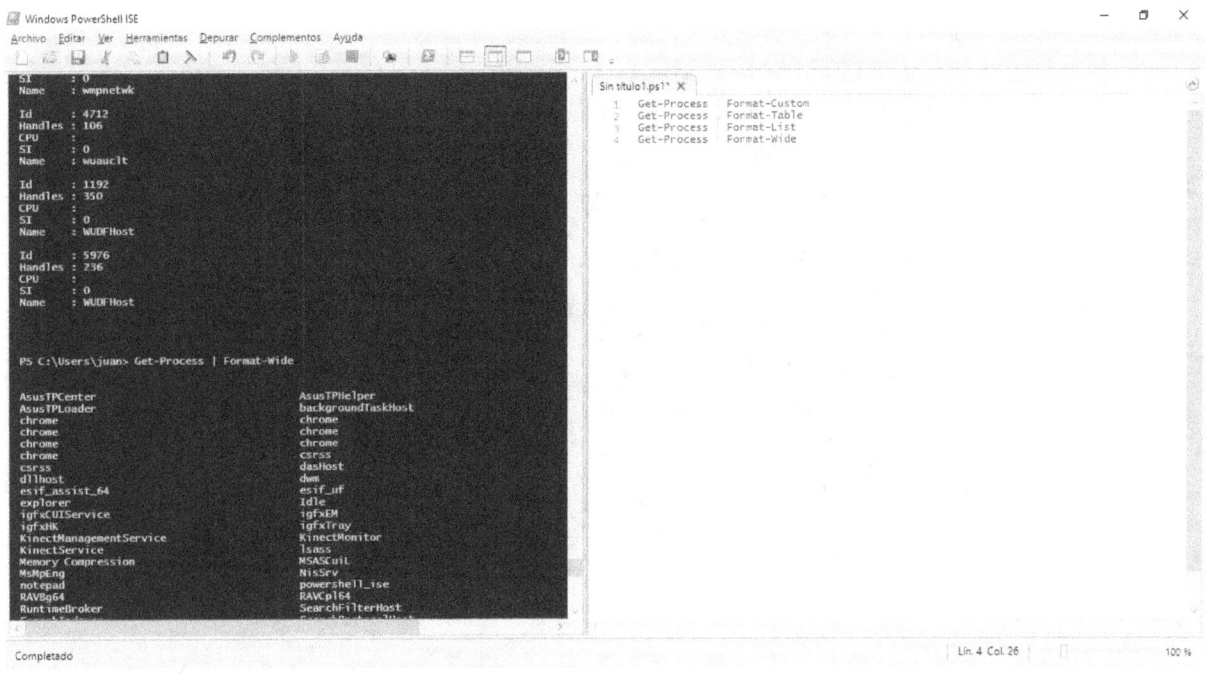

Entrada y salida

La entrada y salida se refieren a cómo se reciben datos del usuario y cómo se muestran los resultados. Para la entrada, los usuarios pueden ingresar datos directamente desde el teclado o mediante archivos. Para la salida, los resultados de los comandos se muestran en la consola o se pueden redirigir a archivos o enviar a otros programas para su procesamiento adicional.

Cmdlet:

Out-File

Ejemplo

Guardar en un fichero la información sobre los procesos que se están ejecutando

Get-Process | Out-File procesos.txt

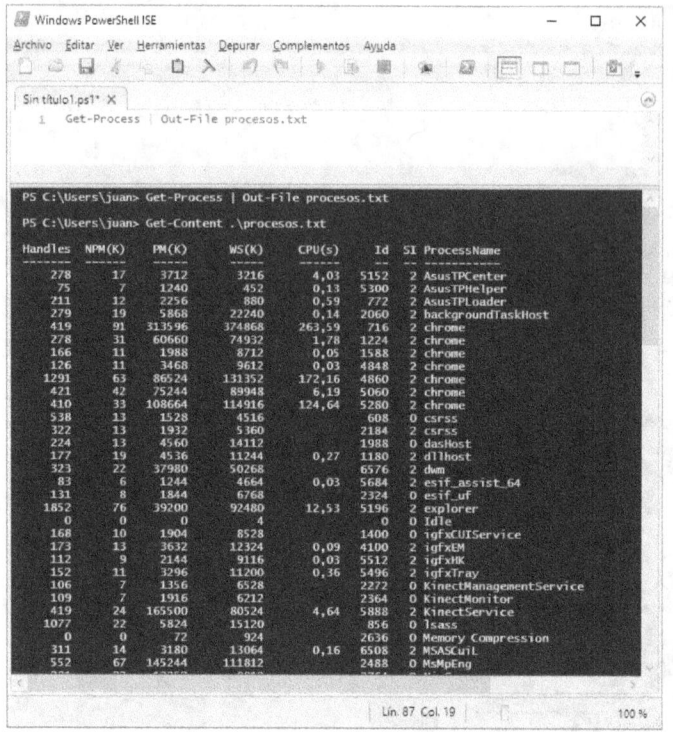

Where

Es un comando que se utiliza para filtrar elementos en una colección de datos basándose en criterios específicos. Permite seleccionar elementos que cumplan con ciertas condiciones, como valores específicos de propiedades o expresiones lógicas. Esto es útil para reducir conjuntos de datos y trabajar solo con los elementos relevantes para una tarea particular.

Cmdlet:

Where-Object

Ejemplo

Mostrar información sobre los procesos que se están ejecutando cuyo nombre sean "svchost"

Get-Process | Where-Object Name -EQ svchost

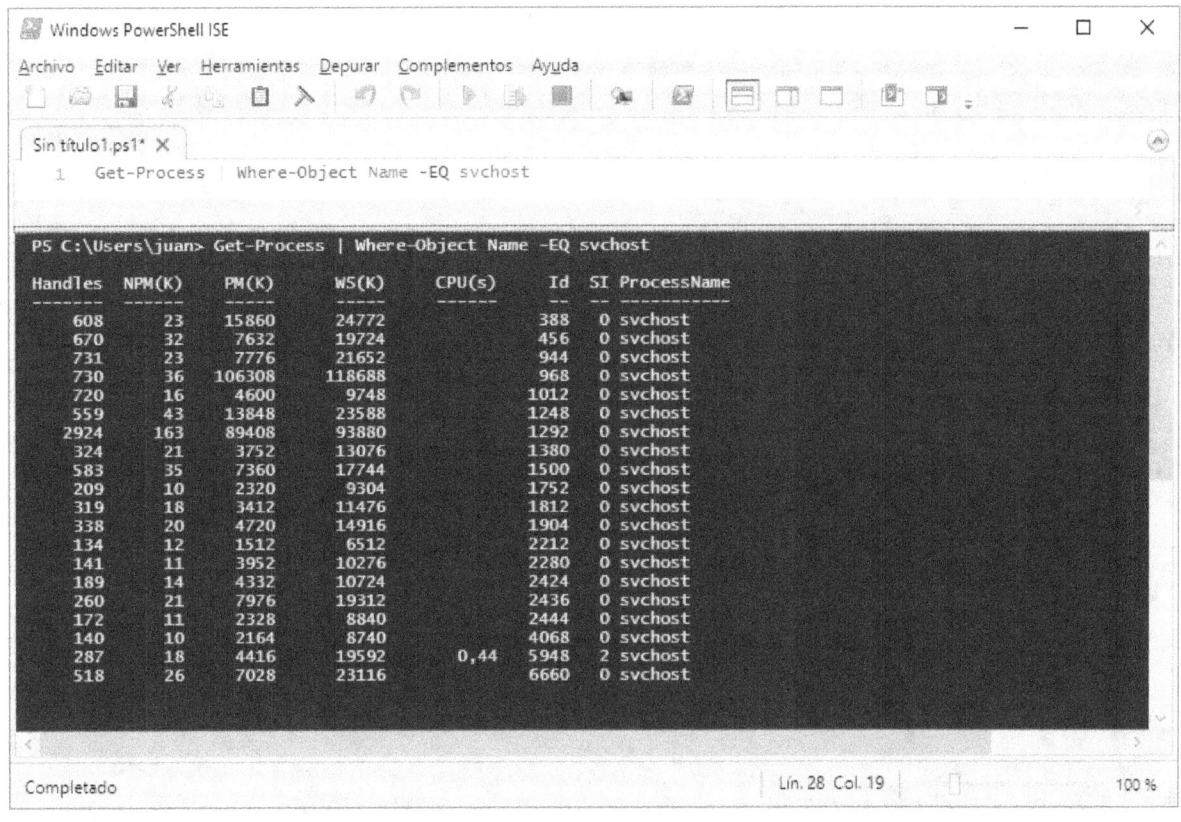

Grid

Se refiere a una cuadrícula o estructura de datos tabular que organiza información en filas y columnas. Esta representación facilita la visualización y el análisis de datos de manera estructurada.

Cmdlet:

Out-GridView

Alias:

ogv

Ejemplo

Enviar la salida a una tabla interactiva sobre los procesos que se están ejecutando

Get-Process | Out-GridView

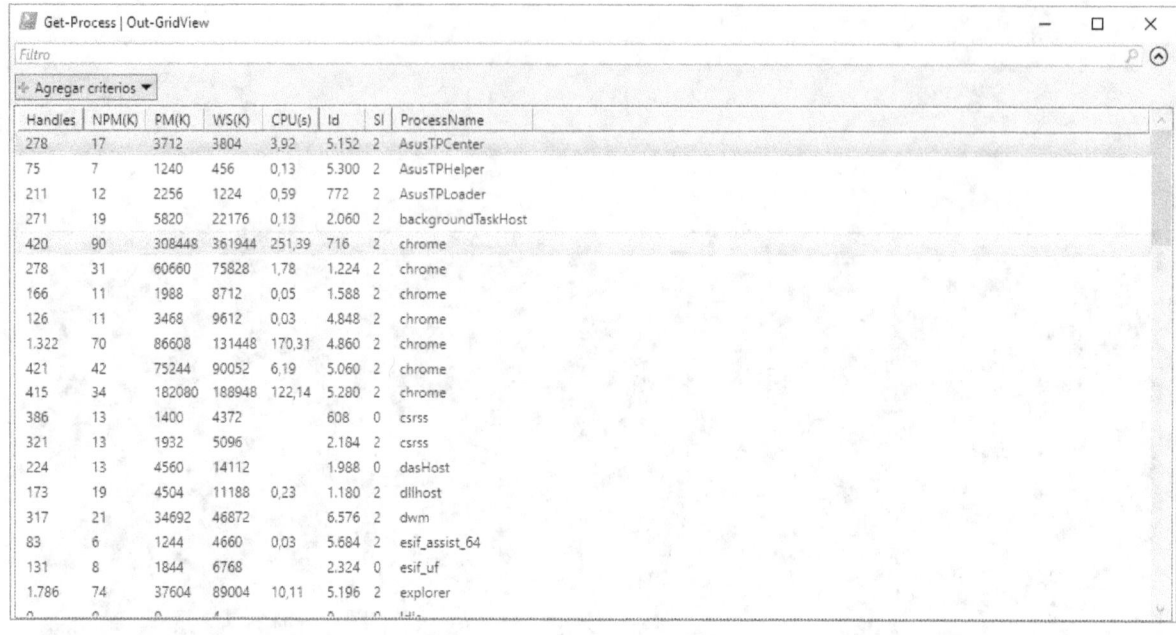

Measure

Se utiliza para realizar mediciones o cálculos en una colección de objetos. Permite obtener información estadística, como el número total de elementos, la suma, el promedio, el valor máximo y el valor mínimo de una propiedad específica dentro de la colección. Esto sirve para analizar datos.

Cmdlet:

Measure-Object

Alias:

measure

Ejemplo

Mostrar tamaños mínimo, máximo y medio de los conjuntos de trabajo de los procesos que se están ejecutado

Get-Process | Measure-Object -Property workingset -Minimum -Maximum -Average

El comando realiza un análisis sobre el uso de la memoria de los procesos en ejecución.

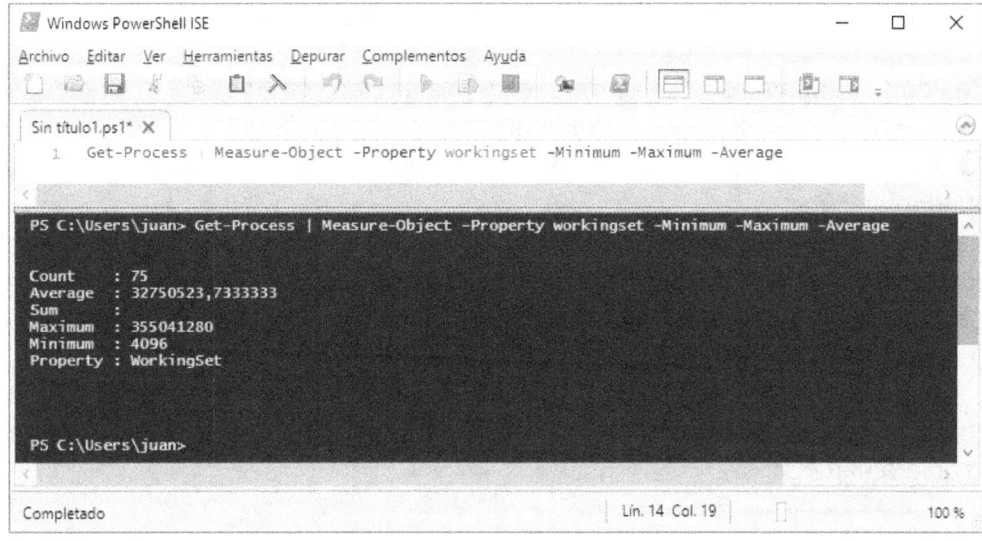

Seguridad

PowerShell incorpora mecanismos de seguridad que permiten controlar la ejecución de scripts y comandos para proteger el sistema. Una de las características clave de seguridad es la capacidad de cambiar la política de ejecución, lo que define qué scripts se pueden ejecutar en un sistema.

El cmdlet que sirve para ver el listado de la política de ejecución:

Get-ExecutionPolicy

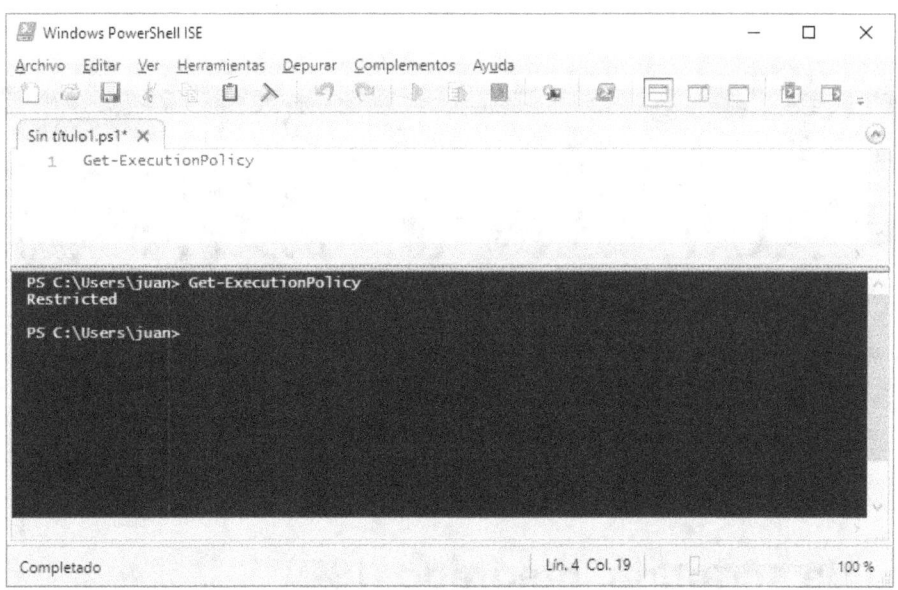

El cmdlet Get-ExecutionPolicy simplemente indica en cuál de las cuatro políticas de ejecución (políticas que determinan cuáles son los scripts de Windows PowerShell, en su caso, se ejecutarán en su ordenador).

Las directivas de ejecución de Windows PowerShell se incluyen los siguientes:

- Restricted (restringido) - No hay secuencias de comandos se pueden ejecutar. Windows PowerShell sólo se puede utilizar en modo interactivo.
- AllSigned (todos firmados) - Sólo guiones firmados por un editor de confianza se pueden ejecutar.
- RemoteSigned (firmados remotamente) - Los scripts descargados deben ser firmados por un editor de confianza antes de que se puedan ejecutar.
- Unrestricted (sin restricción) - No hay restricciones de libre disposición; todos los scripts de Windows PowerShell se pueden ejecutar.

Para cambiar la política de ejecución se utiliza el cmdlet junto con la directiva de ejecución a la que se quiera cambiar:

Set-ExecutionPolicy

Ejemplo

Cambiar la política de ejecución a Unrestricted (sin restricción)

Set-ExecutionPolicy Unrestricted

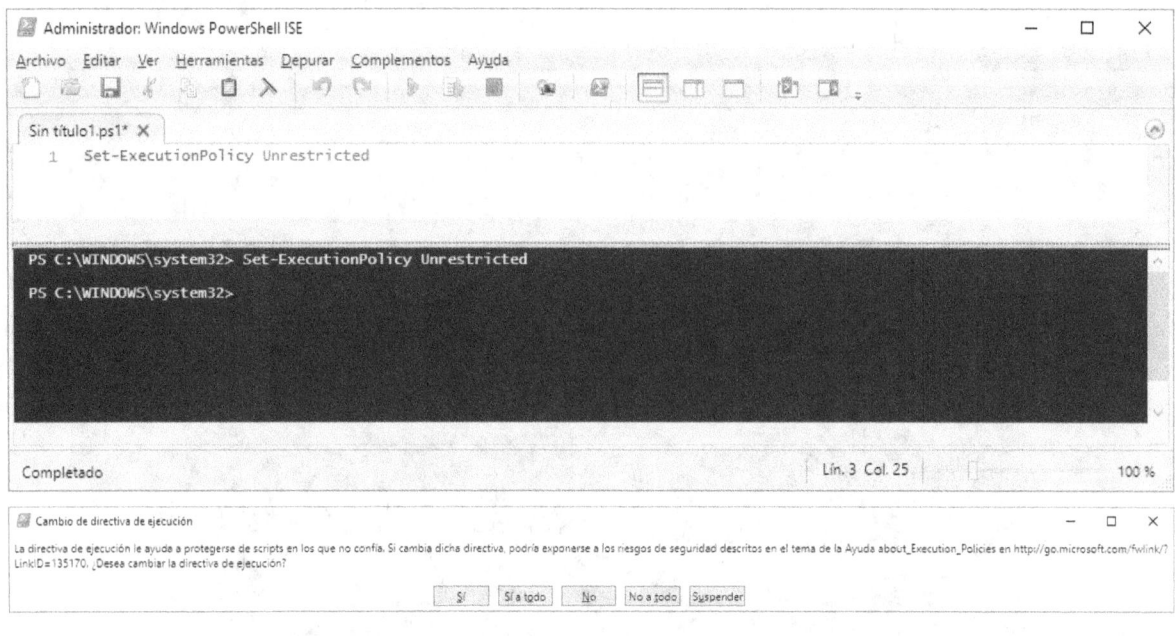

Entorno de scripting integrado (ISE)

En PowerShell, se pueden escribir, ejecutar y probar scripts desde un entorno integrado. Escribir un script directamente en la consola puede resultar tedioso, por lo que se recomienda hacerlo desde el Entorno de Scripting Integrado (ISE). El ISE se utiliza para crear, ejecutar y depurar comandos o scripts, ofreciendo una mejora significativa respecto al símbolo de sistema. Agrega características como color de sintaxis, completado automático con tabulación, IntelliSense, depuración visual y ayuda contextual. Además de ejecutar cmdlets en un panel de consola, el ISE también permite mostrar paneles adicionales para visualizar simultáneamente el código fuente del script y otras herramientas conectadas. También es posible abrir varias ventanas de script al mismo tiempo, lo cual resulta especialmente útil durante la depuración de scripts que hacen uso de funciones definidas en otros scripts o módulos.

El editor tiene varias características:

- Color de la sintaxis.
- Vista Esquema.
- Editar texto con arrastrar y colocar.
- Zoom.
- Copia y pegado de texto enriquecido.

Ejercicio

Cambiar el título de PowerShell mediante una alarma a la hora del desayuno

```
$code =
{
  # Enviar la interfaz RawUI del proceso host y el contexto de ejecución
  param($RawUi)
  do
  {
    $HoraActual = Get-Date -Format 'HH:mm'
    $HoraAlarma = Get-Date -Format 'HH:mm' -Hour 10 -Minute 00
    if($HoraActual -eq $HoraAlarma){
```

```powershell
            # Cambiar título
            $RawUI.WindowTitle = "Es hora de desayunar"
        }
        else
        {
            $RawUI.WindowTitle = "Es hora de trabajar"
        }

        # Esperar medio segundo
        Start-Sleep -Milliseconds 500
    }while ($true)
}

$ps = [PowerShell]::Create()
$null = $ps.AddScript($code).AddArgument($host.UI.RawUI)
$handle = $ps.BeginInvoke()
```

2. Programación en PowerShell

- Introducción
- Variables
    - Constantes
    - Ámbito
    - Tipos
    - Tipos simples
    - Tipos complejos
    - Variables de entorno
- Objetos
- Ficheros
- Operaciones aritméticas
    - Sumar
    - Restar
    - Multiplicar
    - Dividir
    - Resto
- Conversiones entre sistemas numéricos
- Operaciones lógicas
    - And
    - Or
    - Not
    - Operadores bit a bit
- Operaciones de comparación
    - eq (Equal to – Igual a)
    - lt (Less than – Menos que)
    - gt (Greater than – Más que)
    - ge (Greater than or Equal to – Mayor o igual a)
    - le (Less than or equal to – Menor o igual a)
    - ne (Not equal to – No es igual a)
- Sentencias condicionales
    - If
    - Else
    - ElseIf
    - Switch
- Sentencias de repetición
    - Bucle While
    - Bucle Do-While
    - Bucle For
    - Bucle Foreach
- Funciones

Introducción

La programación es fundamental para realizar tareas de forma automática y consiste en indicar órdenes al sistema, en PowerShell el conjunto de órdenes se puede realizar mediante scripts. Un script contiene un conjunto de comandos (cmdlets) y elementos de programación (bucles, condicionales, comparaciones, etc.) que se ejecutan sobre PowerShell y realizan alguna función concreta.

Ahora podemos hacernos algunas preguntas relacionadas con lo que queremos hacer utilizando scripts:

- ¿Cómo almacenar un valor de forma temporal?
- ¿Cómo almacenar un valor de forma permanente?
- ¿Cómo buscar una cadena (palabra)?
- ¿Cómo buscar una cadena (palabra) que ha introducido el usuario?
- ¿Cómo distinguir entre dos opciones?
- ¿Cómo distinguir entre varias opciones?
- ¿Cómo repetir algo?
- ¿Cómo utilizar algo de nuevo?

Variables

El sistema operativo almacena valores temporales en memoria que desaparecen cuando se cierra el sistema operativo, en PowerShell se pueden utilizar datos y almacenarlos hasta que se cierra PowerShell.

En programación, las variables son espacios reservados en la memoria que, como su nombre indica, pueden cambiar de contenido a lo largo de la ejecución de un programa. Una variable corresponde a un área reservada en la memoria principal del ordenador.

Características de las variables:

- Se almacenan valores temporales en memoria que desaparecen cuando se cierra PowerShell.
- Almacenan información.
- Se pueden almacenar números de todo tipo, letras, conjunto de letras.
- Los datos con los que estamos trabajando también se pueden almacenar en el sistema de forma permanente.
- Concepto de variable relacionado con almacenar datos durante un tiempo.
- Datos que pueden ser introducidos por el usuario.
- Datos que se pueden modificar mediante cálculos.
- Datos que se pueden escribir.
- Datos que se pueden dar formato.
- Datos que residen en la memoria.

Ejemplo

Asignar un valor a una variable y mostrar el valor por pantalla

$cantidad=20
Write-Host $cantidad

Constantes

En programación, una constante es un valor que no puede ser alterado/modificado durante la ejecución de un programa, únicamente puede ser leído.

Una constante corresponde a una longitud fija de un área reservada en la memoria principal del ordenador, donde el programa almacena valores fijos.

Ámbito

El ámbito de una variable (llamado "scope" en inglés) es la zona del programa en la que se define la variable.

Tipos

En PowerShell no es necesario establecer el tipo de dato aunque se puede hacer indicando el tipo de variable entre corchetes [ ]. Pero se puede hacer si se quiere.

Ejemplo

Crear una variable de tipo numérica y mostrar el valor por pantalla

[Int]$num=5
$num

Para ver el tipo de variable se utiliza el método

.getType()

Ejemplo

Ver el tipo de las siguientes variables

[Int]$num=5
$num.GetType()
[Char]$num=5
$num.GetType()

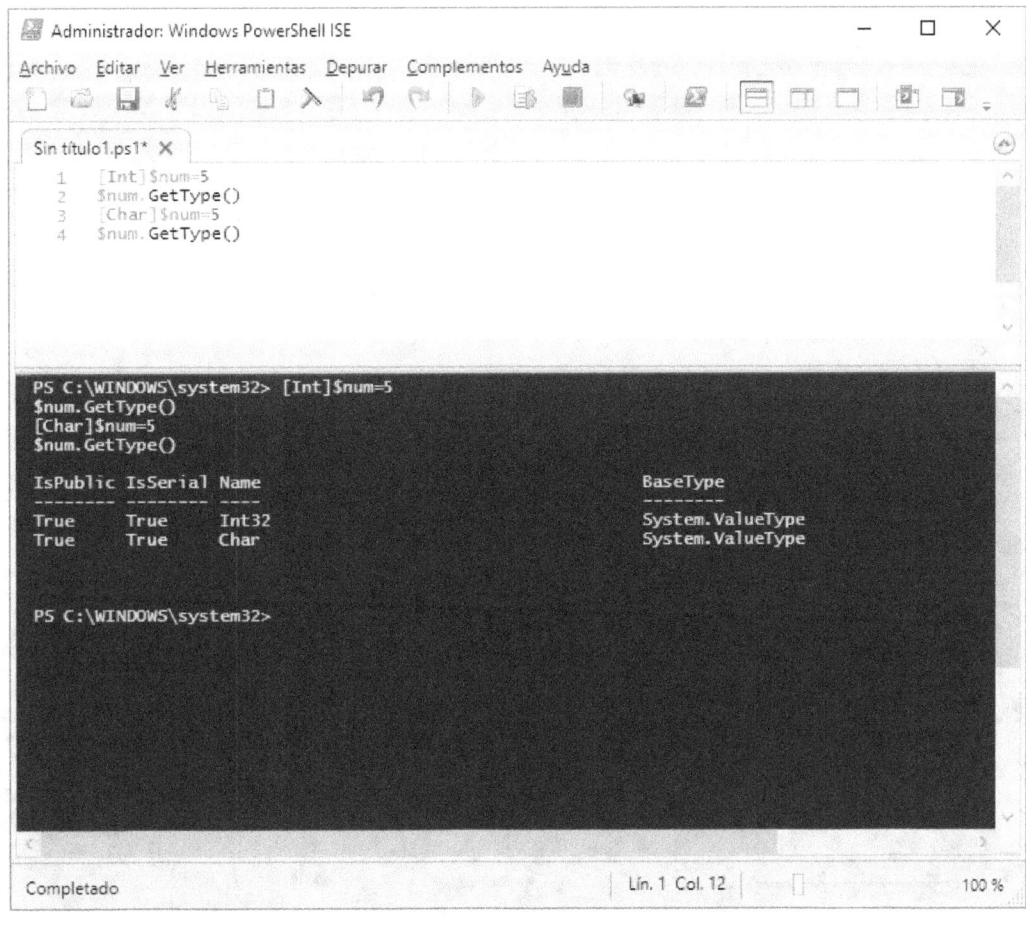

Ejercicio

Crear una variable con el valor 20 indicando el tipo entero para una de las variables y el tipo carácter para la otra, después ver el contenido y comprobar el tipo

[int]$cantidad=20
Write-Host $cantidad
$cantidad.GetType()

[string]$cantidad2=20
Write-Host $cantidad2
$cantidad2.GetType()

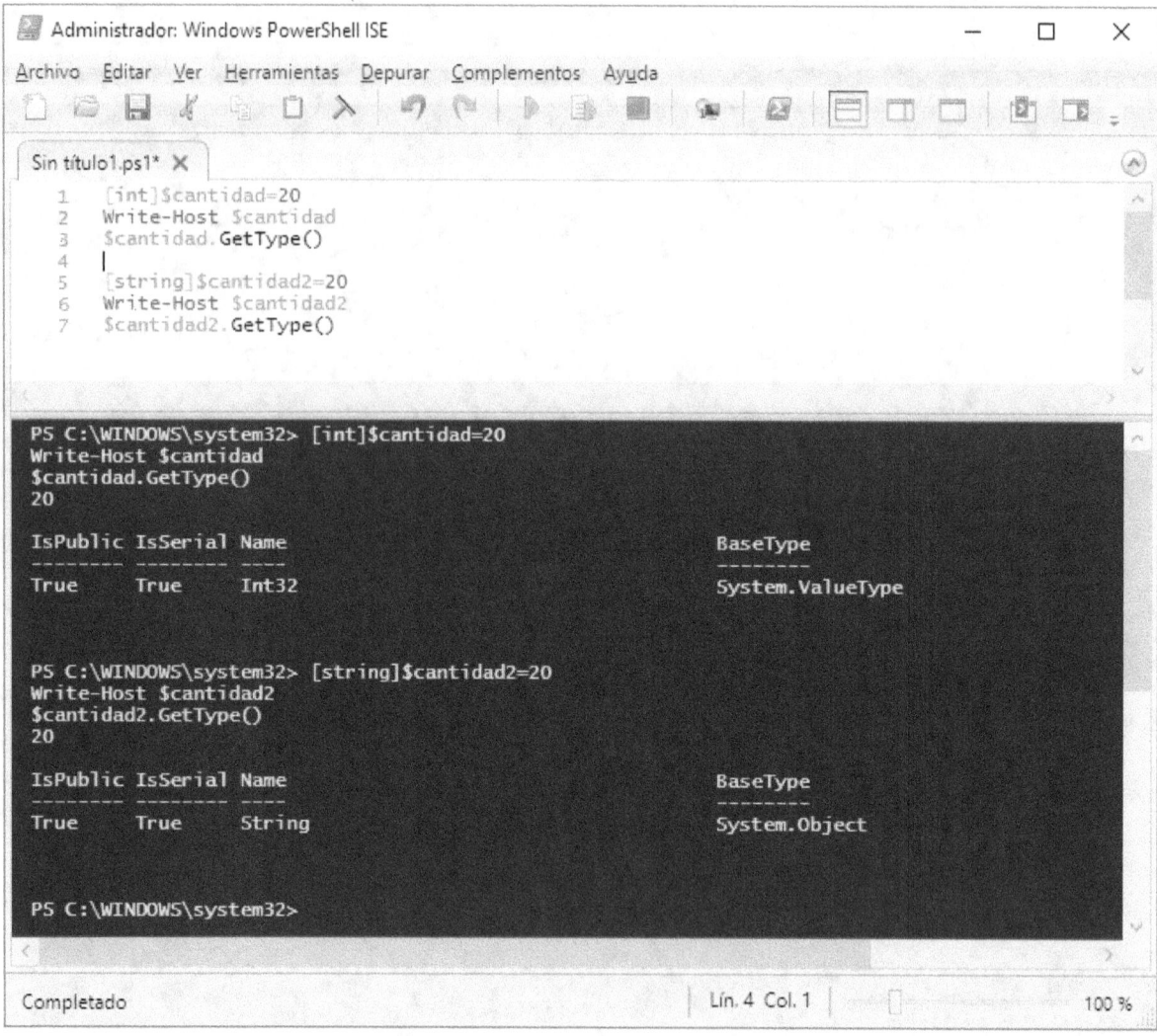

Tipos simples

Numéricas

Variables que representan valores enteros.

Ejemplo

Declarar una variable numérica y mostrar su valor

$num=5
$num

Caracteres

Variables que representan valores tipo carácter.

Ejemplo

Declarar una variable de tipo carácter y mostrar su valor

$car='c'
$car

Booleanos

Representan el valor verdadero (1) o falso (0).

Ejemplos

Mostrar los valores de los que dispone PowerShell de las variables de tipo booleano

$true
$false

Declarar una variable de tipo booleano

$bool=$true
$bool

Fechas

Las fechas también son un tipo de variable, las fechas sirven para saber en qué momento ocurrió algo en relación con el momento actual.

Cmdlet para mostrar la fecha del sistema:

Get-Date

Ejemplos

Mostrar la fecha actual

(Get-Date)

Mostrar año

(Get-Date).Year

Este comando devuelve el año actual en formato numérico.

La fecha del sistema se puede cambiar utilizando el cmdlet:

Set-Date

Ejemplo

Cambiar la fecha del sistema

Set-Date -Date "6/1/2006 8:30 AM"

A las fechas se les puede dar formato.

Ejemplo

Mostrar la fecha con distintos formatos

```
(Get-Date -Format 'HH:mm:ss dddd MMMM d')
(Get-Date).Year.tostring()+(Get-Date).Month.tostring()+(Get-Date).Day.tostring()
(Get-Date).ToString("yyyyMMdd")
(Get-Date).ToString("ddMMyyyy")
```

Algunas operaciones que se pueden realizar sobre fechas son (métodos):

.AddSeconds()
.AddMinutes()
.AddHours()
.AddDays()
.AddMonths()
.AddYears()

Ejemplos

Mostrar la fecha del día anterior (con y sin formato)

(Get-Date).AddDays(-1)
(Get-Date).AddDays(-1).ToString("ddMMyyyy")

Este comando devuelve la fecha del día anterior en formato "ddMMyyyy".

Mostrar las fechas de la semana pasada

-1..-7 | % {(Get-Date).AddDays($_).ToString("ddMMyyyy")}

Este comando genera una lista de fechas correspondientes a los últimos siete días en el formato "ddMMyyyy". Utiliza un rango de números de -1 a -7 para restar días a la fecha actual, y después convierte cada fecha a una cadena en el formato deseado.

Para crear una variable que representa un intervalo de tiempo se utiliza el cmdlet:

New-TimeSpan

Ejemplos

Mostrar el intervalo de tiempo entre dos fechas

New-TimeSpan $(Get-Date) $(Get-Date -month 7 -day 19 -year 2022)

Este comando calcula el intervalo de tiempo entre la fecha y hora actual y el 19 de julio de 2022, devolviendo una representación de ese período en días, horas, minutos, segundos, etc.

Ver la diferencia horaria que hay entre España y Alemania

((Get-Date)-([TimeZoneInfo]::ConvertTime((Get-Date),[TimeZoneInfo]::FindSystemTimeZoneById("Central European Standard Time")))).Hours

Este comando calcula la diferencia en horas entre la hora actual en la zona horaria del sistema y la hora actual en la zona horaria de "Central European Standard Time". Devuelve el número de horas de esa diferencia.

Arrays

Una zona de almacenamiento continuo, que contiene una serie de elementos del mismo tipo. Los arrays pueden contener cualquier carácter, los arrays más utilizados son los arrays de números y de caracteres que se conocen como cadenas.

Arrays de números

Arrays que contienen números. En PowerShell al crear un array de números se considera un tipo de dato string.

Ejemplo

Crear un array de números y mostrar el primer elemento

$arraynumeros="12345"
Write-Host $arraynumeros

```
Write-Host $arraynumeros[1]
```

Arrays de caracteres

Arrays que contienen cualquier tipo de carácter y se denominan cadenas.

Ejemplos

Mostrar una cadena

```
$palabra='hola'
Write-Host $palabra
```

Ver elementos de arrays de caracteres, extraer varios elementos

```
#Extraer primer elemento (elemento 0)
$frase='Texto largo'
Write-Host $frase[0]

#Extraer segundo elemento (elemento 1)
$frase='Texto largo'
Write-Host $frase[1]

#Extraer último elemento
$frase='Texto largo'
Write-Host $frase[10]
```

Sobre las cadenas se pueden realizar varias operaciones, algunas operaciones que se pueden realizar en PowerShell son:

- Concatenar

Ejemplo

Concatenar dos palabras

```
$palabra1='hola-'
$palabra2='adios'
$frasecontatenada=$palabra1+$palabra2
$frasecontatenada
```

- Determinar longitud

Ejemplo

Determinar la longitud de una cadena

'Hola'.Length

- Convertir en mayúsculas

Ejemplo

Convertir una cadena en mayúsculas

'Hola'.ToUpper()

Convertir la primera letra de una palabra en mayúscula

$palabra="palabra"
$palabra.substring(0,1).toupper()+$palabra.substring(1).tolower()

- Convertir en minúsculas

Ejemplo

Convertir una cadena en minúsculas

'Hola'.ToLower()

- Reemplazar caracteres

Ejemplo

Remplazar caracteres en una palabra y una frase

'Hola'.Replace('o', '0')
"Hola buenas Lucas" -replace "hola|buenas","adios"

Ejercicio

Eliminar caracteres que no sean alfabéticos y conservar los caracteres que tengan acentos

$cadena = 'áéíóúabcdefg12345HIJKLMNOP!@#$%qrs)(*&^TUVWXyz'
$patron = '[^a-zA-ZÁ-úÁ-Ú]'
$cadena -replace $patron, ''

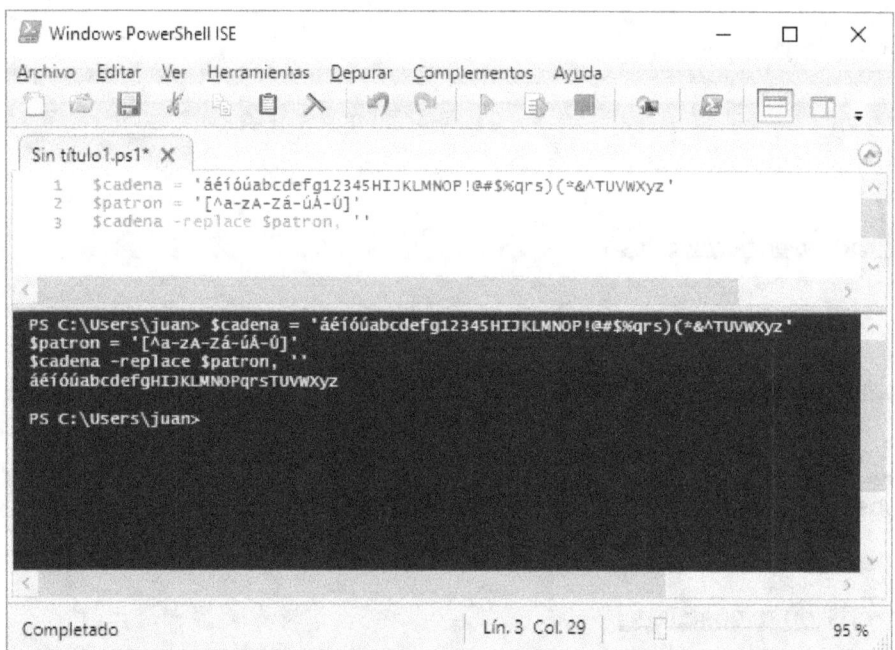

- Partir cadenas

Ejemplo

Partir dos cadenas mediante una coma

'Hola,buenas'.Split(',')

Ejercicio

Dividir en grupos de cinco elementos una cadena

'12345123451234512345123451234512345' -split '(?<=\G\d{5})(?=.)'

Este comando divide la cadena de texto '12345123451234512345123451234512345' en segmentos de 5 caracteres cada uno. Utiliza una expresión regular que asegura que el split se realice después de cada grupo de 5 dígitos, resultando en una matriz de cadenas de 5 caracteres cada una.

- Eliminar espacios

Ejemplo

Eliminar espacios de una frase

' Hola buenas '.TrimStart()
'Hola buenas '.TrimEnd()
'Hola buenas '.Trim()

- Extraer elementos

Ejemplo

Extraer elementos de una palabra

'Hola'.Substring(0)
'Hola'.Substring(0,2)
'Hola'.Substring(2)
'Hola'.Substring(2,1)

Estos comandos utilizan el método Substring en la cadena de texto 'Hola' para extraer partes específicas de la misma.

Ejercicio

Reducir texto con puntos suspensivos

```
$LongitudMax = 10
$Texto = 'Texto para acortar'

if ($Texto.Length -gt $LongitudMax)
{
$Texto.Substring(0,$LongitudMax) + '...'
}
else
{
$Texto
}
```

- Insertar elementos

Ejemplo

Insertar un elemento en una posición de la una palabra

'Hola'.Insert(2, "oooo")

El comando inserta la cadena "oooo" en la posición 2 de la cadena original 'Hola'. El resultado es 'Hooola'.

- Eliminar elementos

Ejemplo

Eliminar elementos de una palabra

'Hola'.Remove(3)
'Hola'.Remove(2)
'Hola'.Remove(1)
'Hola'.Remove(1,1)
'Hola'.Remove(2,2)
'Hola'.Remove(1,2)
'Hola'.Remove(1,3)

- Determinar la primera posición de un carácter

Ejemplo

Determinar la posición de un carácter dentro de una palabra

'Holasa'.IndexOf('a')

El comando busca la posición de la primera aparición de la letra 'a' en la cadena 'Holasa'. El resultado es 4, ya que 'a' se encuentra en la cuarta posición (contando desde cero).

- Determinar la última posición de un carácter

Ejemplo

Determinar la última posición de un carácter dentro de una palabra

'Holasa'.LastIndexOf('a')

- Determinar si el principio de una cadena coincide con una cadena

Ejemplo

Saber si el principio de una palabra comienza con un carácter

'Hola'.StartsWith('H')

- Determinar si el final de una cadena coincide con otra cadena

Ejemplo

Saber si el final de una palabra finaliza con un carácter

'Hola'.EndsWith('la')

- Determinar si un carácter está contenido en una cadena

Ejemplo

Saber si una cadena contiene un carácter

'Hola'.Contains('a')

El comando verifica si la cadena 'Hola' contiene la letra 'a'. El resultado es False, ya que 'a' no está presente en la cadena.

- Buscar

Ejemplo

Buscar una cadena dentro de otra

'Hola'| Select-String 'o'

Tipos complejos

Enumeraciones

Son un tipo de datos que permite que una variable sea un conjunto de constantes predefinidas.

Ejemplo

Crear una variable de tipo complejo con las principales ciudades del mundo

```
enum Ciudades
{
    Hannover
    Madrid
    Seattle
    Barcelona
    London
    NewYork
}

function Seleccion-Ciudades
{
    param ([Ciudades][Parameter(Mandatory=$true)]$Ciudad)
    Write-Host "Has elegido la ciudad de $Ciudad"
}

Seleccion-Ciudades 3
```

El código define un tipo enumerado llamado Ciudades que incluye varias ciudades. Después, se define una función llamada Seleccion-Ciudades que acepta un parámetro de tipo Ciudades y muestra un mensaje indicando qué ciudad ha sido seleccionada.

![Windows PowerShell ISE screenshot showing an enum Ciudades with Hannover, Madrid, Seattle, Barcelona, London, NewYork; a function Seleccion-Ciudades with a Ciudad parameter; and output "Has elegido la ciudad de Barcelona"]

Hash tables

Representa una colección de pares de clave y valor que se organizan por código hash de la clave.

Ejemplos

Crear una hash table sencilla y añadir un elemento después de iniciar la tabla

```
$hash = @{
  a = 2
  b = 4
  c = 6
}

$hash.add('d',8)

$hash.Keys | % { "key = $_ , value = " + $hash.Item($_) }
```

El código crea un hash table (tabla hash) llamado $hash con tres pares clave-valor. A continuación, se añade una nueva clave 'd' con el valor 8. Finalmente, se recorre cada clave del hash table y se imprime cada clave junto con su valor correspondiente en el formato key = <clave>, value = <valor>. El resultado incluirá las claves a, b, c y d, mostrando sus valores asociados.

Crear una hash table con elementos, mostrar los elementos, el número de elementos y ordenar los elementos

```
#Agrega elementos a la clase HashTable
$hashtable = @{uno='valoruno'; dos='valordos'; tres='valortres'}

#Número de elementos de HashTable
$hashtable.Count

#ArrayList sin ordenar
$hashtable

#Ordenar elementos de HashTable
$hashtable.GetEnumerator() | Sort-Object -Property Value
```

Listas

Son objetos fuertemente tipados a los que se puede obtener acceso por índice. Proporciona métodos para buscar, ordenar y manipular listas.

Ejemplo

Crear una colección de tipo lista para gestionar objetos

```
# Clase coche con propiedades
class Coche
{
  $Marca
  $Modelo
  $FechaCompra
  $Color

  #Constructor
  Coche($Color,$Marca,$Modelo,$FechaCompra)
  {
   $this.Color=$Color
   $this.Marca=$Marca
   $this.Modelo=$Modelo
   $this.FechaCompra=$FechaCompra
  }
}

# Colección de tipo List para gestionar los objetos de la clase Coche
$concesionario1 = New-Object 'System.Collections.Generic.List[Coche]'
$concesionario1.Add([Coche]::new('Rojo','Audi','A2',(get-date)))
$concesionario1.Add([Coche]::new('Negro','Audi','A1',(get-date)))

# También se puede crear así la colección de tipo List
$concesionario1 = [System.Collections.Generic.List[Coche]]::new()
$concesionario1.Add([Coche]::new('Rojo','Audi','A2',(get-date)))
$concesionario1.Add([Coche]::new('Negro','Audi','A1',(get-date)))
```

Este código crea coches, los añade a una lista y muestra la información de cada coche en la consola.

Variables de entorno

Son variables definidas por el sistema operativo y que contienen información sobre el sistema.

Para ver todas las variables de entorno se ejecuta el siguiente cmdlet:

Get-Childitem env:

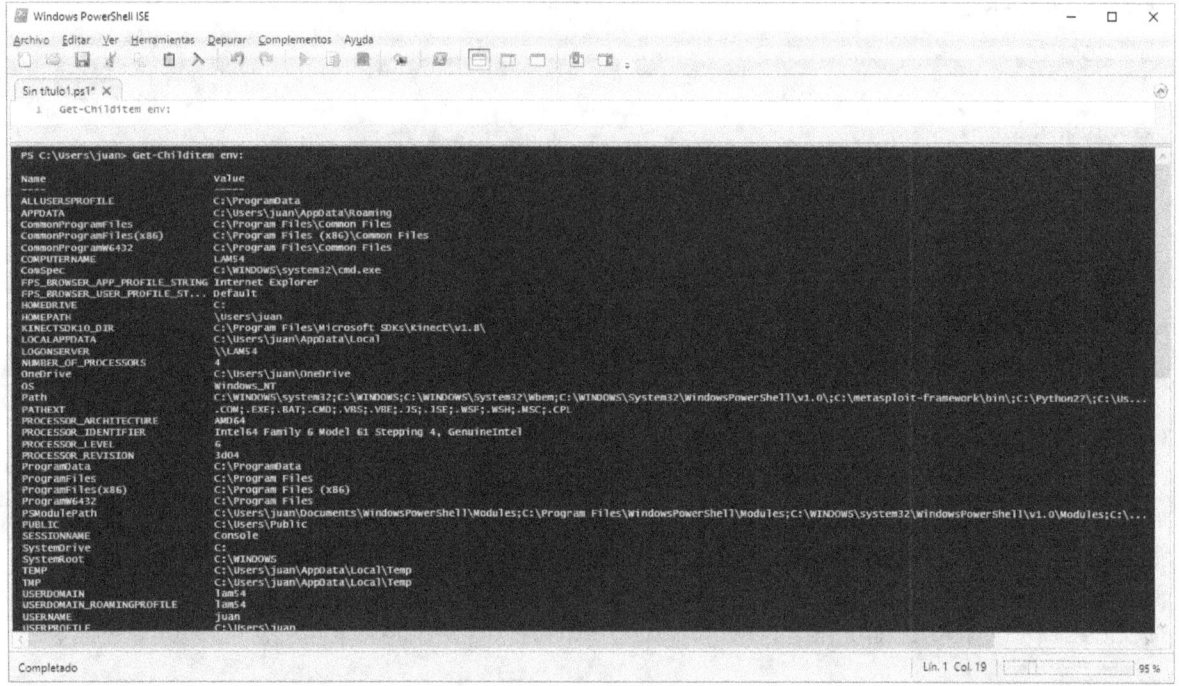

Se pueden crear variables de entorno de la siguiente forma:

$env:TestVariable = "Test variable"
Get-ChildItem Env:\TestVariable

Para eliminar una variable de entorno hay que ejecutar el siguiente cmdlet junto con el nombre de la variable:

Remove-Item Env:\TestVariable

Objetos

Los objetos, propiedades, métodos y eventos son las unidades básicas de la programación orientada a objetos. Un objeto es un elemento de una aplicación, que representa una instancia de una clase. Propiedades, métodos y eventos son las unidades de creación básicas de los objetos y constituyen sus miembros.

En PowerShell el resultado de los cmdlets se tratan como objetos.

Ejemplo

Almacenar la ejecución de los cmdlets ls y ps y ver las propiedades y los métodos de cada variable

$variable=ls
$variable | Get-Member

$variableproce=ps
$variableproce | Get-Member

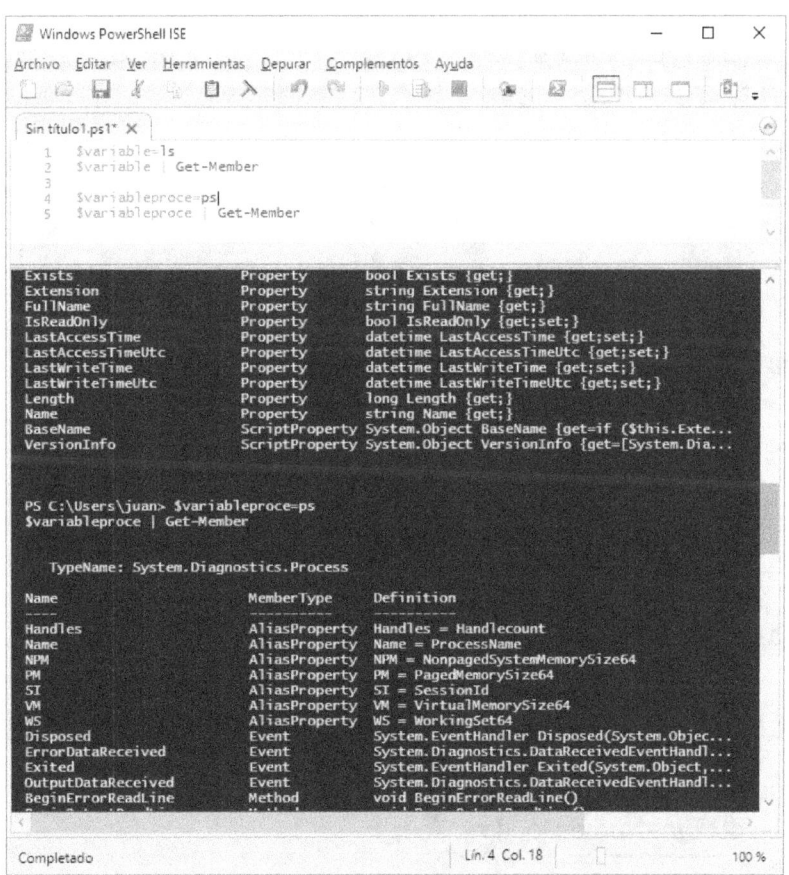

Algunas características de los objetos:

- Un objeto representa una instancia de una clase.
- Una propiedad es un atributo de un objeto que define una de las características del objeto, como tamaño, color o ubicación en pantalla, o un aspecto de su comportamiento.
- Un método es una acción que un objeto puede realizar.
- Un evento es una acción que un objeto reconoce, como hacer clic con el mouse (ratón) o presionar una tecla, y para el que puede escribir código para responder. Los eventos se producen como consecuencia de una acción del usuario o de código de programa, o bien pueden ser desencadenados por el sistema. También puede desarrollar eventos personalizados propios para que los generen sus objetos y los controlen otros objetos.

En PowerShell se pueden crear objetos y añadir propiedades y métodos a dichos objetos.

Crear un objeto:

$objeto=New-Object Object

Añadir una propiedad a un objeto:

Add-Member -MemberType NoteProperty -Name Nombre Valor -InputObject $objeto

Listar propiedades y métodos:

$objeto | Get-Member

Ejemplos

Crear un objeto coche con propiedades

```
#Clase coche con propiedades
class Coche
{
 $Marca
 $Modelo
 $FechaCompra
 $Color
}

#Crear objeto coche de la clase Coche
$coche=New-Object -TypeName Coche

#Añadir propiedades del coche
$coche.Marca="Audi"
$coche.Modelo="A2"
$coche.Color="Rojo"
```

$coche.FechaCompra= Get-Date

#Mostrar el color del coche
$coche.Color

#Mostrar información sobre el coche
$coche

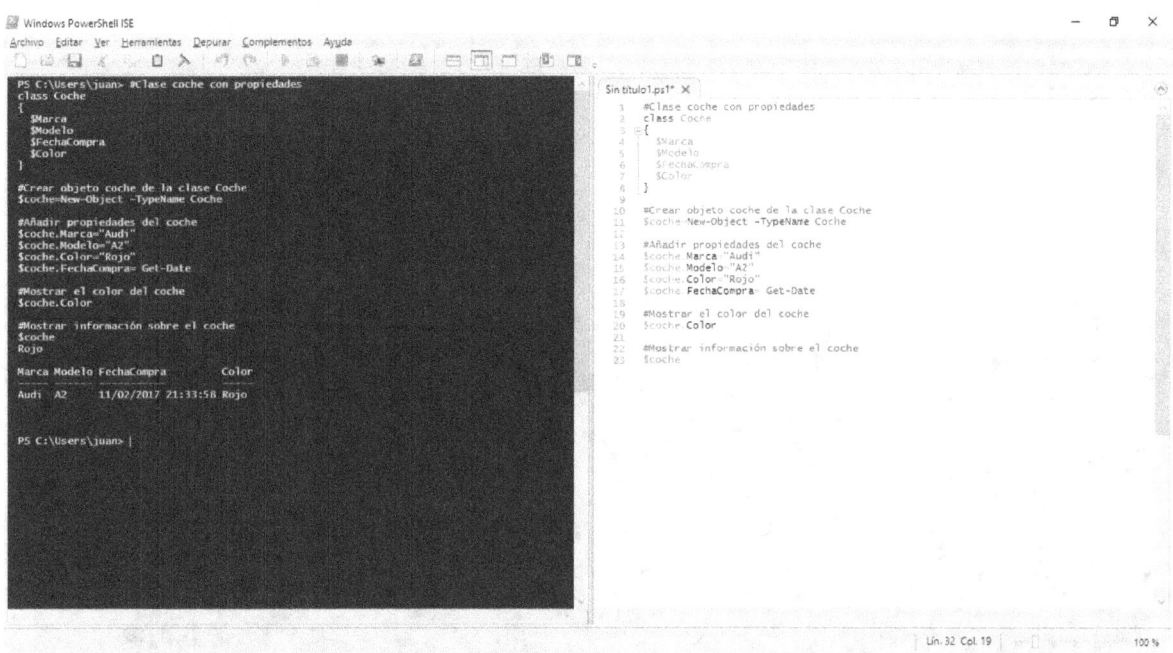

Crear un objeto coche con propiedades y métodos

#Crear objeto coche
$coche=New-Object Object
#Añadir propiedad color de coche
Add-Member -MemberType NoteProperty -Name Color Negro -InputObject $coche
#Añadir método temperatura del motor
$coche | Add-Member ScriptMethod TemperaturaMotor {60}

#Mostrar el color del coche
$coche.color
#Mostrar la temperatura del motor
$coche.TemperaturaMotor()

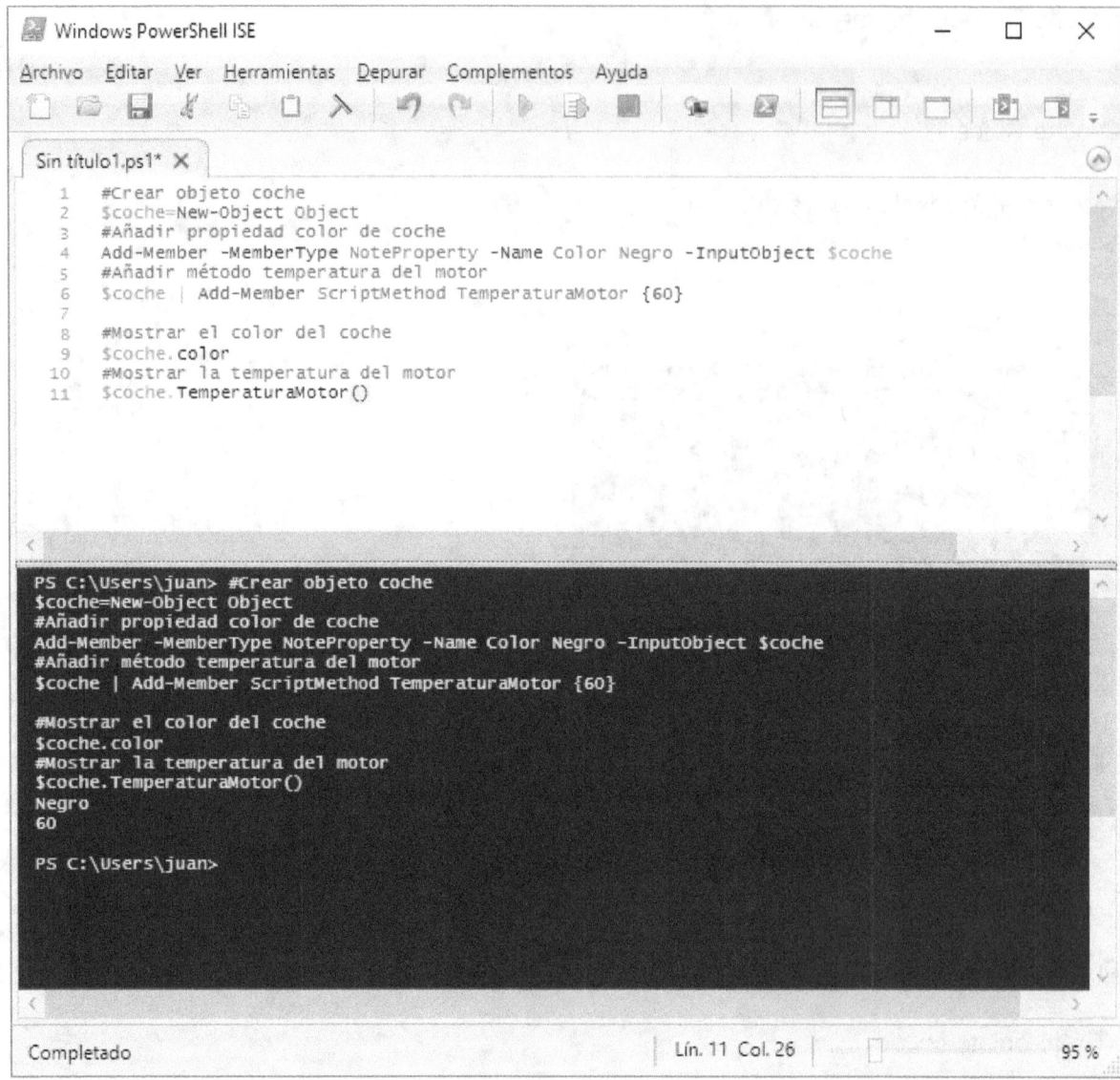

En PowerShell se pueden crear clases y de las clases crear objetos, también se pueden crear constructores dentro de las clases, como se muestra a continuación:

```
class Clase
{
   [string]$Valor

   Constructor([string]$Valor)
   {
      $this.Valor = $Valor
   }
}
```

Ejemplos

Crear una clase con un constructor

```
class Coche
{
   [string]$Marca
   [string]$Modelo

   #Constructor 1
   Coche([string]$Marca, [string]$Modelo)
   {
      $this.Marca = $Marca
      $this.Modelo = $Modelo
   }
}
```

Crear el objeto para la clase creada

```
[Coche]::new("Audi","A3")
```

Otra forma de crear una clase y un objeto (sin constructor). Crear una clase

#Clase coche con propiedades
class Coche
{
 $Marca
 $Modelo
 $Color
}

Otra forma de crear una clase y un objeto (sin constructor). Crear un objeto (dos posibilidades)

#Crear objeto coche de la clase Coche
$coche1=New-Object -TypeName Coche

#Otra forma de crear objeto coche de la clase Coche
$coche2=[Coche]::new()

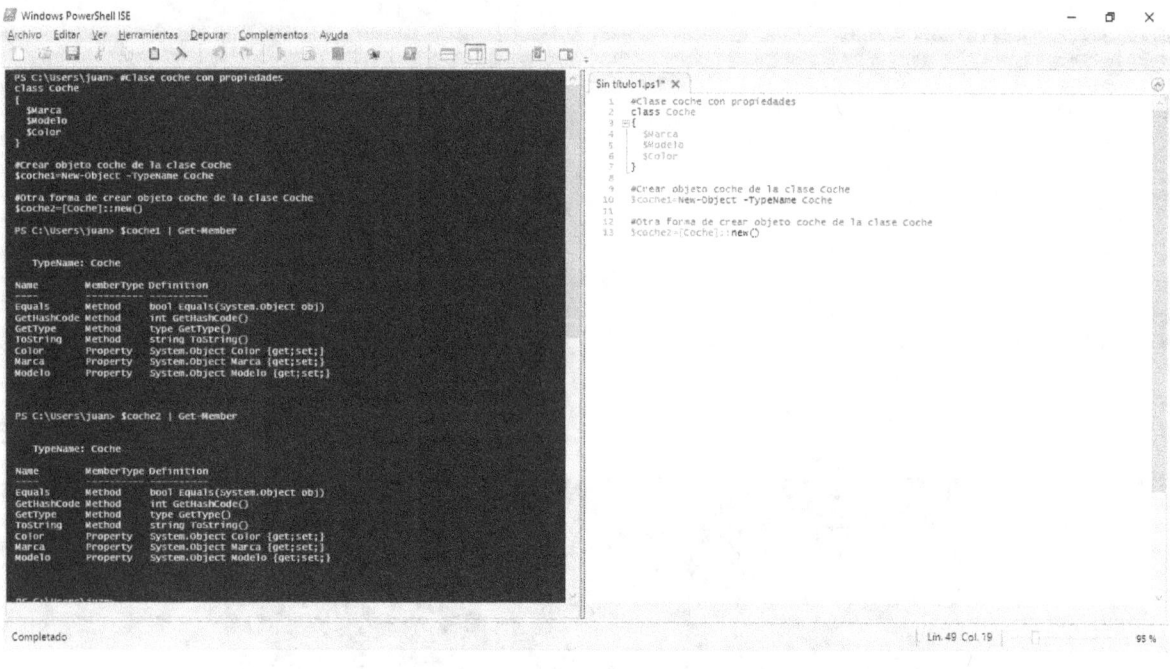

Los objetos en PowerShell se pueden sobrecargar, la sobrecarga se refiere a la posibilidad de tener dos o más funciones con el mismo nombre pero funcionalidad diferente. Es decir, dos o más funciones con el mismo nombre realizan acciones diferentes.

Ejemplo

Realizar sobrecargas en constructores de una clase

```
class Coche
{
   [string]$Marca
   [string]$Modelo

   #Constructor 1
   Coche([string]$Marca, [string]$Modelo)
   {
      $this.Marca = $Marca
      $this.Modelo = $Modelo
   }

   #Constructor 2
   Coche ([string]$Modelo)
   {
      $this.Marca = "NS"
      $this.Modelo = $Modelo
   }

   #Constructor 3
   Coche ()
   {
      $this.Marca = "No definido"
      $this.Modelo = "No definido"
   }
}
```

Más información

- https://www.jesusninoc.com/03/11/crear-una-clase-en-powershell-que-herede-de-otra-clase-con-propiedades-constructor-get-y-set/
- https://www.jesusninoc.com/03/12/crear-una-clase-y-anadir-una-propiedad-en-powershell-que-herede-de-otra-clase-con-propiedades-constructor-get-y-set/
- https://www.jesusninoc.com/03/12/crear-una-clase-que-hereda-de-una-clase-que-a-su-vez-hereda-de-otra-clase-con-propiedades-constructor-get-y-set/

Ficheros

Las variables tienen el problema de ser temporales por eso necesitamos poder almacenar datos de forma permanente mediante los ficheros.

El cmdlet para crear archivos de texto:

Out-File

El comando Out-File se utiliza para enviar la salida de un comando a un archivo. Permite guardar la salida en un formato de texto, creando un nuevo archivo o sobrescribiendo uno existente. También ofrece opciones para especificar la codificación del archivo y el modo de escritura, como -Append para agregar contenido en lugar de sobrescribir.

Ejemplo

Almacenar contenido en un archivo de texto

"Hi" | Out-File file.txt

El cmdlet para leer archivos de texto:

Get-Content

Alias:

gc
cat
type

Ejemplo

Obtener el contenido de un archivo de texto

Get-Content file.txt

Obtener las dos primeras líneas de un fichero

Get-Content .\fichero.txt -First 2

Obtener las dos últimas líneas de un fichero

Get-Content .\fichero.txt -Tail 2

Leer el contenido de un fichero en decimal

[System.IO.File]::ReadAllBytes('.\eje.txt')

El comando [System.IO.File]::ReadAllBytes('.\eje.txt') lee todos los bytes de un archivo de texto llamado eje.txt ubicado en el directorio actual. El resultado es un array de bytes que representa el contenido del archivo. Este enfoque se utiliza comúnmente para manipular archivos binarios o para leer archivos de texto en formato de bytes.

Operaciones aritméticas

Con las variables en programación y PowerShell, se pueden realizar diversas operaciones aritméticas básicas. Estas operaciones permiten manipular datos numéricos de manera efectiva. A continuación se presentan las operaciones más comunes:

Sumar

Ejemplo

Sumar dos números

```
$num1=5
$num2=6
$resultado=$num1+$num2
Write-Host "La suma del número $num1 y el número $num2 es: "+ $resultado
```

Restar

Ejemplo

Restar dos números

```
$num1=10
$num2=6
$resultado=$num1-$num2
Write-Host "La resta del número $num1 y el número $num2 es: "+ $resultado
```

Multiplicar

Ejemplo

Multiplicar dos números

$num1=3
$num2=6
$resultado=$num1*$num2
Write-Host "La multiplicación del número $num1 y el número $num2 es: "+ $resultado

Dividir

Ejemplo

Dividir dos números

$num1=10
$num2=5
$resultado=$num1/$num2
Write-Host "La división del número $num1 entre el número $num2 es: "+ $resultado

Resto

Ejemplo

Resto de la división de números

$num1=4
$num2=2
$resultado=$num1%$num2
Write-Host "El resto de dividir el número $num1 entre el número $num2 es: "+ $resultado

Ejercicio

Saber si un número es par o impar, pidiendo al usuario que introduzca el número con el cmdlet Read-Host

```
$numero=Read-Host ("Introduzca un número para saber si es par o impar")
if($numero % 2 -eq 0)
{
Write-Host "El número $numero es par"
}
else
{
Write-Host "El número $numero es impar"
}
```

Conversiones entre sistemas numéricos

Los sistemas numéricos están compuestos por símbolos y por las normas utilizadas para interpretar estos símbolos. El sistema numérico que se usa más a menudo es el sistema numérico decimal, o de Base 10. El sistema numérico que se usa más a menudo es el sistema numérico decimal, o de Base 10. El sistema numérico de Base 10 usa diez símbolos: 0, 1, 2, 3, 4, 5, 6, 7, 8 y 9. Estos símbolos se pueden combinar para representar todos los valores numéricos posibles.

Los ordenadores reconocen y procesan datos utilizando el sistema numérico binario, o de Base 2. El sistema numérico binario usa sólo dos símbolos, 0 y 1, en lugar de los diez símbolos que se utilizan en el sistema numérico decimal. La posición, o el lugar, que ocupa cada dígito de derecha a izquierda en el sistema numérico binario representa 2, el número de base, elevado a una potencia o exponente, comenzando desde 0. Estos valores posicionales son, de derecha a izquierda, 2 potencia 0, 2 potencia 1, 2 potencia 2, 2 potencia 3, 2 potencia 4, 2 potencia 5, 2 potencia 6 y 2 potencia 7, o sea, 1, 2, 4, 8, 16, 32, 64 y 128, respectivamente.

El inconveniente de la codificación binaria es que la representación de algunos números resulta muy larga. Por este motivo se utilizan otros sistemas de numeración que resulten más cómodos de escribir: el sistema octal y el sistema hexadecimal. Afortunadamente, resulta muy fácil convertir un número binario a octal y hexadecimal.

Otro sistema utilizado es el hexadecimal, el sistema hexadecimal usa dieciséis símbolos: 0, 1, 2, 3, 4, 5, 6, 7, 8, 9, A, B, C, D, E y F. Se utilizan los caracteres A, B, C, D, E y F representando las cantidades decimales 10, 11, 12, 13, 14 y 15 respectivamente, porque no hay dígitos mayores que 9 en el sistema decimal. Cada dígito tiene, naturalmente, un valor distinto dependiendo del lugar que ocupen. El valor de cada una de las posiciones viene determinado por las potencias de base 16.

Ejemplos

Convertir un número binario a decimal

$binario = "11111111"
[Convert]::ToInt32($binario,2)

Convertir un número decimal a binario

$decimal = 32
[Convert]::ToString($decimal, 2)

Convertir un número decimal a octal

$decimal = 3232
[Convert]::ToString($decimal, 8)

Convertir un número decimal a hexadecimal

$decimal = 3232
[Convert]::ToString($decimal, 16)

Operaciones lógicas

Las operaciones lógicas son expresiones matemáticas cuyo resultado es un valor booleano (verdadero o falso true o false), algunas expresiones lógicas que se pueden realizar en PowerShell son: and, or, not, también incluimos la explicación de los operadores bit a bit.

And

Tabla lógica del operador and:

x	y	resultado
true	true	true
true	false	false
false	true	false
false	false	false

Ejemplos

Realizar operaciones con el operador lógico and

(1 -eq 1) -and (2 -eq 2)
#La primera operación de comparación (1 -eq 1) es True
#La segunda operación de comparación (2 -eq 2) es True
#El resultado de juntar las dos operaciones es True ya que True y True es True

(1 -eq 2) -and (2 -eq 3)
#La primera operación de comparación (1 -eq 2) es False
#La segunda operación de comparación (2 -eq 3) es False
#El resultado de juntar las dos operaciones es False ya que False y False es False

(1 -eq 1) -and (2 -eq 3)
#La primera operación de comparación (1 -eq 1) es True
#La segunda operación de comparación (2 -eq 3) es False
#El resultado de juntar las dos operaciones es False ya que True y False es False

Or

Tabla lógica del operador or:

x	y	resultado
true	true	true
true	false	true
false	true	true
false	false	false

Ejemplos

Realizar operaciones con el operador lógico or

(1 -eq 1) -or (2 -eq 2)
#La primera operación de comparación (1 -eq 1) es True
#La segunda operación de comparación (2 -eq 2) es True
#El resultado de juntar las dos operaciones es True ya que True o True es True

(1 -eq 2) -or (2 -eq 3)
#La primera operación de comparación (1 -eq 2) es False
#La segunda operación de comparación (2 -eq 3) es False
#El resultado de juntar las dos operaciones es False ya que False o False es False

(1 -eq 1) -or (2 -eq 3)
#La primera operación de comparación (1 -eq 1) es True
#La segunda operación de comparación (2 -eq 3) es False
#El resultado de juntar las dos operaciones es True ya que True o False es True

Not

Tabla lógica del operador not:

x	resultado
true	false
false	true

Ejemplos

<u>Realizar operaciones con el operador lógico not</u>

(1 -eq 1) -and -not (2 -eq 2)
#La primera operación de comparación (1 -eq 1) es True
#La segunda operación de comparación (2 -eq 2) es Not True es decir False
#El resultado de juntar las dos operaciones es False ya que True y False es False

(1 -eq 2) -and -not (2 -eq 3)
#La primera operación de comparación (1 -eq 2) es False
#La segunda operación de comparación (2 -eq 3) es Not False es decir True
#El resultado de juntar las dos operaciones es False ya que False y True es False

(1 -eq 1) -and -not (2 -eq 3)
#La primera operación de comparación (1 -eq 1) es True
#La segunda operación de comparación (2 -eq 3) es Not False es decir True
#El resultado de juntar las dos operaciones es False ya que True y True es True

(1 -eq 1) -or -not (2 -eq 2)
#La primera operación de comparación (1 -eq 1) es True
#La segunda operación de comparación (2 -eq 2) es Not True es decir False
#El resultado de juntar las dos operaciones es True ya que True o False es True

(1 -eq 2) -or -not (2 -eq 3)
#La primera operación de comparación (1 -eq 2) es False
#La segunda operación de comparación (2 -eq 3) es Not False es decir True
#El resultado de juntar las dos operaciones es False ya que False o True es True

(1 -eq 1) -or -not (2 -eq 3)
#La primera operación de comparación (1 -eq 1) es True
#La segunda operación de comparación (2 -eq 3) es Not False es decir True
#El resultado de juntar las dos operaciones es True ya que True o True es True

---

Operadores bit a bit

PowerShell admite los operadores bit a bit estándar, incluidos bitwise-AND (-bAnd), los operadores inclusivos y exclusivos bitwise-OR (-bOr y -bXor) y bitwise-NOT (-bNot).

bAnd Bitwise AND

El operador bAnd o AND a nivel de bits es una operación binaria que se utiliza para comparar dos números binarios. Cuando aplicas este operador a dos números binarios, compara los bits correspondientes en cada posición y produce un nuevo número binario donde cada bit en el resultado es 1 solo si ambos bits en las mismas posiciones de los números originales son 1. Si uno o ambos bits son 0, el bit correspondiente en el resultado será 0. En resumen, el operador bAnd permite realizar una operación lógica que resulta en un 1 solo cuando ambos bits en la misma posición son 1.

Ejemplo

Uso de bAnd (Bitwise AND)

10 -band 3

La estructura de bits del número 10 es 00001010 (basado en 1 byte) y la estructura de bits del número 3 es 00000011. Cuando se usa un operador AND bit a bit para comparar 10 y 3, se comparan los bits individuales de cada byte.

1010 (10)
0011 (3)
-------------- bAND
0010 (2)

---

bOr Bitwise OR (inclusive)

El operador bOr o bitwise OR, también conocido como OR a nivel de bits, es un operador utilizado en programación para combinar dos números binarios. Cuando aplicas este operador a dos números binarios, produce un nuevo número donde cada bit en el resultado es 1 si al menos uno de los bits correspondientes en los números originales es 1. En otras palabras, si cualquiera de los bits es 1 en cualquiera de los números originales, el bit correspondiente en el resultado será 1. Esto sirvel para establecer bits específicos en un número binario o realizar operaciones lógicas que requieren la inclusión de al menos un bit 1 para que el resultado sea 1.

Ejemplo

Uso de bOr (Bitwise OR)

10 -bor 3

En una operación OR bit a bit (inclusiva), el bit resultante se establece en 1 cuando uno de los bits de entrada o ambos son 1. El bit resultante se establece en 0 solo cuando ambos bits de entrada se establecen en 0.

1010 (10)
0011 (3)
-------------- bOR (inclusive)
1011 (11)

bXor Bitwise OR (exclusive)

El operador bXor o XOR a nivel de bits es una operación que se utiliza para combinar dos números binarios. Cuando aplicas este operador a dos números, produce un nuevo número donde cada bit en el resultado es 1 si los bits correspondientes en los números originales son diferentes, es decir, uno de los bits es 1 y el otro es 0. Si ambos bits son iguales, el resultado será 0. Esto sirve para realizar cambios específicos en bits de un número binario o para operaciones lógicas que requieren exclusividad, donde solo un bit de entrada puede ser 1 para que el resultado sea 1.

Ejemplo

Uso de bXor (Bitwise OR)

10 -bxor 3

En una operación OR bit a bit (exclusiva), el bit resultante se establece en 1 solo si un bit de entrada es 1.

1010 (10)
0011 (3)
-------------- bXOR (exclusive)
1001 (9)

bNot Bitwise NOT

El operador bNot o NOT a nivel de bits es una operación unaria que se aplica a un solo número binario. Cuando aplicas este operador a un número, invierte cada bit en el número, cambiando todos los 0 por 1 y todos los 1 por 0. Esencialmente, este operador realiza la negación de cada bit en el número. Por ejemplo, si aplicas el operador bNot a 1010, obtendrás 0101, ya que cada bit ha sido invertido. Esto puede ser útil para realizar cambios en bits específicos o para realizar operaciones lógicas complejas a nivel de bits.

Ejemplo

<u>Uso de bNot (Bitwise NOT)</u>

-bNot 10

El operador NOT bit a bit es un operador unario que genera el complemento binario del valor. Un bit 1 se establece en 0 y un bit 0 se establece en 1.

Por ejemplo, el complemento binario de 0 es -1, el mayor número entero sin signo (0xffffffff), y el complemento binario de -1 es 0.

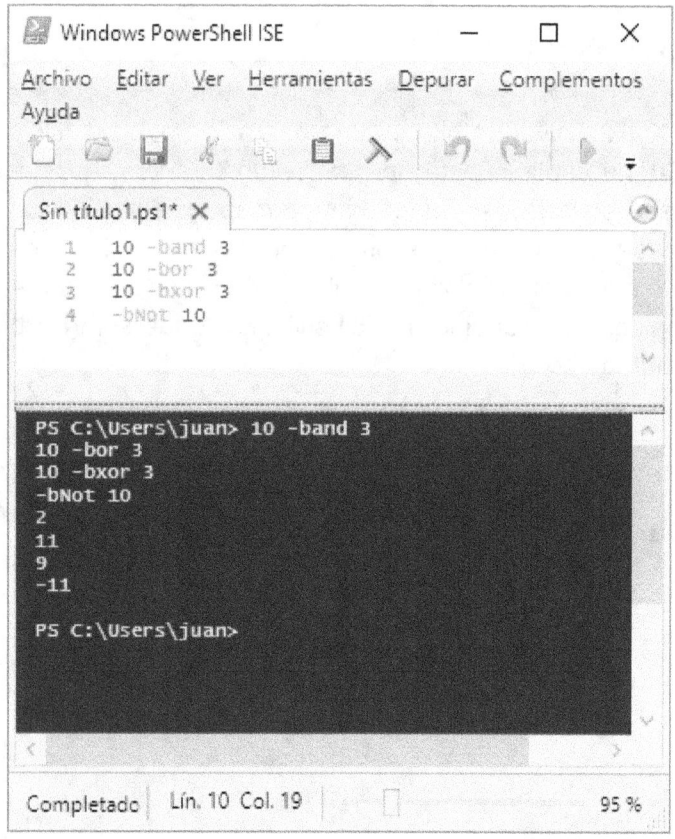

Ejercicio

Poner a 1 el cuarto bit en una cadena de bits

$decimal = 32
[Convert]::ToString($decimal, 2)

$bit = 3
$decimal = $decimal -bor [Math]::Pow(2, $bit)
[Convert]::ToString($decimal, 2)

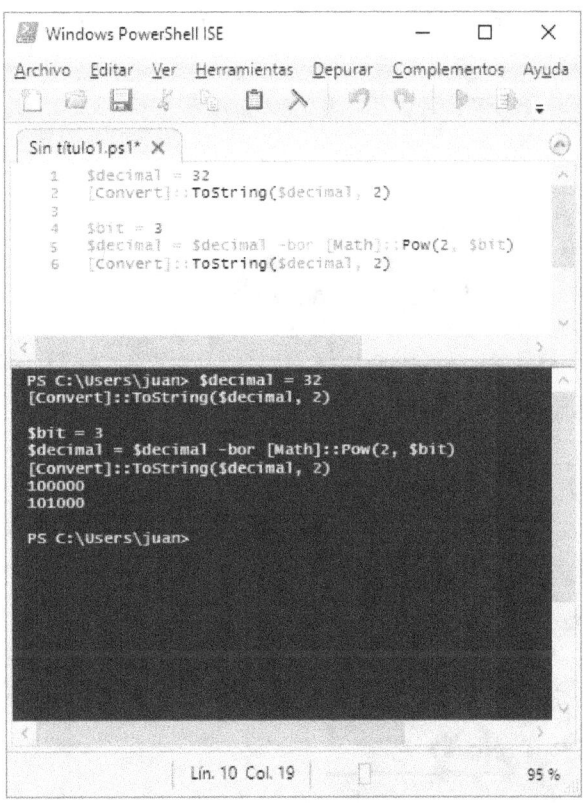

También existen los desplazamientos lógicos (logical shifts). El desplazamiento lógico hacia la izquierda (left shift) y el desplazamiento lógico hacia la derecha (right shift). En el desplazamiento lógico los bits de un registro son desplazados (movidos) una o más posiciones hacia la derecha o hacia la izquierda. Los bit que salen del registro por un extremo se pierden y en el otro extremo del registro se rellena con un bit cero por cada bit desplazado.

Ejemplo

<u>Realizar desplazamientos</u>

#Desplazamiento izquierdo
#Número sin desplazamiento
21 -shl 0
#Ver número en binario sin desplazamiento
[Convert]::ToString(21, 2)
#Número con desplazamiento a la izquierda de un bit
21 -shl 1
#Ver número en binario con desplazamiento a la izquierda de un bit
[Convert]::ToString(21 -shl 1, 2)
#Desplazamiento derecho
#Número sin desplazamiento
21 -shr 0
#Ver número en binario sin desplazamiento
[Convert]::ToString(21, 2)
#Número con desplazamiento a la derecha de un bit
21 -shr 1
#Ver número en binario con desplazamiento a la derecha de un bit
[Convert]::ToString(21 -shr 1, 2)

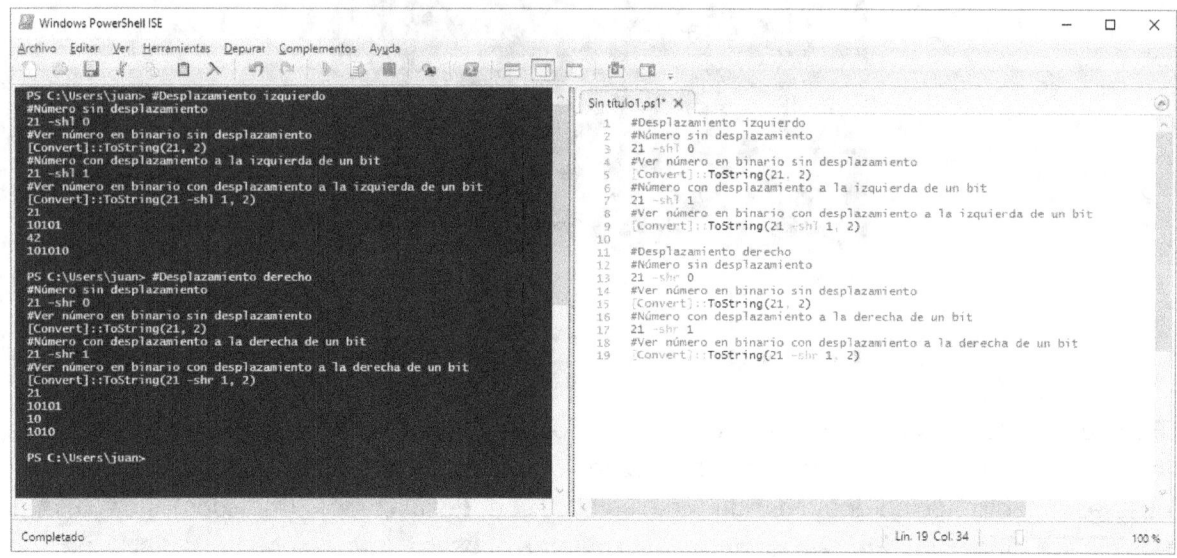

Operaciones de comparación

Algunas operaciones de comparación que se pueden realizar en PowerShell son:

eq (Equal to - Igual a)

El operador eq se utiliza para comparar dos valores y determinar si son iguales.

Ejemplo

Realizar operaciones con el operador de comparación eq

$numero=1
$resultado=$numero -eq 1
#El resultado es True, esto significa que el resultado es verdadero
Write-Host $resultado

$cadena='pepito'
$resultado=$cadena -eq 'pepito'
#El resultado es True
Write-Host $resultado

$cadena='pepito'
$resultado=$cadena -eq 'Pepito'
#El resultado es True
Write-Host $resultado

#En el caso de cadenas de caracteres cuando comparamos dos cadenas que tienen incluidas mayúsculas y minúsculas nos indica que son iguales, para diferenciar hay que utilizar:
#-ceq

$cadena='pepito'
$resultado=$cadena -ceq 'Pepito'
#El resultado es False porque no son iguales la 'p'y la 'P'
Write-Host $resultado

lt (Less than - Menos que)

El operador lt se utiliza para comparar dos valores y determinar si el primer valor es menor que el segundo.

Ejemplo

Realizar operaciones con el operador de comparación lt

$numero1=1
$numero2=2
$resultado=$numero1 -lt $numero2
#El resultado es True, esto significa que el resultado es verdadero y que el número 2 es menor que el número 1
Write-Host $resultado

```
$numero1=1
$numero2=2
$resultado=$numero2 -lt $numero1
#El resultado es False, esto significa que el resultado es falso y que el número 1 no es menor que el número 2
Write-Host $resultado
```

gt (Greater than - Más que)

El operador gt se utiliza para comparar dos valores y determina si el primer valor es mayor que el segundo.

Ejemplo

Realizar operaciones con el operador de comparación gt

```
$numero1=1
$numero2=2
$resultado=$numero1 -gt $numero2
#El resultado es False, esto significa que el resultado es falso y que el número 1 no es mayor que el número 2
Write-Host $resultado
```

```
$numero1=1
$numero2=2
$resultado=$numero2 -gt $numero1
#El resultado es True, esto significa que el resultado es verdadero y que el número 2 es mayor que el número 1
Write-Host $resultado
```

ge (Greater than or Equal to - Mayor o igual a)

El operador ge se utiliza para comparar dos valores y determinar si el primer valor es mayor o igual que el segundo.

Ejemplo

Realizar operaciones con el operador de comparación ge

$numero1=1
$numero2=2
$resultado=$numero1 -ge $numero2
#El resultado es False, esto significa que el resultado es falso y que el número 1 no es mayor o igual que el número 2
Write-Host $resultado

$numero1=1
$numero2=2
$resultado=$numero2 -ge $numero1
#El resultado es True, esto significa que el resultado es verdadero y que el número 2 es mayor que el número 1
Write-Host $resultado

$numero1=1
$numero2=1
$resultado=$numero2 -ge $numero1
#El resultado es True, esto significa que el resultado es verdadero y que el número 2 es igual que el número 1
Write-Host $resultado

le (Less than or equal to - Menor o igual a)

El operador le se utiliza para comparar dos valores y determinar si el primer valor es menor o igual que el segundo.

Ejemplo

Realizar operaciones con el operador de comparación le

$numero1=1
$numero2=2
$resultado=$numero1 -le $numero2
#El resultado es True, esto significa que el resultado es verdadero y que el número 1 es menor o igual que el número 1
Write-Host $resultado

```
$numero1=1
$numero2=2
$resultado=$numero2 -le $numero1
#El resultado es False, esto significa que el resultado es falso y que el número 2 no es
menor que el número 1
Write-Host $resultado

$numero1=1
$numero2=1
$resultado=$numero2 -le $numero1
#El resultado es True, esto significa que el resultado es verdadero y que el número 2 es
igual que el número 1
Write-Host $resultado
```

ne (Not equal to - No es igual a)

El operador ne en PowerShell se utiliza para comparar dos valores y determinar si son diferentes entre sí.

Ejemplo

Realizar operaciones con el operador de comparación ne

```
$numero=1
$resultado=$numero -ne 1
#El resultado es False, esto significa que es falso que el número 1 no sea igual al número 1
Write-Host $resultado

$cadena='pepito'
$resultado=$cadena -ne 'pepitos'
#El resultado es True porque pepito no es igual a pepitos
Write-Host $resultado
```

Sentencias condicionales

En programación, una sentencia condicional es una instrucción o grupo de instrucciones que se pueden ejecutar o no en función del valor de una condición, los tipos de sentencias condicionales son:

If

La estructura condicional if se utiliza para evaluar una condición y ejecutar un bloque de código específico en función de si la condición es verdadera (True) o falsa (False). Esta es una de las estructuras de control más comunes en la programación y permite tomar decisiones.

Ejemplo

Comprobar si un número es igual a otro utilizando if

```
$a=5
if($a -eq 5)
{
Write-Host "5"
}
```

Else

La estructura else se utiliza en combinación con la declaración if para especificar un bloque de código que se ejecutará cuando la condición evaluada en el if sea falsa (False). Proporciona una forma de manejar casos alternativos en la lógica del programa.

Ejemplo

Comprobar si un número es igual a otro utilizando else

```
$a=5
if($a -eq 5)
{
Write-Host "5"
}
else
{
Write-Host "No 5"
}
```

Elself

La estructura elseif se utiliza junto con las declaraciones if y else para evaluar múltiples condiciones de manera secuencial. Permite manejar varios caminos de ejecución en función de diferentes condiciones, ofreciendo una forma clara y estructurada de tomar decisiones en los scripts.

Ejemplo

Comprobar si un número es igual a otro utilizando elseif

```
$a=6
if($a -eq 5)
{
Write-Host "5"
}
elseif($a -eq 6)
{
Write-Host "6"
}
else
{
Write-Host "No 5 o 6"
}
```

Switch

La estructura switch se utiliza para evaluar una expresión y ejecutar un bloque de código específico en función del valor de esa expresión. Es especialmente útil cuando se necesita comparar una variable con múltiples posibles valores, lo que puede resultar más limpio y legible que una serie de declaraciones if y elseif.

Ejemplos

Comprobar si un número es igual a otro utilizando switch

```
$a=5
switch($a){
   5{
      Write-Host "5"
      break
   }
   6{
      Write-Host "6"
      break
   }
   7{
      Write-Host "7"
      break
   }
}
```

Ejercicio

Conocer la relevancia de una búsqueda en Google

```
$urls='https://www.google.com/search?q=powershell'
$result=Invoke-WebRequest $urls
$valor=($result.AllElements | ? {$_.id -eq "resultStats"}).innerText
$valor=$valor.replace("Aproximadamente","").replace("resultados","").replace(".","")
$valor=$valor.Trim()
switch([Int]$valor)
{
{$_ -ge 0 -and $_ -le 1000}{"Poco importante"}
{$_ -ge 1001 -and $_ -le 10000}{"Algo importante"}
{$_ -ge 10000 -and $_ -le 100000000}{"Muy importante"}
}
```

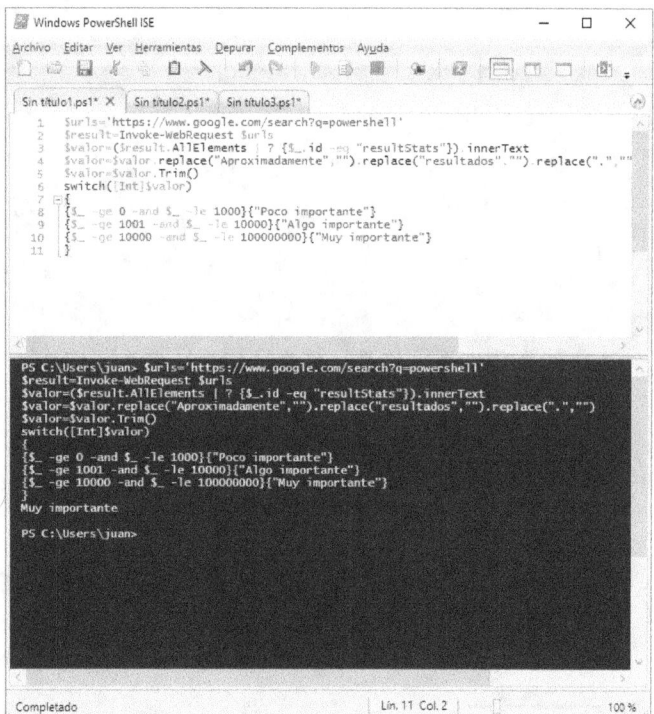

Sentencias de repetición

Una estructura de repetición o bucle nos permite ejecutar un número de veces determinado una serie de instrucciones, los tipos de sentencias de repetición son:

Bucle While

El bucle while es una estructura de control que permite ejecutar un bloque de código repetidamente mientras una condición específica sea verdadera (True). Sirve para situaciones en las que el número de iteraciones no se conoce de antemano, y la ejecución del bucle depende del resultado de la condición evaluada.

Ejemplo

Mostrar los números de 1 a 10 utilizando el bucle while

```
$i=1
while($i -lt 11){
$i
$i++
}
```

Bucle Do-While

El bucle do-while es una estructura de control que ejecuta un bloque de código al menos una vez antes de evaluar la condición de continuación. Esto significa que, independientemente de si la condición es verdadera o falsa, el código dentro del bloque do se ejecutará al menos una vez. Después de la ejecución, la condición se evalúa y, si sigue siendo verdadera, el bucle se repite.

Ejemplos

Mostrar los números de 1 a 10 utilizando el bucle do-while

```
$i=1
do{
$i
$i++
}while($i -lt 11)
```

Bucle For

El bucle for es una estructura de control que permite ejecutar un bloque de código un número específico de veces. Este tipo de bucle es especialmente útil cuando se conoce de antemano la cantidad de iteraciones que se deben realizar, ya que combina la inicialización, la condición de continuación y el incremento en una sola línea.

Ejemplos

Mostrar los números de 1 a 10 utilizando el bucle for

```
for($i=1;$i -lt 11;$i++)
{
$i
}
```

Bucle Foreach

El bucle foreach es una estructura de control que permite iterar sobre una colección de elementos, como arrays o listas. Es especialmente útil para procesar cada elemento de la colección sin tener que manejar manualmente un contador. Este bucle simplifica la sintaxis y mejora la legibilidad del código al enfocarse directamente en los elementos de la colección.

Ejemplos

Mostrar los números de 1 a 10 utilizando el bucle foreach

```
foreach($i in 1..10)
{
$i
}
```

El comando itera sobre una secuencia de números del 1 al 10. En cada iteración, imprime el valor de $i, que representa el número actual en la secuencia. Como resultado, se mostrará cada número del 1 al 10, uno en cada línea, en la consola.

Mostrar los números de 1 a 10 utilizando el bucle foreach abreviado

```
1..10 | % {$_}
```

El comando genera una secuencia de números del 1 al 10 y después, a través del uso del operador de porcentaje (%), que es un alias para ForEach-Object, se imprime cada número en la consola. Así, el resultado es simplemente una lista de los números del 1 al 10, uno en cada línea.

Funciones

Una función es un conjunto de líneas de código que realizan una tarea específica y puede retornar un valor.

Las funciones pueden tomar parámetros que modifiquen su funcionamiento.

Las funciones son utilizadas para descomponer grandes problemas en tareas simples y para implementar operaciones que son comúnmente utilizadas durante un programa y de esta manera reducir la cantidad de código.

Cuando una función es invocada se le pasa el control a la misma, una vez que esta finalizó con su tarea el control es devuelto al punto desde el cual la función fue llamada.

El esquema de una función:

```
function funcion1
{
 param
 (
  [Parameter(Mandatory=$true, ValueFromPipeline=$true)]
  [String[]]
  [AllowEmptyString()]
  $Var,$Var2
 )
 begin
 {
 }
 process
 {
 }
 end
 {
 }
}
```

Ejemplos

Pedir a un usuario su nombre y mostrarlo mediante una función

```
function Get-Nombre
{
 param
 (
  $Name = $(
   Write-Host 'Introduzca su nombre: '-ForegroundColor Yellow -NoNewLine
   Read-Host
  )
 )

 "Tu nombre es: $Name"
}

#Ejecutar la función
```

Get-Nombre

Hacer un login creando una función que comprueba un nombre de usuario y una contraseña

```
function funcion5
{
 param
 (
  [Parameter(Mandatory=$true, ValueFromPipeline=$true)]
  [String[]]
  [AllowEmptyString()]
  $User,$Pass
 )

 begin
 {
  Write-Host "Principio de login"
  $usercorrecto="Carlos"
  $passcorrecto="Contraseña"
 }

 process
 {
  if($User -eq $usercorrecto -and $Pass -eq $passcorrecto)
   {
      $ok=1
   }
   else
   {
      $ok=0
   }
 }
 end
 {
  if($ok)
   {
      Write-Host "User correcto"
   }
   else
   {
      Write-Host "User no correcto"
   }
   Write-Host "Fin de login"
 }
}

#Ejecutar la función
```

funcion5 Carlos Contraseña

Hacer un login avanzado creando una función que comprueba un nombre de usuario y una contraseña

```
#Función login de user y pass
#El user y pass (hash en MD5) correcto se escriben en el bloque BEGIN

#Ejecutar la función
#PS C:\Users\usuario>loginH user pass

function loginH
{
 param
 (
  [Parameter(Mandatory=$true, ValueFromPipeline=$true)]
  [String[]]
  [AllowEmptyString()]
  $User,$Pass
 )

 begin
 {
  Write-Host "Principio de login"
  $usercorrecto="user"
  #El pass en MD5
  #$passcorrecto="pass"
  $passcorrecto="1A1DC91C907325C69271DDF0C944BC72"
 }

 process
 {
  #Realizar el MD5 del pass introducido por el usuariO
  [Reflection.Assembly]::LoadWithPartialName("System.Web")
  $Pass
  if($User -eq $usercorrecto -and
[System.Web.Security.FormsAuthentication]::HashPasswordForStoringInConfigFile($Pass,
"MD5") -eq $passcorrecto)
   {
     $ok=1
   }
   else
   {
     $ok=0
   }
 }
 end
 {
```

```
    if($ok)
    {
        Write-Host "User correcto"
    }
    else
    {
        Write-Host "User no correcto"
    }
    Write-Host "Fin de login"
  }
}
```

3. Gestión del hardware en PowerShell

- Introducción
- Procesador
- Memoria caché
- Memoria
- Acceso directo a memoria
- Discos duros
- Buses
- Conexiones E/S
- Dispositivos de entrada y salida
  - Entrada
  - Salida
  - Entrada y salida
- Placa base y otros componentes
  - BIOS
  - Batería
  - Refrigeración

Introducción

El hardware es el conjunto de componentes físicos que constituyen un ordenador y que mediante conexiones con dispositivos auxiliares permiten realizar las funciones de procesamiento, almacenamiento y transferencia de datos.

El procesamiento consiste en recibir datos, realizar cálculos y operaciones con los mismos, el almacenamiento consiste en almacenar datos durante un periodo de tiempo y la transferencia consiste en enviar los resultados procesados al exterior.

El hardware son los elementos físicos que se pueden tocar. Sirven para realizar tareas que se resuelven mediante el software, algunos elementos hardware son: la caja donde está la placa base, el procesador, la memoria, el disco duro, etc. También se consideran hardware los dispositivos de entrada y salida como la pantalla, el teclado, el ratón, etc.

Una de las funciones del sistema operativo es controlar y gestionar el uso del hardware del ordenador: procesador, dispositivos de E/S, memoria principal, tarjetas gráficas y el resto de periféricos.

Veamos los principales componentes hardware que tiene un equipo.

Procesador

También conocido como CPU (Central Processing Unit, unidad central de procesamiento), es el cerebro del ordenador. Su función es leer instrucciones y ejecutarlas, estas instrucciones configuran un conjunto de datos codificados en binario que se almacenan en la memoria. Todos los programas se componen de instrucciones, cada instrucción se ejecuta mediante un ciclo básico de ejecución que es el período que tarda el procesador en ejecutar una instrucción.

La CPU funciona del siguiente modo: obtiene la primera instrucción de la memoria, la decodifica para determinar el código de operación y los datos, después la ejecuta y en algunos casos almacena el resultado. Este proceso se ejecuta continuamente hasta que se leen todas las instrucciones del programa.

Un concepto importante al hablar de CPU y que nos permite comprender algunas de sus funciones es la arquitectura.

Una arquitectura indica qué hace un ordenador y define el conjunto de instrucciones (serie de instrucciones que hacen referencia al conjunto básico de comandos e instrucciones que un microprocesador comprende y puede llevar a cabo) y cómo se codifican, los datos que maneja, los registros internos, etc. Cada arquitectura es distinta aunque puede haber características similares entre arquitecturas.

Para una arquitectura puede haber distintas organizaciones. La organización define cómo realiza las funciones un ordenador.

Por último, la realización del ordenador se encarga de implementar físicamente una organización, un ejemplo de realización es la frecuencia básica del procesador que describe la velocidad a que los transistores de este se abren y cierran. La frecuencia básica del procesador es el punto de operación donde se define la TDP (potencia de diseño térmico). La frecuencia se mide en gigahertz (GHz) o mil millones de ciclos por segundo.

Otro tipo de realización es la frecuencia turbo máxima indica la frecuencia de un solo núcleo a que el procesador puede operar. La frecuencia se mide en gigahertz (GHz) o mil millones de ciclos por segundo.

Un ejemplo de lo explicado anteriormente pueden ser son las implementaciones de x86-64 (x86-64 está basada en la extensión del conjunto de instrucciones x86 para manejar direcciones de 64 bits): AMD64 e Intel 64 en el caso de Intel 64 (la arquitectura Intel 64 mejora el desempeño permitiendo que los sistemas direccionen más de 4 GB de memoria física y virtual) tiene las organizaciones Core 2 Duo, Core 2 Quad, y Core 2 Extreme, etc. La realización de un Core 2 Quad puede ser de 3,40 GHz, 3,80 GHz, etc.

Los procesadores contienen núcleos, un núcleo describe el número de unidades de procesamiento independientes en un componente computacional individual (matriz o chip).

Un concepto importante es el hilo, o hilo de ejecución, es un término de software para la secuencia de instrucciones de orden básico que puede pasar o procesarse en un núcleo de CPU individual.

Los procesadores actuales poseen tecnologías avanzadas que permiten realizar tareas como la virtualización, Hyper-Threading, etc. Un ejemplo son los procesadores Intel que tienen las siguientes tecnologías avanzadas:

- Tecnología Intel Turbo Boost
- Tecnología Hyper-Threading Intel
- Tecnología de virtualización Intel® (VT-x)
- Tecnología de virtualización Intel® para E/S dirigida (VT-d)
- Intel VT-x con tablas de páginas extendidas (EPT)
- Intel Transactional Synchronization Extensions
- Tecnología Intel SpeedStep
- Tecnologías de monitoreo térmico
- Acceso a memoria rápida Intel
- Intel Flex Memory Access
- Tecnología Intel Identity Protection
- Programa Intel de imagen estable para plataformas (SIPP)
- Tecnología Intel de respuesta inteligente

Con PowerShell se puede obtener información de los procesadores mediante la siguiente llamada CIM:

Get-CimInstance Win32_Processor

Ejemplos

Información sobre la arquitectura

(Get-CimInstance Win32_Processor).caption
(Get-CimInstance Win32_ComputerSystem).SystemType

Información sobre la organización

(Get-CimInstance Win32_Processor).name

Información sobre la realización

((Get-CimInstance Win32_Processor).name).split("@")[1]

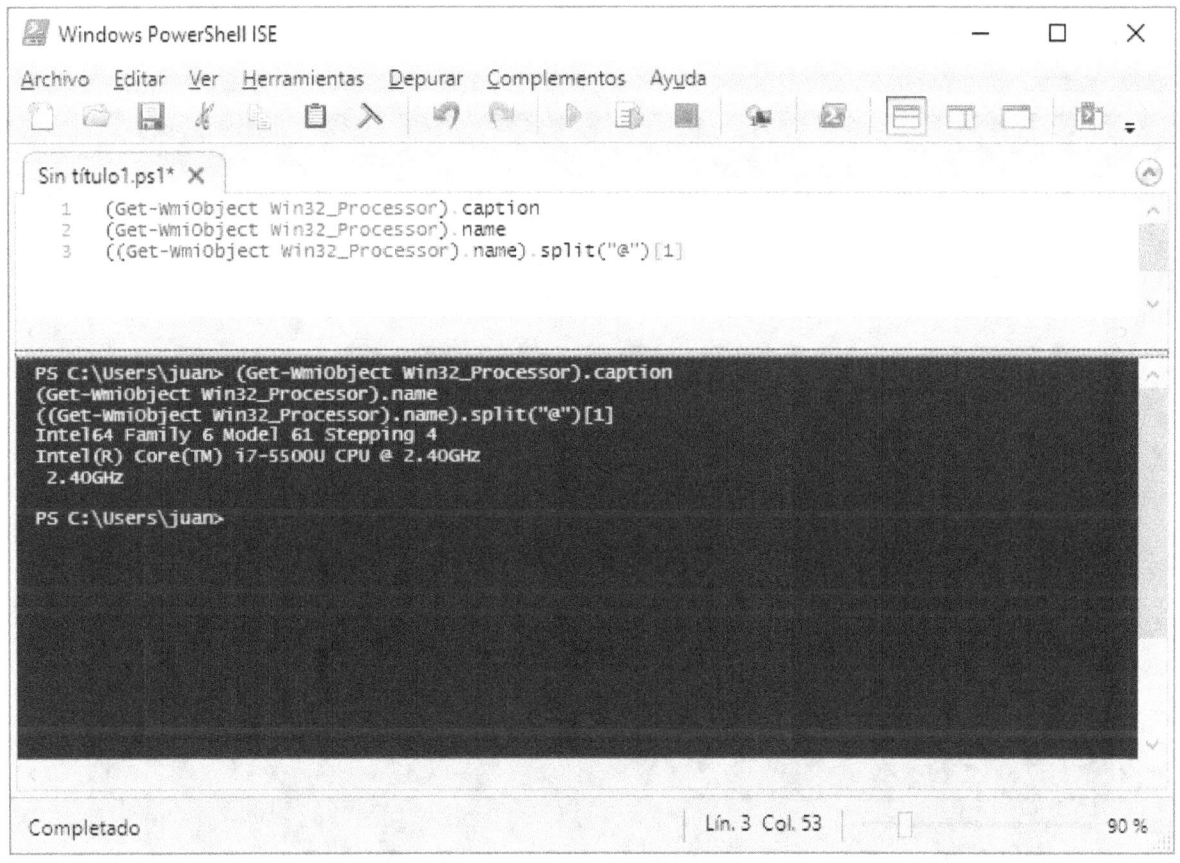

Información sobre los procesadores

Get-CimInstance -Class Win32_Processor | Select -Property Name, Number*

El comando recupera información sobre la clase Win32_Processor utilizando Get-CimInstance. A continuación, selecciona y muestra las propiedades Name (nombre del procesador) y cualquier propiedad que comience con Number, como NumberOfCores o NumberOfLogicalProcessors, proporcionando detalles sobre el procesador instalado en el sistema.

Número de núcleos

Get-CimInstance -Class Win32_Processor | Select-Object NumberOfCores
Get-CimInstance -query "select NumberOfCores from Win32_Processor"

Carga del procesador

Get-CimInstance win32_processor | Select-Object LoadPercentage

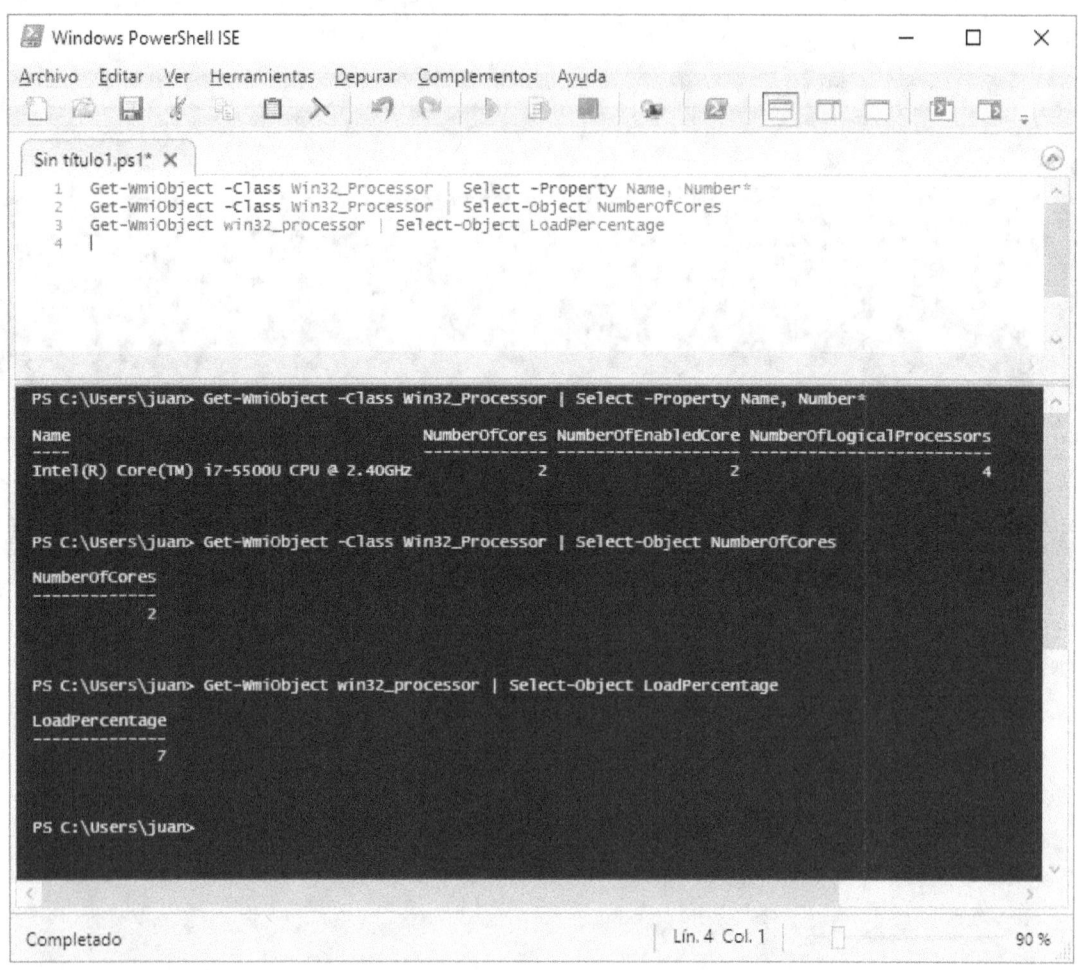

Ejercicios

Información sobre el procesador

```
Get-CimInstance -class "Win32_Processor"| % {
    Write-Host "CPU ID: "
    Write-Host $_.DeviceID
    Write-Host "CPU Model: "
    Write-Host $_.Name
    Write-Host "CPU Cores: "
    Write-Host $_.NumberOfCores
    Write-Host "CPU Max Speed: "
    Write-Host $_.MaxClockSpeed
    Write-Host "CPU Status: "
    Write-Host $_.Status
    Write-Host
}
```

Saber si el procesador es Intel

```
if((Get-CimInstance Win32_Processor).Caption -match "Intel"){"Intel"}else{"No es Intel"}
```

El comando verifica si la propiedad Caption de la clase Win32_Processor, que describe el procesador instalado en el sistema, contiene la palabra "Intel". Si es así, se devuelve "Intel"; de lo contrario, se devuelve "No es Intel".

Memoria caché

La memoria caché es un área de almacenamiento dedicada a los datos usados o solicitados con más frecuencia para su recuperación a gran velocidad.

La caché es una memoria que se sitúa entre la unidad central de procesamiento (CPU) y la memoria de acceso aleatorio (RAM) para acelerar el intercambio de datos.

Cmdlets con llamadas CIM que muestran información sobre la memoria caché:

```
Get-CimInstance Win32_AssociatedProcessorMemory
Get-CimInstance Win32_CacheMemory
```

Ejemplo

Ver el tamaño de la memoria caché

Get-CimInstance Win32_CacheMemory | Select-Object DeviceID,MaxCacheSize

El comando obtiene información sobre la memoria caché del sistema utilizando la clase Win32_CacheMemory. Selecciona y muestra dos propiedades: DeviceID, que representa la identificación del dispositivo de memoria caché, y MaxCacheSize, que indica el tamaño máximo de la memoria caché en bytes.

Memoria

Se encarga de almacenar los programas que se están ejecutando en el ordenador y los datos necesarios para la ejecución de dichos programas.

En teoría las memorias tienen que ser muy rápidas, de gran tamaño y con bajo precio, pero actualmente no existe ninguna tecnología que reúna estos requisitos, como solución a esta situación existe la jerarquía de memoria.

Dos principios sobre la memoria:

- Menor cantidad, acceso más rápido.
- Mayor cantidad, menor coste por byte.

La idea es que la memoria se organiza en niveles, cuanto más cercanos al procesador, más pequeños, rápidos y caros. El objetivo es conseguir un rendimiento de memoria a gran velocidad y de un tamaño igual al nivel más bajo de la jerarquía. A medida que bajamos en los niveles, la velocidad es menor pero el almacenamiento es mayor.

El primer nivel de la jerarquía es el de los registros que se están en el procesador, son muy rápidos pero limitados; el siguiente nivel es la caché que son zonas de gran velocidad y muy próximas a la CPU en donde se almacena la información que se utiliza con más frecuencia; el siguiente nivel es la memoria principal, a esta memoria se la conoce como RAM (Random Access Memory, memoria de acceso aleatorio) y tiene las siguientes características:

- Es una memoria de acceso aleatorio; se accede directamente a una determinada posición de la memoria sin pasar por las anteriores.
- Es una memoria volátil, mantiene los datos hasta que se corta la alimentación.
- Es una memoria de lectura/escritura, se pueden leer los datos que tiene almacenados y escribir en ella nuevos datos o resultados.

Cmdlets con llamadas CIM que muestran información sobre la memoria:

Get-CimInstance Win32_MemoryArray
Get-CimInstance Win32_MemoryArrayLocation
Get-CimInstance Win32_MemoryDevice
Get-CimInstance Win32_MemoryDeviceArray
Get-CimInstance Win32_MemoryDeviceLocation
Get-CimInstance Win32_PhysicalMemory
Get-CimInstance Win32_PhysicalMemoryArray
Get-CimInstance Win32_PhysicalMemoryLocation
Get-CimInstance Win32_SMBIOSMemory

Ejemplos

Lugar físico en donde se encuentran las memorias

Get-CimInstance Win32_PhysicalMemory | Select-Object BankLabel

Velocidad de reloj del dispositivo de memoria en megahercios

Get-CimInstance Win32_PhysicalMemory | Select-Object ConfiguredClockSpeed

Voltaje configurado para los dispositivos de memoria en milivoltios

Get-CimInstance Win32_PhysicalMemory | Select-Object ConfiguredVoltage

Capacidad de la memoria en bytes

Get-CimInstance Win32_PhysicalMemory | ForEach-Object {$_.capacity / 1GB}

Tipo de memoria

Get-CimInstance Win32_PhysicalMemory | Select-Object MemoryType

Tipo de implementación del chip de los dispositivos de memoria

Get-CimInstance Win32_PhysicalMemory | Select-Object FormFactor

Máxima y mínima tensión soportada por los dispositivos de memoria

Get-CimInstance Win32_PhysicalMemory | Select-Object MaxVoltage,MinVoltage

Velocidad de la memoria en nanosegundos

Get-CimInstance Win32_PhysicalMemory | Select-Object Speed

Ejercicio

Saber si el fabricante de la memoria es Elpida o no

if((Get-CimInstance Win32_PhysicalMemory).Manufacturer -match "Elpida"){"Elpida"}else{"No es Elpida"}

El comando verifica si el fabricante de la memoria física del sistema, obtenido a través de la clase Win32_PhysicalMemory, coincide con "Elpida". Si el fabricante es "Elpida", se muestra el mensaje "Elpida"; de lo contrario, se muestra "No es Elpida".

Acceso directo a memoria

Acceso directo a memoria (DMA, Direct Memory Access, Acceso directo) es un chip se encarga de la transferencia y accede a la memoria para leer o escribir datos que recibe y envía el dispositivo sin pasar por el procesador.

Cmdlets con llamadas CIM que muestran información sobre DMA:

Get-CimInstance Win32_DMAChannel
Get-CimInstance Win32_DeviceMemoryAddress
Get-CimInstance Win32_SystemMemoryResource

Discos duros

El último nivel en la jerarquía de memoria son los discos duros. Son dispositivos de almacenamiento no volátil, es decir, no se pierde la información cuando se desconecta la energía.

La capacidad de almacenamiento de los discos duros es muy superior a la RAM, siendo además de menor precio; sin embargo, el problema está en que es lento acceder a la información, esto se debe a que disco es un dispositivo mecánico y tiene que moverse hasta llegar a la información.

Un disco duro consiste en uno o varios platos que están girando, mientras giran hay un componente dentro del disco llamado brazo mecánico, que en el extremo tiene dos cabezas que leen y escriben sobre la cada una de las superficies del plato (caras), dentro de un disco hay varios platos.

Cmdlet que muestra información sobre los discos duros:

Get-Disk

Cmdlet con llamada CIM que muestra información sobre los discos duros:

Get-CimInstance Win32_DiskDrive

Ejemplo

Obtener información sobre los discos que hay conectados

Get-Disk

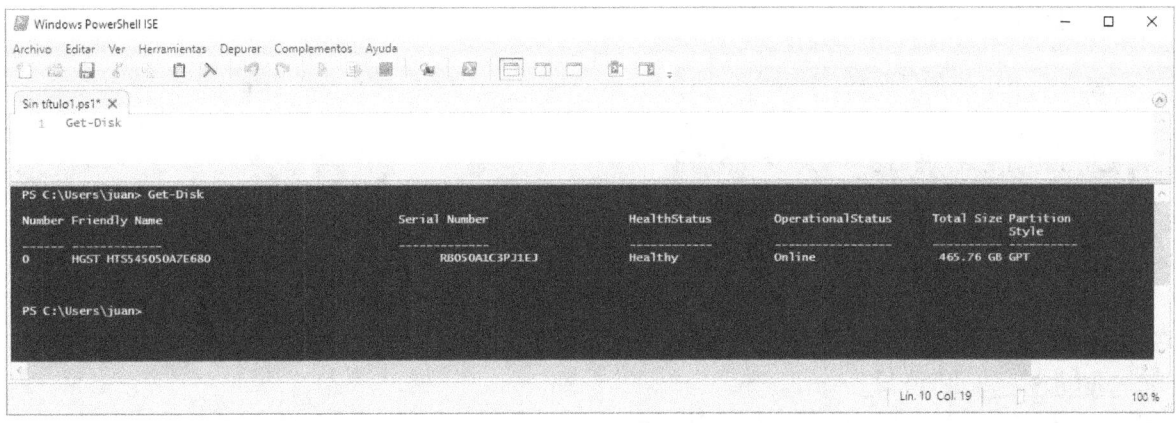

Buses

Hay un elemento muy importante que interviene en la comunicación entre procesador, memoria y dispositivos de entrada y salida denominado bus, éste se define como un conjunto de líneas por las que se transmite información entre distintos componentes hardware.

Un bus es un subsistema que transfiere datos entre los componentes de un ordenador.

Algunos de los buses que tienen los ordenadores actuales son el PCI (Peripheral Component Interconnect, interconexión de componentes periféricos), Express, ISA (Industry Standard Architecture, Arquitectura estándar de la industria), USB (Universal Serial Bus, Bus universal en serie), IEEE 1394 (también llamado FireWire), etc.

Cmdlets con llamadas CIM que muestran información sobre los buses PCI, ISA:

Get-CimInstance Win32_AllocatedResource
Get-CimInstance Win32_Bus
Get-CimInstance Win32_DeviceBus
Get-CimInstance Win32_PortResource

Cmdlets con llamadas CIM que muestran información sobre los buses IDE:

Get-CimInstance Win32_IDEController
Get-CimInstance Win32_IDEControllerDevice

Cmdlets con llamadas CIM que muestran información sobre los buses SCSI:

Get-CimInstance Win32_SCSIController
Get-CimInstance Win32_SCSIControllerDevice

Cmdlets con llamadas CIM que muestran información sobre los buses USB:

Get-CimInstance Win32_ControllerHasHub
Get-CimInstance Win32_USBController
Get-CimInstance Win32_USBControllerDevice
Get-CimInstance Win32_USBHub

Cmdlets con llamadas CIM que muestran información sobre los buses IEEE 1394:

Get-CimInstance Win32_1394Controller
Get-CimInstance Win32_1394ControllerDevice

Cmdlets con llamadas CIM que muestran información sobre otros buses y puertos:

Get-CimInstance Win32_InfraredDevice
Get-CimInstance Win32_ParallelPort
Get-CimInstance Win32_PCMCIAController
Get-CimInstance Win32_SerialPort
Get-CimInstance Win32_SerialPortConfiguration
Get-CimInstance Win32_SerialPortSetting

Ejemplos

Buses conectados al sistema operativo

(Get-CimInstance Win32_Bus).DeviceID

Buses USB conectados al sistema

Get-CimInstance Win32_USBControllerDevice |%{($_.Dependent)} | Sort Manufacturer,Description,DeviceID | Ft -GroupBy Manufacturer Description,Service,DeviceID

Conexiones E/S

Las conexiones de la entrada y salida se realizan mediante interrupciones y otros tipos de conexiones.

Las IRQ son líneas que llegan al controlador de interrupciones, un componente de hardware dedicado a la gestión de las interrupciones, y que puede estar integrado en el procesador principal o ser un circuito separado conectado al mismo.

Cmdlet con llamada CIM que muestra información sobre interrupciones:

Get-CimInstance Win32_IRQResource

Cmdlet que muestra información sobre conexiones de entrada y salida:

Get-PnpDevice

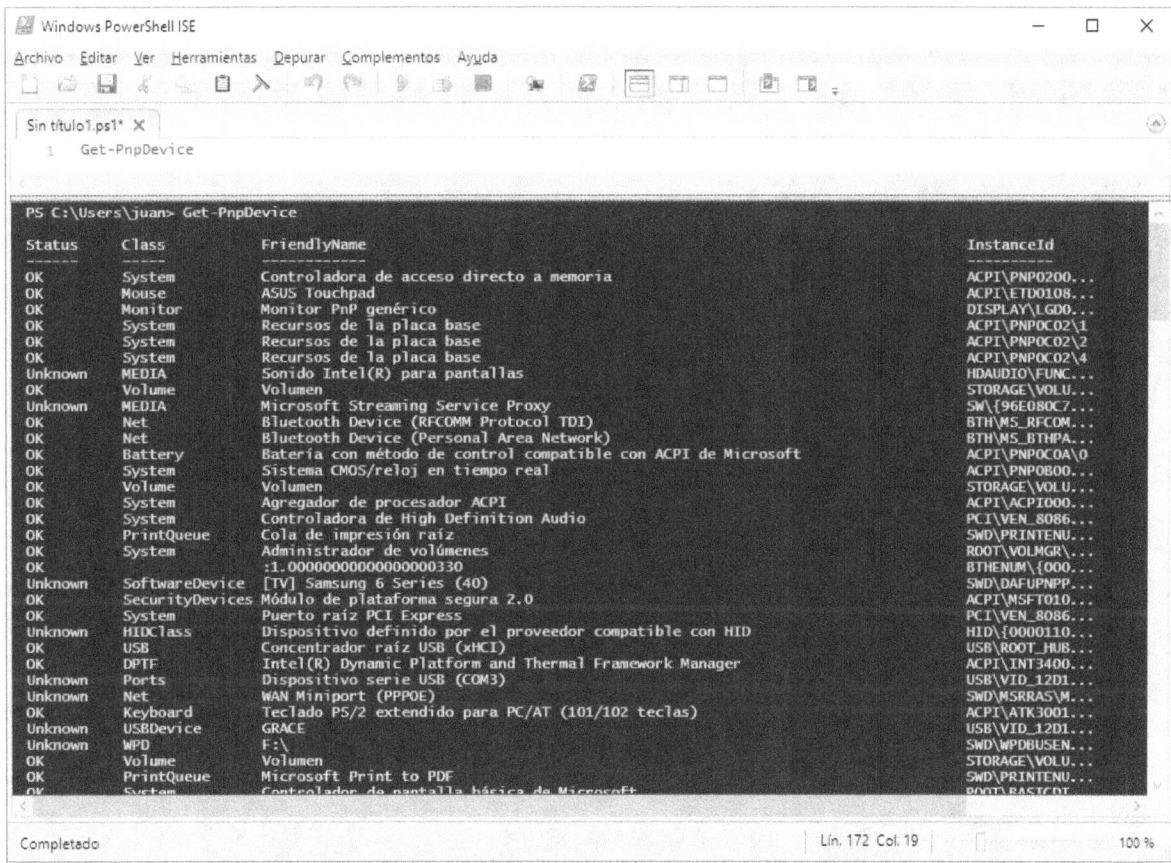

Cmdlets con llamadas CIM que muestran información sobre otros tipos de conexiones de entrada y salida:

Get-CimInstance Win32_DeviceSettings
Get-CimInstance Win32_OnBoardDevice
Get-CimInstance Win32_PNPAllocatedResource
Get-CimInstance Win32_PNPDevice
Get-CimInstance Win32_PNPEntity
Get-CimInstance Win32_SystemDriverPNPEntity

Ejercicio

Detectar si hay un dispositivo USB conectado y copiar el contenido en una carpeta temporal

#Almacenar en un fichero los dispositivos que suelen conectarse

#(Get-PnpDevice | Where-Object {$_.FriendlyName -EQ 'Dispositivo de almacenamiento USB'}).InstanceId | Out-File usb.txt

#Almacenar en un fichero las letras de unidades que se suelen usar

(Get-Partition | Where-Object Type -EQ "Basic").DriveLetter | Out-File unidades.txt

#Ver los dispositivos conectados y si hay uno nuevo listar unidades de disco y realizar copia recursiva

```
gc .\usb.txt | %{
    #$_
    if((Get-PnpDevice | Where-Object {$_.FriendlyName -EQ 'Dispositivo de almacenamiento USB'}).InstanceId -contains $_)
    {
        #"USB conocido"
    }
    else
    {
        "USB extraño, copiar contenido"
        #Si la letra de la unidad es nueva copiamos contenido
        gc .\unidades.txt | %{
            if((Get-Partition | Where-Object Type -EQ "Basic").DriveLetter -contains $_)
            {
                "Unidad $_ conocida"
            }
            else
            {
                "Unidad $_ desconocida, copiar contenido en c:\temp"
                Copy-Item $_ -Destination c:\temp\usb\ -Force -Recurse -WhatIf
            }
        }
    }
}
```

Dispositivos de entrada y salida

La transferencia de datos se realiza mediante el sistema de entrada y salida, de esta forma es posible comunicarse con el exterior y así poder recibir datos y enviar los resultados.

Los dispositivos de E/S tienen dos partes: un dispositivo controlador y el dispositivo en sí. El dispositivo controlador es un chip o un conjunto de chips que controlan físicamente el dispositivo. La comunicación entre el dispositivo controlador y el sistema operativo se realiza mediante un software llamado driver. Los dispositivos de E/S se pueden dividir en dos: dispositivos de bloque y de carácter.

Los dispositivos de bloque almacenan información en bloque de tamaño fijo, algunos ejemplos son los discos duros, CDs y memorias USB. Los dispositivos de carácter, como su propio nombre indica, envían información en forma de carácter, un ejemplo es el teclado.

Los dispositivos en sí pueden ser de entrada, salida o ambos. Se conocen como periféricos.

Entrada

Cmdlet con llamada CIM que muestra información sobre el teclado:

Get-CimInstance Win32_Keyboard

Cmdlet con llamada CIM que muestra información sobre el ratón:

Get-CimInstance Win32_PointingDevice

Salida

Cmdlets con llamadas CIM que muestran información sobre el monitor y vídeo:

Get-CimInstance Win32_DesktopMonitor
Get-CimInstance Win32_DisplayControllerConfiguration
Get-CimInstance Win32_VideoController
Get-CimInstance Win32_VideoSettings

Cmdlet con llamada CIM que muestra información sobre el dispositivo de sonido:

Get-CimInstance Win32_SoundDevice

Cmdlets con llamadas CIM que muestran información sobre las impresoras:

Get-CimInstance Win32_DriverForDevice
Get-CimInstance Win32_Printer
Get-CimInstance Win32_PrinterConfiguration
Get-CimInstance Win32_PrinterController
Get-CimInstance Win32_PrinterDriver
Get-CimInstance Win32_PrinterDriverDll
Get-CimInstance Win32_PrinterSetting
Get-CimInstance Win32_PrintJob
Get-CimInstance Win32_TCPIPPrinterPort

Entrada y salida

Cmdlets con llamadas CIM que muestran información sobre el CD y DVD:

Get-CimInstance Win32_CDROMDrive
Get-CimInstance Win32_PhysicalMedia

Cmdlets que muestra información sobre los adaptadores de red:

Get-NetAdapterHardwareInfo
Get-NetAdapter -Physical

Cmdlets con llamadas CIM que muestran información sobre los adaptadores de red:

Get-CimInstance Win32_NetworkAdapter
Get-CimInstance Win32_NetworkAdapterConfiguration
Get-CimInstance Win32_NetworkAdapterSetting

Ejemplos

Ver las impresoras que hay en el sistema

Get-CimInstance Win32_Printer

Ver los dispositivos plug and play

Get-CimInstance -query "select Name,Status from Win32_PnPEntity"

El comando obtiene una lista de instancias de dispositivos conectados al sistema, utilizando la clase Win32_PnPEntity. Se seleccionan las propiedades "Name" y "Status" de cada dispositivo, lo que permite visualizar el nombre del dispositivo y su estado (por ejemplo, si está funcionando correctamente o si tiene problemas).

Ver el estado de los dispositivos plug and play

Get-CimInstance -Class Win32_Processor | Select -Property Name, Number*

El comando obtiene información sobre los procesadores instalados en el sistema utilizando la clase Win32_Processor. Selecciona las propiedades "Name" y "NumberOfCores" y "NumberOfLogicalProcessors", lo que permite visualizar el nombre del procesador, el número de núcleos físicos y el número de procesadores lógicos disponibles.

Ver información sobre la webcam

Get-CimInstance -query "select * from Win32_PnPEntity where caption like '%cam%'"
Get-CimInstance Win32_PnPEntity | where {$_.caption -match 'webcam'}

Ejercicio

Imprimir un texto en todas las impresoras conectadas al equipo

(Get-CimInstance Win32_Printer).name | %{"Texto"| Out-Printer}

El comando envía el texto "Texto" a todas las impresoras instaladas en el sistema utilizando el método Out-Printer. Esto se realiza obteniendo primero los nombres de las impresoras mediante Get-CimInstance Win32_Printer y después usando un bucle para imprimir el texto en cada una de ellas.

Placa base y otros componentes

Cmdlet con llamada CIM que muestra información sobre el equipo:

Get-CimInstance Win32_ComputerSystem

Cmdlet con llamada CIM que muestra información sobre el fabricante del equipo:

Get-CimInstance Win32_SystemEnclosure

Cmdlets con llamadas CIM que muestran información sobre la placa base:

Get-CimInstance Win32_BaseBoard
Get-CimInstance Win32_MotherboardDevice

Ejemplos

Fabricante de placa base

(Get-CimInstance Win32_BaseBoard).Manufacturer

El comando devuelve el fabricante de la placa base del sistema utilizando la clase Win32_BaseBoard de WMI.

Identificación del equipo

(Get-CimInstance Win32_SystemEnclosure).SerialNumber

El comando devuelve el número de serie del sistema o chasis utilizando la clase Win32_SystemEnclosure de WMI.

BIOS

Cuando un ordenador se enciende, generalmente el procesador busca la BIOS y la ejecuta, la BIOS (Basic Input-Output System) no sólo es el primer paso del proceso de arranque, sino que también proporciona una interfaz de bajo nivel para dispositivos periféricos. La BIOS comprueba los dispositivos hardware conectados al ordenador y localiza un dispositivo con el que arrancar el sistema.

En los ordenadores que utilizan la BIOS, una vez que ésta ha comprobado los dispositivos hardware, intenta localizar un dispositivo con el que arrancar. Cuando el dispositivo que arranca es el disco duro, la BIOS carga en memoria el programa que resida en el primer sector de este dispositivo, ese programa se llama MBR (Master Boot Record, Registro maestro de arranque).

A parte del MBR también se puede cargar la tabla de partición GUID (GPT), en la actualidad el MBR ha sido sustituido por la tabla de partición GUID.

Cmdlets con llamadas CIM que muestran información sobre la BIOS:

Get-CimInstance Win32_BIOS
Get-CimInstance Win32_SystemBIOS

Ejemplo

Información de la BIOS

(Get-CimInstance Win32_BIOS).Version

Ejercicio

Si la versión de la BIOS del equipo se encuentra dentro del fichero, hay que actualizarla

```
#Fichero bios.txt contiene _ASUS_ - 1072009
"_ASUS_ - 1072009" | Out-File bios.txt -Append

gc .\bios.txt | %{
if((Get-CimInstance Win32_BIOS).version -eq $_)
{
"Actualizar BIOS del equipo"+(hostname)
}
```

El script verifica si la versión de la BIOS del equipo, obtenida a través de Get-CimInstance Win32_BIOS, coincide con la versión almacenada en el archivo bios.txt. Si hay una coincidencia, se genera un mensaje que indica que se debe actualizar la BIOS del equipo, incluyendo el nombre del host.

Batería

Cmdlets con llamadas CIM que muestran información sobre la batería:

```
Get-CimInstance Win32_Battery
Get-CimInstance Win32_CurrentProbe
Get-CimInstance Win32_PortableBattery
Get-CimInstance Win32_PowerManagementEvent
Get-CimInstance Win32_VoltageProbe
```

Ejemplo

Porcentaje de carga de batería restante

```
(Get-CimInstance Win32_Battery).EstimatedChargeRemaining
```

El comando obtiene el porcentaje estimado de carga restante de la batería del sistema, utilizando la clase Win32_Battery a través de Get-CimInstance. Este valor indica cuánta energía queda disponible antes de que la batería necesite ser recargada.

Ejercicio

Comprobar si se utiliza la batería o la corriente alterna

```
if((Get-CimInstance -Class Win32_Battery).BatteryStatus -eq 1){
    'Batería interna activada'
}
else
{
    'Utilizando de corriente alterna'
}
```

El comando verifica el estado de la batería del sistema mediante la clase Win32_Battery. Si el estado de la batería (BatteryStatus) es igual a 1, indica que la batería interna está activada. De lo contrario, significa que el sistema está utilizando energía de corriente alterna.

Refrigeración

Cmdlets con llamadas CIM que muestran información sobre la refrigeración del equipo:

```
Get-CimInstance Win32_Fan
Get-CimInstance Win32_HeatPipe
Get-CimInstance Win32_Refrigeration
Get-CimInstance Win32_TemperatureProbe
Get-CimInstance MSAcpi_ThermalZoneTemperature -Namespace "root/wmi"
```

Ejemplo

Temperatura de CPU (hay que ejecutar PowerShell como administrador)

```
$Temperatura = Get-CimInstance MSAcpi_ThermalZoneTemperature -Namespace "root/wmi"
$Kelvin = $Temperatura.CurrentTemperature / 10
$Celsius = $Kelvin - 273.15
$Celsius.ToString() + "C "
```

El script obtiene la temperatura actual del sistema utilizando la clase MSAcpi_ThermalZoneTemperature del espacio de nombres "root/wmi". Convierte la temperatura de Kelvin a Celsius y muestra el resultado con el sufijo "C".

Ejercicios

Obtener la mayor cantidad de información sobre el hardware

```
(Get-CimInstance Win32_BaseBoard).Manufacturer
(Get-CimInstance Win32_BIOS).Version
(Get-CimInstance Win32_Bus).DeviceID
Get-CimInstance Win32_ComputerSystem
Get-CimInstance Win32_Processor
Get-CimInstance Win32_SystemEnclosure
Get-CimInstance Win32_Battery
Get-CimInstance Win32_Printer
```

Obtener información sobre el hardware creando un objeto con todos los datos

```
#Llamadas CIM
$ComputerSystem=Get-CimInstance Win32_ComputerSystem
$BaseBoard=Get-CimInstance Win32_BaseBoard
$BIOS=Get-CimInstance Win32_BIOS
$Processor=Get-CimInstance Win32_Processor
$Battery=Get-CimInstance Win32_Battery

#Crear un objeto con todos los datos sobre el hardware
[PSCustomObject]@{
 Model = $ComputerSystem.Model
 ManufacturerBoard = $BaseBoard.Manufacturer
 BIOSVersion = $BIOS.SMbiosbiosversion
 BIOSSerialNumber = $BIOS.serialnumber
 ManufacturerProcessor=$Processor.Manufacturer
 MaxClockSpeed=$Processor.MaxClockSpeed
 DeviceIDBattery=$Battery.DeviceID.trim()
}
```

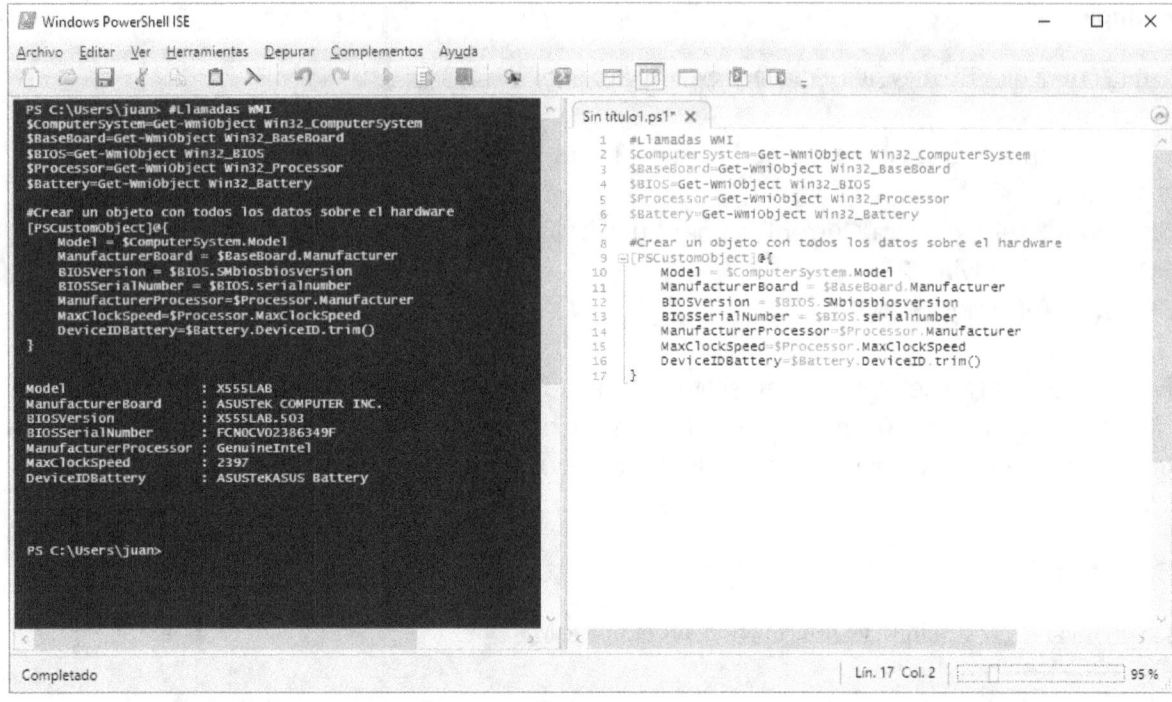

Crear una estructura de directorios con información hardware

#Leer del fichero el componente hardware y la llamada CIM que hay que realizar, ejemplo
#procesador,Win32_Processor
#Guardar la información sobre la llamada CIM dentro del fichero que tiene como nombre la primera parte de cada línea del fichero

```
gc .\hardware.txt | %{
$linea=$_.split(",")
mkdir $linea[0]
cd $linea[0]
Get-CimInstance $linea[1] | Out-File $linea[0]
cd ..
}
```

4. Gestión del sistema de archivos en PowerShell

- Introducción
- Discos
    - Discos físicos
    - Discos virtuales
    - Particiones
    - Cifrado
    - La ruta
    - Permisos
- Archivos
    - Obtener archivos
    - Crear archivos
    - Enviar la salida de un comando a un fichero
    - Almacenar contenido en un fichero
    - Agregar contenido a un fichero
    - Vaciar el contenido de un fichero
    - Vaciar el contenido de un ítem
    - Ver el contenido de un fichero
    - Importar el contenido de un fichero separado por comas
    - Importar el contenido de un fichero XML
    - Exportar contenido a un fichero separado por comas
    - Exportar contenido a un fichero XML
    - Copiar ficheros
    - Eliminar un fichero
    - Mover un fichero
    - Renombrar
    - Imprimir
    - Comprimir
    - Añadir un archivo un fichero comprimido
    - Descomprimir
    - Permisos
    - Realizar función hash sobre un archivo
- Directorios
    - Crear un una carpeta
    - Cambiar de directorio
    - Listar el contenido de un directorio
    - Copiar carpetas
    - Borrar carpetas
    - Mover carpetas
    - Renombrar carpetas
    - Comprimir
    - Añadir un archivo al directorio comprimido

- Descomprimir
- Permisos
- Compartir una carpeta
- Ver carpetas compartidas
- Ver recursos compartidos

Introducción

La memoria que maneja el sistema operativo tiene una limitación importante, la otra es la volatilidad de los datos, es decir que los datos que se están almacenando desaparecen cuando se apaga el equipo (ordenador). La solución a este problema consiste en almacenar la información en dispositivos de almacenamiento no volátil como por ejemplo los discos duros.

El almacenamiento de la información se lleva a cabo mediante archivos (también llamados ficheros). Un archivo es una abstracción que se define como conjunto de datos almacenados en un dispositivo de almacenamiento, un ejemplo es una imagen fotográfica que consiste en un conjunto de bits con un formato.

En general, los sistemas operativos distinguen entre estos tipos de archivos:

- Normales: los archivos pueden contener cualquier tipo de información, en algunos casos pueden ser programas que una vez ejecutados pasan a ser procesos. Dentro de los archivos normales podemos encontrar archivos ejecutables, de audio, de imágenes, de vídeo, comprimidos, etc.
- Directorios: son archivos que contienen información sobre la organización y estructura de otros archivos.
- Especiales: estos archivos permiten comunicarse con dispositivos de E/S (archivos especiales de caracteres) o con discos (archivos especiales de bloques).

El sistema de archivos facilita la gestión de datos al brindar a los usuarios la capacidad de interactuar de forma intuitiva con archivos, en lugar de tener que lidiar directamente con el disco duro. Esta abstracción hace que la manipulación de archivos sea más accesible y menos propensa a errores, ya que el sistema operativo se encarga de organizar y gestionar los archivos de manera eficiente en el disco.

El sistema de archivos se puede definir como un conjunto de normas y procedimientos para almacenar información en los dispositivos de almacenamiento.

Los sistemas de archivos permiten organizar los datos en los dispositivos de almacenamiento siguiendo una serie de normas y restricciones. Un sistema de archivos se implanta después de crear una partición en un dispositivo de almacenamiento (disco duro, USB, CD/DVD, etc.).

Algunas características de los sistemas de archivos son:

- Cada sistema operativo utiliza su propio sistema de archivos.
- Un sistema operativo con un sistema de archivos no tiene por qué leer otro sistema de archivos de otro sistema operativo distinto.

El sistema de archivos que se utiliza actualmente en Windows es NTFS (New Technology File System, Sistema de archivos de nueva tecnología) es el sistema de archivos que se ha utilizado en las versiones de Windows 2000, XP, Vista, 7, Server 2003 y Server 2008. Es un sistema de archivos que se desarrolló para la versión NT de Windows, admite 255 caracteres y los nombres pueden estar codificados en Unicode.

Existen varios sistemas de archivos:

- Sistema de archivos transaccional, se utiliza un registro diario, los datos nunca se sobrescriben, y ninguna secuencia de operaciones se compromete de forma que sea definitiva en caso de fallo.
- Sistema de archivos distribuidos, permite que los directorios localizados en cualquier lugar de la red sean visualizados como un árbol de directorios único.
- Sistema de archivos cifrado, permiten a los usuarios almacenar sus datos en el disco de forma cifrada.
- Sistema de archivos virtual, el objetivo de dicho sistema de archivos es que las aplicaciones tengan acceso a distintos tipos de archivos de una manera uniforme.

Los archivos tiene propiedades, algunas propiedades que tienen los archivos:

- Nombre: sirve para identificar un archivo, la mayoría de los sistemas operativos permiten utilizar nombres de hasta 255 caracteres, algunos sistemas operativos hacen distinciones entre minúsculas y mayúsculas, por ejemplo, un fichero con el nombre Trabajo y otro con el nombre trabajo son considerados en Windows como el mismo archivo. En el caso de haber dos ficheros o más con el mismo nombre en el mismo sistema de archivos, éstos deben estar en ubicaciones distintas.
- Extensión: la extensión sirve para saber el tipo de programa que lo ejecuta o interpreta, algunos sistemas operativos como Windows utilizan extensiones.
- Tipo de archivo: pueden dividirse en normales, directorios o especiales.
- Ubicación: lugar del sistema de archivos donde se encuentra un archivo.
- Tamaño: cantidad de bytes que ocupa un fichero en el sistema de archivos.
- Fecha de creación, modificación y último acceso: para cada archivo indica la fecha en que ha sido creado, modificado y la última vez que se accedió a él.
- Atributos: son propiedades que permiten asignar características especiales a los archivos, algunos ejemplos son atributos de sólo lectura, de archivo, de sistema, ocultar, cifrar, comprimir, etc.
- Permisos: se utilizan para permitir o restringir el acceso a los archivos a determinados usuarios o grupos. Los permisos pueden ser para: leer, modificar, eliminar, renombrar, etc.

Hay una característica importante a la hora de hablar de nombres de ficheros y es la utilización de comodines en los nombres:

- *: Uno o más caracteres, por ejemplo *.exe, el asterisco indica que se trata de cualquier cosa que tenga extensión .exe.
- ?: Un carácter, por ejemplo ?uan.exe, la interrogación indica que empieza por cualquier letra y el resto ha de coincidir con "uan". Se puede utilizar varias veces el carácter ?.

Discos

Los dispositivos de almacenamiento tienen una estructura física y una estructura lógica. La estructura física de los discos viene de fábrica y son los platos, las caras, las pistas y los sectores. La estructura lógica consiste en implantar sobre la estructura física un sistema de archivos mediante el formato.

Cmdlet que muestra información sobre discos físicos:

Get-Disk

Dar formato es crear un sistema de archivos en un dispositivo de almacenamiento, así se prepara al dispositivo para guardar información.

Antes de dar formato a un disco, éste se puede dividir en partes y cada una de ellas albergará particiones, este proceso de división del disco se denomina partición.

Las particiones pueden ser:

- Partición primaria: desde donde se inicia el sistema operativo, contiene el sector de arranque.
- Partición extendida: se comporta como una unidad primaria y se utiliza para almacenar información. Dentro de este tipo de unidad se pueden añadir particiones lógicas que ocupan una parte o el total de dicha partición.

La forma de nombrar los dispositivos de almacenamiento depende del sistema operativo, en el caso de Windows, la disquetera, el CD, el DVD, los USB y las particiones del disco duro reciben un nombre que consiste en una letra del alfabeto seguida de dos puntos.

Ejemplo

Ver el tipo de tabla de particiones

(Get-Disk).PartitionStyle

El comando obtiene la lista de discos disponibles en el sistema utilizando Get-Disk y después muestra la propiedad PartitionStyle de cada disco. La propiedad PartitionStyle indica el estilo de partición de cada disco, que puede ser uno de los siguientes: MBR (Master Boot Record): El disco está particionado con el estilo MBR, que es un formato de partición más antiguo. GPT (GUID Partition Table): El disco está particionado con el estilo GPT, que es más moderno y soporta discos más grandes y más particiones. RAW: El disco no tiene ningún esquema de partición (sin particionar).

Discos físicos

Información sobre discos físicos

Cmdlet:

Get-Disk

El comando obtiene una lista de información sobre todos los discos físicos conectados al sistema, incluyendo detalles como el número del disco, el nombre amigable, el número de serie, el estado operativo, el tamaño total, el estilo de partición y el estado de salud.

Ejemplo

Mostrar información sobre los discos

Get-Disk

Crear una partición

Cmdlet:

New-Partition

El comando crea una nueva partición en un disco físico. Permite especificar varios parámetros, como el disco en el que se va a crear la partición, el tamaño de la partición, el tipo de sistema de archivos y la letra de unidad si se desea asignar. También puede permitir la creación de particiones en un estilo de partición MBR o GPT.

Ejemplo

Crear una partición

New-Partition -DiskNumber 1 -UseMaximumSize -AssignDriveLetter

El comando crea una nueva partición en el disco especificado (en este caso, el disco número 1) utilizando el tamaño máximo disponible. También asigna automáticamente una letra de unidad a la nueva partición.

Dar formato

Cmdlet:

Format-Volume

Alias:

Initialize-Volume

El comando da formato a un volumen, preparando el sistema de archivos en la partición especificada. Permite definir el tipo de sistema de archivos (como NTFS o FAT32), establecer una etiqueta para el volumen y ajustar opciones adicionales, como la asignación de una letra de unidad. Este proceso elimina todos los datos existentes en el volumen antes de formatearlo.

Ejemplo

Dar formato a la unidad f

Format-Volume -DriveLetter f

El comando da formato al volumen asociado y asigna una letra a la unidad (en este caso, la unidad F).

Discos virtuales

Crear discos virtual

Cmdlet:

New-VHD

El comando crea un nuevo disco duro virtual (VHD) en el sistema. Permite especificar varios parámetros, como el tamaño del VHD, el formato (fijo o dinámico), la ubicación donde se almacenará el archivo del VHD y el tipo de VHD (VHD o VHDX). Este disco duro virtual puede ser utilizado para almacenamiento adicional o para entornos de virtualización.

Ejemplo

Crear un disco virtual de 1GB

New-VHD -Path f:\disc.vhdx -SizeBytes 1GB

Montar un disco virtual

Cmdlet:

Mount-VHD

El comando monta un disco duro virtual (VHD) en el sistema, haciéndolo accesible como un disco físico. Al montarlo, el contenido del VHD se puede explorar y utilizar como si fuera un disco normal en el sistema operativo.

Ejemplo

Montar un disco virtual que se ha creado anteriormente

Mount-VHD -Path f:\disco.vhdx

El comando monta un disco duro virtual (VHD) ubicado en la ruta especificada (en este caso, f:\disco.vhdx) en el sistema. Al hacerlo, el contenido del VHD se vuelve accesible como un disco físico, permitiendo explorar y utilizar los datos almacenados en él como si fuera un disco normal en el sistema operativo.

Particiones

Listar particiones del sistema

Cmdlet:

Get-Partition

El comando obtiene una lista de las particiones presentes en todos los discos físicos del sistema. Proporciona información sobre cada partición, incluyendo el número de partición, el tamaño, el tipo de sistema de archivos, el estado de la partición y la letra de unidad asignada, si corresponde.

Obtener información lógica sobre particiones

Llamada WMI (se muestra información lógica sobre los discos como el ID, espacio vacío, tamaño de partición):

Get-WmiObject win32_logicalDisk

El comando obtiene información sobre los discos lógicos en el sistema utilizando la clase WMI Win32_LogicalDisk. Proporciona detalles sobre cada disco lógico, como la letra de unidad, el sistema de archivos, el tamaño total, el espacio libre, y el estado del disco.

Ejemplo

Listar el nombre de las unidades de las particiones

Get-Partition | Select-Object DriveLetter
(Get-Partition).DriveLetter

Ejercicios

Comprobar espacio en unidades

get-wmiobject win32_volume -computername . | select name,
@{expression={$_.capacity/1GB}},
@{expression={$_.freespace/1GB}}, @{name="% Free";expression={$_.freespace/ $_.capacity*100}}

El comando recupera información sobre los volúmenes en el sistema, mostrando el nombre del volumen, la capacidad total en gigabytes, el espacio libre en gigabytes y el porcentaje de espacio libre.

Cifrado

BitLocker es una característica de cifrado de disco completo disponible en sistemas operativos Windows. Permite a los usuarios cifrar unidades de disco para proteger los datos almacenados en ellas, lo que añade una capa adicional de seguridad en caso de pérdida o robo del dispositivo. BitLocker utiliza métodos de cifrado avanzados para proteger los datos y solo permite el acceso a ellos mediante la autenticación adecuada, como una contraseña, una clave de recuperación o un dispositivo USB. Esto ayuda a garantizar la confidencialidad e integridad de la información almacenada en los discos cifrados.

Habilitar BitLocker en un disco

Cmdlet:

Enable-BitLocker

El comando habilita BitLocker en un volumen específico, proporcionando cifrado completo para proteger los datos almacenados en él. Permite establecer diversas opciones, como la forma de autenticación (por ejemplo, mediante una contraseña), el método de almacenamiento de la clave de recuperación y la configuración de las políticas de cifrado.

Ejemplo

<u>Habilitar BitLocker en el disco f</u>

Enable-BitLocker -MountPoint "f:" -RecoveryPasswordProtector -UsedSpaceOnly -Verbose

El comando habilita BitLocker en el volumen especificado (en este caso, f:) utilizando un protector de contraseña de recuperación. Configura el cifrado para que solo se aplique al espacio utilizado en el volumen, en lugar de cifrar todo el espacio disponible. La opción -Verbose proporciona información detallada sobre el proceso a medida que se lleva a cabo.

Deshabilitar BitLocker en un disco

Cmdlet:

Disable-BitLocker

El comando deshabilita BitLocker en un volumen específico, lo que revierte el cifrado completo del volumen y hace que los datos almacenados en él estén accesibles sin la protección de BitLocker. Este proceso puede implicar la eliminación de la clave de recuperación y otros métodos de autenticación asociados. Es importante tener en cuenta que, al deshabilitar BitLocker, los datos dejarán de estar protegidos contra accesos no autorizados.

Ejemplo

<u>Deshabilitar BitLocker en el disco f</u>

Disable-BitLocker -MountPoint "f:"

El comando deshabilita BitLocker en el volumen especificado (f:), lo que revierte el cifrado completo del disco y permite el acceso directo a los datos almacenados en él sin protección. Al ejecutar este comando, se eliminan la clave de recuperación y otros métodos de autenticación asociados, lo que significa que los datos estarán completamente accesibles sin las medidas de seguridad de BitLocker.

La ruta

Hay varias formas de nombrar a los sistemas de archivos por la organización de los directorios:

- Sistemas de directorios de un solo nivel: sólo hay un directorio y contiene todos los archivos.
- Sistemas de directorios jerárquicos: un directorio puede incluir otros directorios y archivos.

Dentro de una estructura de directorios, el directorio actual es en el que está un usuario por defecto (el carácter "." representa el directorio actual) o en el que se encuentra en un momento determinado.

Para obtener la ubicación de trabajo actual se utiliza el cmdlet:

Get-Location

Alias:

gl
pwd

El directorio padre es el que está por encima del directorio en el que se encuentra un usuario (el carácter ".." representa el directorio padre).

Para llamar a un archivo dentro de una estructura de directorios se utiliza el concepto de ruta. Se define como una concatenación de directorios y subdirectorios desde el directorio raíz (es donde empieza la estructura de directorios) hasta el directorio donde está el archivo.

Hay dos tipos de rutas: ruta absoluta y ruta relativa. La ruta absoluta es la forma de llamar a un archivo desde el directorio raíz hasta el archivo, un ejemplo de ruta absoluta en Windows es C:\Users\Juan\ejemplo.txt, dependiendo del sistema de archivos podemos tener el carácter "\" o "/".

Otra forma de llamar a un archivo es mediante una ruta relativa que consiste en nombrar al archivo respecto al directorio actual, un ejemplo de ruta relativa en Windows es ..\User\Juan\ejemplo.txt.

Ejercicio

<u>Encontrar y localizar la ruta de un fichero</u>

Get-ChildItem -Recurse | % {if($_.Name | Select-String "fichero"){$_.FullName}}

El comando obtiene una lista de todos los elementos en el directorio actual y sus subdirectorios de manera recursiva. A continuación, para cada elemento, verifica si el nombre del archivo contiene la palabra "fichero". Si se encuentra una coincidencia, se devuelve la ruta completa del archivo.

Permisos

Los permisos se utilizan para permitir o restringir el acceso a los archivos a determinados usuarios o grupos. Los permisos pueden ser para: leer, modificar, eliminar, renombrar, etc.

En los sistemas de archivos suele compartirse información con otros usuarios, esto hace necesario controlar el acceso a los archivos. Un permiso indica qué cosas puede hacer un usuario o grupo de usuarios en cualquier archivo, por ejemplo, uno de texto.

Los permisos se pueden agregar o denegar a un usuario o grupo de usuarios. En este apartado se muestran los seis permisos estándar para el sistema de ficheros NTFS:

- Control total. Cuando se aplica este tipo de permiso a un archivo, éstos se pueden leer, escribir, cambiar y eliminar; también se pueden cambiar permisos en los archivos. En el caso concreto del tipo de archivo carpeta, significa que se permite leer, escribir, cambiar y eliminar.
- Modificar. En el caso de los archivos se pueden leer, escribir, cambiar y eliminar, con este permiso no se pueden modificar los permisos. En el caso concreto de las carpetas, se puede leer, escribir, cambiar y eliminar ficheros y subcarpetas.
- Lectura y ejecución. Se puede acceder a los ficheros y ejecutarlos. En el caso de las carpetas, se puede ver el contenido de una carpeta y ejecutar.
- Lectura. Se puede ver el contenido de los archivos pero no se pueden ejecutar. En el caso de las carpetas se puede acceder al contenido.
- Escritura. Cuando se aplica a los archivos quiere decir que se pueden modificar pero no eliminar. En el caso de las carpetas se pueden añadir ficheros y subcarpetas.

- Mostrar el contenido. En el caso de los archivos de tipo carpeta se puede mostrar el contenido que hay en ellos. Además de estos permisos estándar, también existen los permisos especiales.

Los permisos pueden ser: permisos explícitos y permisos heredados.

Los permisos explícitos son aquellos que se establecen de forma predeterminada en archivos que no son secundarios cuando son creados por el usuario.

Los permisos heredados son los que se propagan a un archivo desde un archivo primario.

De forma predeterminada, los objetos de un contenedor heredan los permisos desde ese contenedor cuando se crean los objetos. Por ejemplo, cuando se crea la carpeta ejemplo, todas las subcarpetas y archivos creados en la carpeta ejemplo heredan de forma automática los permisos de la misma. De esta manera, la carpeta ejemplo tiene permisos explícitos, mientras que las subcarpetas y los archivos heredan los permisos.

Ejemplo

Obtener los descriptores de seguridad de todos los ficheros de una unidad

Get-ChildItem D:\ -Recurse | %{Get-Acl $_.FullName | Select-Object Sddl}

El comando obtiene una lista de todos los elementos en el directorio D:\ y sus subdirectorios de manera recursiva. Para cada elemento, se obtiene la lista de controles de acceso (ACL) utilizando Get-Acl, y se selecciona la representación SDDL (Security Descriptor Definition Language) de las ACL.

La salida mostrará la cadena SDDL para cada archivo y carpeta en D:\, lo que permite analizar las configuraciones de permisos y seguridad de esos elementos.

Archivos

El almacenamiento de la información se lleva a cabo mediante archivos (también llamados ficheros). Un archivo se define como conjunto de datos almacenados en un dispositivo de almacenamiento, un ejemplo es una imagen fotográfica que consiste en un conjunto de bits con un formato.

Las operaciones que se pueden realizar con cmdlets son:

Obtener archivos

Nombre del cmdlet:

Get-ChildItem

Alias:

gci
ls
dir

Ejemplos

Mostrar información sobre archivos

Get-ChildItem -Path $home

El comando obtiene una lista de todos los elementos en el directorio especificado por la variable $home, que generalmente se refiere al directorio de inicio del usuario actual. Esto incluye archivos y carpetas dentro de ese directorio. Es útil para explorar el contenido del directorio de inicio y ver los archivos y carpetas que el usuario tiene almacenados allí.

Fecha de creación de archivos

Get-ChildItem C:\Users | Select-Object CreationTime,name

El comando obtiene una lista de todos los elementos en el directorio C:\Users, que normalmente contiene los perfiles de usuario en un sistema Windows. Luego, selecciona y muestra únicamente la fecha y hora de creación (CreationTime) y el nombre (Name) de cada elemento. Esto permite ver cuándo se crearon los perfiles de usuario o carpetas en el directorio C:\Users.

Mostrar archivos ocultos de forma recursiva

Get-ChildItem -Path $home -Hidden -Recurse

El comando obtiene una lista de todos los elementos ocultos en el directorio especificado por la variable $home y sus subdirectorios de manera recursiva. Esto incluye archivos y carpetas que están marcados como ocultos, lo que permite al usuario explorar y gestionar contenido que normalmente no es visible en el explorador de archivos.

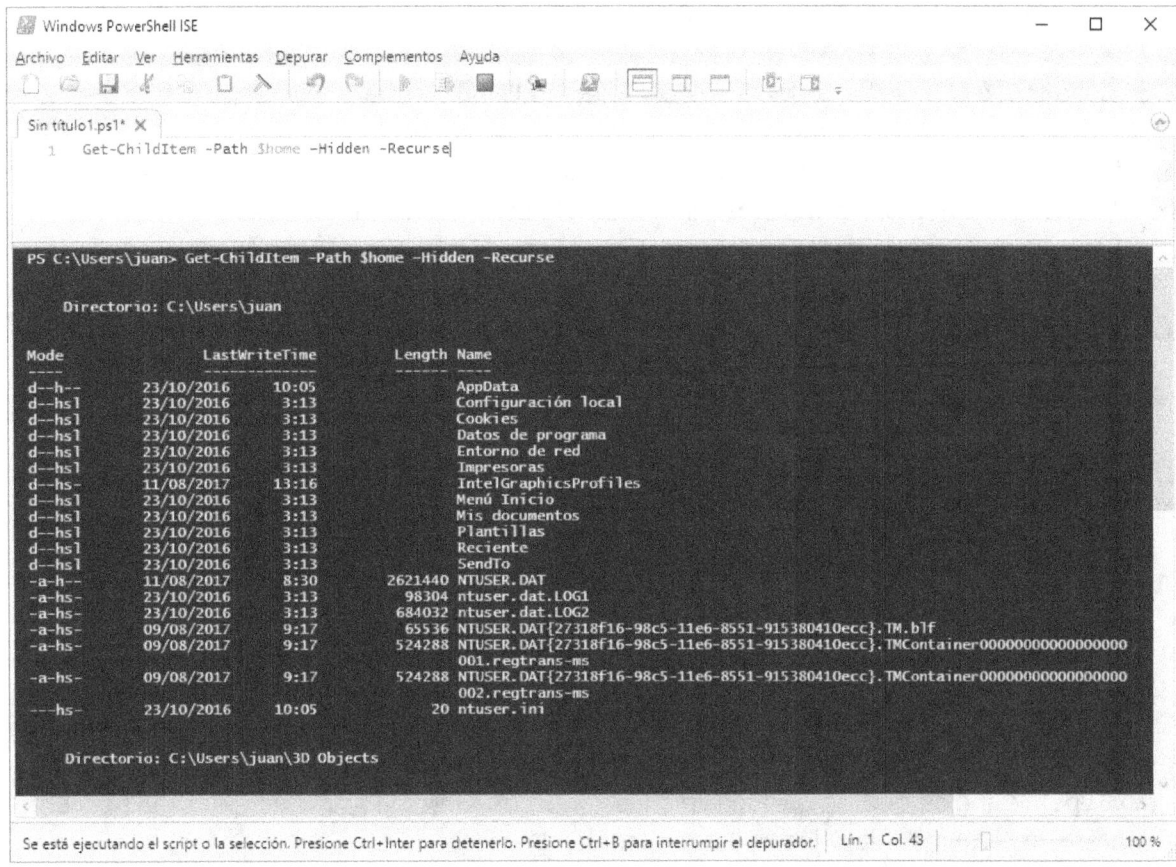

Ejercicios

Listar archivos abiertos recientemente

Get-ChildItem ([Environment]::GetFolderPath("Recent"))

El comando lista todos los archivos y carpetas en la carpeta "Elementos recientes" del usuario actual.

Listar Cookies

Get-ChildItem ([Environment]::GetFolderPath("Cookies"))

El comando obtiene una lista de todos los elementos en la carpeta de cookies del usuario actual. Utiliza el método GetFolderPath de la clase Environment para obtener la ruta a la carpeta de cookies, que generalmente contiene archivos de cookies utilizados por los navegadores web. Esto permite al usuario explorar y gestionar los archivos de cookies almacenados en su sistema.

Obtener un listado de todos los ficheros EXE que hay en el sistema

Get-ChildItem c:\ "*.exe" -recurse | Select-Object FullName,Name

El comando busca recursivamente todos los archivos con la extensión ".exe" en el directorio "C:" y muestra el nombre completo y el nombre de cada archivo encontrado.

Crear archivos

Nombre del cmdlet:

New-Item
New-Item -ItemType File

Alias:

ni

El parámetro -Path ruta indica la ubicación del archivo dentro de la estructura del sistema de archivos. El parámetro -Name nombre especifica el nombre del archivo. El parámetro -ItemType file indica que es un archivo ("file") y no un directorio ni cualquier otro elemento. El parámetro -Value "datos" incorpora contenido al fichero.

Otros parámetros que se pueden añadir al cmdlet son:

- Credential. Especifica una cuenta de usuario que tenga permiso para realizar una acción, por defecto el valor es el usuario actual. Este parámetro tiene sentido cuando se intenta crear un archivo en un equipo de la red.
- Force. Permite al cmdlet crear un elemento que escribe sobre un elemento existente de solo lectura, en ningún caso se pasan por alto las restricciones de seguridad.
- Confirm. Pide confirmación antes de ejecutar el cmdlet.
- WhatIf. muestra un mensaje en el que se describe la ejecución del cmdlet.

Ejemplo

Crear un archivo

New-Item c:\fichero.txt -ItemType file

El comando crea un nuevo archivo llamado fichero.txt en la ruta C:\. Utiliza el tipo de elemento file para especificar que se debe crear un archivo. Si el archivo ya existe, se generará un error, a menos que se utilicen parámetros adicionales para sobreescribirlo.

Enviar la salida de un comando a un fichero

Nombre del cmdlet:

Out-File

Alias:

Se puede utilizar el carácter > para crear y sobrescribir un fichero y >> para añadir contenido a un archivo.

Ejemplo

Almacenar contenido en un fichero

Get-Process | Out-File c:\scripts\procesos.txt

El comando obtiene una lista de todos los procesos en ejecución en el sistema y redirige esta información a un archivo de texto llamado procesos.txt, que se almacenará en la ruta C:\scripts. Esto permite guardar una copia de los procesos en ejecución para su revisión posterior o análisis, facilitando la monitorización de las actividades del sistema.

Almacenar contenido en un fichero

Nombre del cmdlet:

Set-Content

Alias:

sc

Ejemplo

Almacenar contenido en un fichero

Set-Content c:\scripts\fichero.txt "Añadir contenido a un archivo"

El comando establece el contenido del archivo fichero.txt en la ruta C:\scripts, reemplazando cualquier contenido existente con el texto especificado: "Añadir contenido a un archivo". Si el archivo no existe, se creará uno nuevo con ese contenido.

Agregar contenido a un fichero

Agrega contenido a un fichero pero no borra el contenido que ya tenía.

Nombre del cmdlet:

Add-Content

Alias:

ac

Ejemplo

Agregar la palabra FIN a todos los ficheros txt

Add-Content -Path *.txt -Value "FIN"

El comando añade el texto "FIN" al final de todos los archivos de texto (*.txt) en el directorio actual.

Vaciar el contenido de un fichero

Nombre del cmdlet:

Clear-Content

Alias:

clc

Ejemplo

Vaciar el contenido de un fichero

Clear-Content c:\scripts\test.txt

El comando limpia el contenido del archivo test.txt en la ruta C:\scripts, eliminando todo el texto existente en el archivo. Después de ejecutar este comando, el archivo seguirá existiendo, pero estará vacío.

Vaciar el contenido de un ítem

Nombre del cmdlet:

Clear-Item

Alias:

cli

Ejemplo

Vaciar el contenido de un fichero

Clear-Item fichero.txt

El comando elimina el archivo fichero.txt del directorio actual. Si el archivo no existe, se generará un error. Este comando se utiliza para eliminar archivos que ya no son necesarios. Sin embargo, es importante tener cuidado al usarlo, ya que la eliminación es permanente y no se puede deshacer a menos que se tenga una copia de seguridad.

Ver el contenido de un fichero

Nombre del cmdlet:

Get-Content

Alias:

gc

Ejemplos

Ver el contenido de un fichero

Get-Content fichero.txt

El comando obtiene y muestra el contenido del archivo fichero.txt. Esto permite al usuario ver el texto almacenado en el archivo directamente en la consola de PowerShell.

Ver la última línea de un fichero

Get-Content .\fichero.txt -Tail 1

El comando obtiene y muestra la última línea del archivo fichero.txt en el directorio actual. La opción -Tail 1 indica que solo se debe mostrar la última línea, lo que es útil para revisar rápidamente la información más reciente añadida al archivo sin necesidad de cargar todo su contenido.

Importar el contenido de un fichero separado por comas

Nombre del cmdlet:

Import-Csv

Ejemplo

Importar un fichero y almacenarlo en una variable

$var=Import-Csv fichero.txt

El comando importa el contenido del archivo fichero.txt como un archivo CSV (Comma-Separated Values) y lo asigna a la variable $var. Esto permite trabajar con los datos del archivo como un conjunto de objetos, donde cada línea del archivo representa un objeto y cada columna se convierte en una propiedad de esos objetos.

Importar el contenido de un fichero XML

Nombre del cmdlet:

Import-Clixml

Ejemplo

Importar un fichero XML y almacenarlo en una variable

$var=Import-Clixml fichero.xml

El comando importa el contenido del archivo fichero.xml en formato CLIXML y lo asigna a la variable $var. CLIXML es un formato XML específico de PowerShell que se utiliza para serializar y deserializar objetos de PowerShell. Al importar el archivo, se restauran los objetos originales que se habían exportado previamente a este formato, lo que permite trabajar con ellos en PowerShell como si fueran objetos nativos.

Exportar contenido a un fichero separado por comas

Nombre del cmdlet:

Export-Csv

Ejemplo

Exportar la información sobre los procesos que se están ejecutando y almacenarla en un fichero separado por comas

Get-Process | Export-Csv fichero.txt

El comando obtiene una lista de todos los procesos en ejecución en el sistema y exporta esta información a un archivo llamado fichero.txt en formato CSV (Comma-Separated Values).

Este formato permite que los datos se estructuren en columnas, facilitando su análisis en aplicaciones como Excel o cualquier otro programa que soporte archivos CSV. Al usar Export-Csv, se incluirán los encabezados de las columnas, lo que hace que el archivo sea legible y organizado.

Ejercicio

Crear un array y exportar el contenido a un fichero separado por comas

```
$csv = @'
Libro,Cantidad
SOM,15
ISO,16
'@

$data = $csv | ConvertFrom-Csv

$data.Libro
$data.Cantidad

$data | Out-GridView
```

El código define un bloque de texto en formato CSV que contiene información sobre libros y sus cantidades. A continuación, convierte este texto CSV en un objeto PowerShell utilizando ConvertFrom-Csv. Finalmente, extrae, muestra las propiedades Libro y Cantidad del objeto y presenta los datos en una ventana gráfica utilizando Out-GridView.

Exportar contenido a un fichero XML

Nombre del cmdlet:

Export-Clixml

Ejemplo

Exportar la información sobre los procesos que se están ejecutando y almacenarla en un fichero XML

Get-Process | Export-Clixml fichero.xml

El comando obtiene una lista de todos los procesos en ejecución en el sistema y exporta esta información a un archivo llamado fichero.xml en formato CLIXML. Este formato XML es específico de PowerShell y se utiliza para serializar objetos de PowerShell, permitiendo que los datos se almacenen con su estructura y tipo original. Al usar Export-Clixml, se pueden recuperar estos objetos más tarde, preservando sus propiedades y métodos.

Copiar ficheros

Nombre del cmdlet:

Copy-Item

Alias:

cpi
cp
copy

Ejemplo

Copiar un fichero

Copy-Item fichero.txt fichero2.txt

El comando copia el archivo fichero.txt y crea una nueva copia con el nombre fichero2.txt en el mismo directorio. Si fichero2.txt ya existe, se generará un error a menos que se utilicen parámetros adicionales para sobrescribirlo.

Eliminar un fichero

Nombre del cmdlet:

Remove-Item

Alias:

ri
rm
rmdir
del
erase
rd

Ejemplos

Eliminar un fichero

Remove-Item fichero.txt

Eliminar varios ficheros de forma recursiva

Remove-Item c:\ficheros* -recurse

El comando elimina todos los elementos dentro del directorio C:\ficheros, incluyendo archivos y subdirectorios, de manera recursiva. El uso de -Recurse permite que el comando elimine todo el contenido dentro de la carpeta especificada. Es importante tener cuidado al usar este comando, ya que la eliminación es permanente y no se puede deshacer, por lo que se recomienda asegurarse de que realmente se desea eliminar todo el contenido antes de ejecutarlo.

Mover un fichero

Nombre del cmdlet:

Move-Item

Alias:

mi
mv
move

Ejemplo

Mover un fichero a otra ubicación (a la carpeta llamada nueva)

Move-Item fichero.txt .\nueva\

Renombrar

Nombre del cmdlet:

Rename-Item

Alias:

rni
ren

Ejemplo

Cambiar el nombre a un fichero

Rename-Item .\fichero.txt .\fichero2.txt

Renombrar varios ficheros de texto

```
Get-ChildItem *.txt | %{
   #Simular con WhatIf antes de renombrar
   Rename-Item -Path $_ -NewName "$($_.basename).bak" -WhatIf
}
```

El código obtiene una lista de todos los archivos de texto (*.txt) en el directorio actual. Para cada archivo, simula el renombrado del archivo añadiendo la extensión .bak al final del nombre base, sin realmente ejecutar el cambio debido al parámetro -WhatIf. Esto permite al usuario ver qué archivos serán renombrados y cómo, sin realizar ningún cambio real. Es una práctica útil para verificar acciones destructivas antes de ejecutarlas realmente.

Imprimir

Nombre del cmdlet:

Out-Printer

Alias:

lp

Ejemplo

Imprimir un fichero en la impresora PDF

```
$contenido=Get-Content fichero.txt
Out-Printer -InputObject $contenido -name "PDF24 PDF"
```

El comando obtiene el contenido del archivo fichero.txt y lo asigna a la variable $contenido. A continuación, envía este contenido a la impresora especificada, en este caso, "PDF24 PDF", utilizando el cmdlet Out-Printer. Esto permite imprimir el contenido del archivo directamente a la impresora designada, lo que puede ser útil para generar un archivo PDF a partir del contenido de texto sin necesidad de abrir un programa de edición.

Comprimir

Nombre del cmdlet:

Compress-Archive

Ejemplo

Comprimir un fichero

Compress-Archive -LiteralPath C:\powershell\example.txt -CompressionLevel Optimal -DestinationPath C:\powershell\comprimido.zip

El comando comprime el archivo example.txt ubicado en C:\powershell y lo guarda en un archivo ZIP llamado comprimido.zip en la misma ruta. Utiliza el nivel de compresión Optimal, que ofrece la mejor relación entre la reducción de tamaño y el tiempo de compresión. Este comando se utiliza para crear archivos comprimidos para ahorrar espacio de almacenamiento o facilitar la transferencia de archivos.

Añadir un archivo un fichero comprimido

Nombre del cmdlet:

Compress-Archive

Ejemplo

Añadir un archivo a un fichero comprimido

Compress-Archive -LiteralPath C:\powershell\example2.txt -Update -DestinationPath C:\powershell\comprimido.zip

El comando comprime el archivo example2.txt ubicado en C:\powershell y lo agrega al archivo ZIP existente llamado comprimido.zip en la misma ruta. El uso del parámetro -Update permite que el archivo example2.txt se añada al archivo ZIP sin eliminar los archivos existentes en comprimido.zip. Si example2.txt ya está presente en el archivo ZIP, se actualizará con la versión más reciente. El comando permite mantener un archivo ZIP actualizado con los últimos cambios en los archivos sin tener que volver a crearlo completamente.

Descomprimir

Nombre del cmdlet:

Expand-Archive

Ejemplo

Descomprimir un fichero

Expand-Archive -LiteralPath C:\powershell\comprimido.zip -DestinationPath C:\powershell\descomprimir

El comando descomprime el archivo ZIP comprimido.zip, ubicado en C:\powershell, y extrae su contenido en el directorio especificado C:\powershell\descomprimir. Esto permite acceder a los archivos y carpetas que fueron comprimidos en el archivo ZIP. Si el directorio de destino no existe, el comando lo creará automáticamente.

Permisos

Hay un cmdlet que obtiene las listas de control de acceso (ACL) de un archivo. La lista ACL indica los permisos que tienen los usuarios y los grupos de usuarios para obtener acceso al recurso. Una vez que obtenemos la lista de control podemos asignarla a otros archivos.

Nombre del cmdlet que sirve para ver permisos:

Get-Acl -Path archivo

En el parámetro -Path archivo hay que incluir la ruta del archivo y el nombre del archivo del que vamos a obtener los permisos.

Nombre del cmdlet que sirve para establecer permisos:

Set-Acl -Path archivo

En el parámetro -Path archivo hay que incluir la ruta del archivo y el nombre del archivo en el que vamos a asignar los permisos.

Ejemplos

Ver permisos

Get-Acl d: | Select-Object Access

El comando obtiene la lista de control de acceso (ACL) del volumen D: y selecciona la propiedad Access. Esto permite ver los permisos asignados a diferentes usuarios y grupos en el volumen D:, mostrando quién tiene acceso y qué tipo de acceso (lectura, escritura, modificación, etc.) se les ha otorgado.

Clonar permisos

Get-Acl
Set-Acl

El comando Get-Acl obtiene la lista de control de acceso (ACL) de un archivo o directorio específico, mostrando los permisos asignados a usuarios y grupos. Esto permite revisar quién tiene acceso y qué tipo de acceso se les ha concedido.

El comando Set-Acl se utiliza para modificar la lista de control de acceso (ACL) de un archivo o directorio.

La forma de crear ACL se realiza mediante el siguiente cmdlet:

New-Object -TypeName System.Security.AccessControl.FileSystemAccessRule

El comando crea una nueva instancia de la clase FileSystemAccessRule del espacio de nombres System.Security.AccessControl. Esta clase se utiliza para definir una regla de acceso para un sistema de archivos, especificando qué permisos se otorgan o deniegan a un usuario o grupo en un archivo o directorio.

Ejemplo

Asignación de permisos mediante ACL

```
New-Item -type directory -path C:\MyFolder
$Acl = Get-Acl "C:\MyFolder"
$Ar = New-Object system.security.accesscontrol.filesystemaccessrule("username","FullControl","Allow")
$Acl.SetAccessRule($Ar)
Set-Acl "C:\MyFolder"
$Acl
```

El código crea un nuevo directorio llamado "MyFolder" en la ruta C:\. A continuación, obtiene la lista de control de acceso (ACL) del nuevo directorio. A continuación, se crea una nueva regla de acceso para un usuario específico, otorgándole permisos de "Control total" sobre el directorio. Finalmente, se establece la nueva ACL en "MyFolder" y muestra la configuración de acceso actualizada.

Realizar función hash sobre un archivo

Las funciones hash calculan un valor único basado en el contenido de un archivo. Este valor, llamado hash, varía según el algoritmo utilizado y cambia cuando se modifica el contenido del archivo.

El cmdlet que sirve para realizar funciones hash es:

Get-FileHash

Los algoritmos que se pueden utilizar para realizar la función hash son: SHA1, SHA256, SHA384, SHA512, MACTripleDES, MD5, RIPEMD160.

Ejemplo

Realizar la función hash SHA512 sobre un fichero

Get-FileHash .\fichero1.txt -Algorithm SHA512

El comando calcula el valor hash del archivo fichero1.txt utilizando el algoritmo SHA-512 y muestra el resultado. El hash es una representación única del contenido del archivo, lo que permite verificar su integridad y autenticidad.

Directorios

Las operaciones que se pueden realizar con cmdlets para gestionar directorios son:

Crear un una carpeta

Nombre del cmdlet:

New-Item -ItemType Directory

Alias:

ni

Ejemplo

Crear un directorio

New-Item c:\powerShell -type directory

El comando crea un nuevo directorio llamado powershell en la ruta C:\. Al especificar el parámetro -Type Directory, se indica que se está creando un directorio (carpeta) y no un archivo. Si el directorio ya existe, se generará un error a menos que se utilicen parámetros adicionales para manejar la situación.

Cambiar de directorio

Nombre del cmdlet:

Set-Location

Alias:

cd
chdir
sl

Ejemplo

Acceder a la carpeta scripts dentro de la unidad d

Set-Location D:\scripts

El comando cambia el directorio de trabajo actual a D:\scripts. Esto significa que cualquier comando que se ejecute posteriormente en la sesión de PowerShell se referirá a este directorio como el contexto actual.

Listar el contenido de un directorio

Nombre del cmdlet:

Get-ChildItem

Alias:

ls
dir
gci

Ejemplo

Ver el contenido de la carpeta scripts

Get-ChildItem D:\scripts

El comando obtiene una lista de todos los archivos y subdirectorios dentro del directorio D:\scripts. Este comando es útil para ver el contenido de la carpeta y permite trabajar con esos archivos, ya sea para revisarlos, modificarlos o realizar otras operaciones en ellos. Además, se pueden utilizar parámetros adicionales para filtrar la salida o mostrar información específica sobre los archivos.

Copiar carpetas

Nombre del cmdlet:

Copy-Item

Alias:

cpi
cp
copy

Ejemplo

Copiar una carpeta

Copy-Item .\carpeta .\carpeta1

El comando copia el directorio llamado carpeta y su contenido en un nuevo directorio llamado carpeta1, ubicado en la misma ruta que carpeta. Si carpeta1 ya existe, el comando generará un error a menos que se utilicen parámetros adicionales para sobrescribirlo.

Borrar carpetas

Nombre del cmdlet:

Remove-Item

Ejemplo

Eliminar la carpeta scripts1

Remove-Item c:\scripts1

El comando elimina el directorio scripts1 ubicado en C:\. Si el directorio contiene archivos o subdirectorios, se generará un error a menos que se utilice el parámetro -Recurse para eliminar todo el contenido de manera recursiva.

Mover carpetas

Nombre del cmdlet:

Move-Item

Ejemplo

Mover una carpeta

Move-Item .\carpeta .\carpeta1

El comando mueve el directorio llamado carpeta a un nuevo destino, renombrándolo como carpeta1. Si carpeta1 ya existe, el contenido de carpeta se moverá dentro de carpeta1, mientras que el directorio carpeta original se eliminará.

Renombrar carpetas

Nombre del cmdlet:

Rename-Item

Ejemplo

Cambiar el nombre a una carpeta

Rename-Item .\carpeta1 .\carpeta2

El comando renombra el directorio carpeta1 a carpeta2 en la misma ubicación. Esto permite cambiar el nombre de la carpeta sin afectar su contenido ni su ubicación en el sistema de archivos. Si carpeta2 ya existe, se generará un error a menos que se utilicen parámetros adicionales para manejar la situación.

Comprimir

Nombre del cmdlet:

Compress-Archive

Ejemplo

Comprimir una carpeta

Compress-Archive -LiteralPath C:\powershell\carpeta\ -CompressionLevel Optimal -DestinationPath C:\powershell\comprimido.zip

El comando comprime el contenido de la carpeta carpeta, ubicada en C:\powershell, y lo guarda en un archivo ZIP llamado comprimido.zip en la misma ruta. Utiliza el nivel de compresión Optimal, que ofrece la mejor relación entre la reducción de tamaño y el tiempo de compresión.

Añadir un archivo al directorio comprimido

Nombre del cmdlet:

Compress-Archive

Ejemplo

Añadir un archivo a un directorio comprimido

Compress-Archive -LiteralPath C:\powershell\carpeta\example2.txt -Update -DestinationPath C:\powershell\comprimido.zip

El comando comprime el archivo example2.txt, ubicado en C:\powershell\carpeta, y lo añade al archivo ZIP existente llamado comprimido.zip en C:\powershell. El parámetro -Update permite agregar el archivo al archivo comprimido sin sobrescribirlo, por lo que cualquier archivo ya presente en el ZIP que tenga el mismo nombre se actualizará con la nueva versión.

Descomprimir

Nombre del cmdlet:

Expand-Archive

Ejemplo

Descomprimir un directorio comprimido

Expand-Archive -LiteralPath C:\powershell\comprimido.zip -DestinationPath C:\powershell\descomprimir\

El comando descomprime el archivo ZIP llamado comprimido.zip, ubicado en C:\powershell, y extrae su contenido en el directorio C:\powershell\descomprimir. Esto permite acceder a los archivos y carpetas que estaban comprimidos en el archivo ZIP. Si el directorio de destino no existe, se creará automáticamente.

Permisos

Nombre del cmdlet que sirve para ver permisos:

Get-Acl -Path directorio

En el parámetro -Path directorio hay que incluir la ruta del directorio del que vamos a obtener los permisos.

Nombre del cmdlet que sirve para establecer permisos:

Set-Acl -Path archivo

En el parámetro -Path directorio hay que incluir la ruta del directorio en el que vamos asignar los permisos.

Ejemplos

Ver permisos

Get-Acl .\carpeta | Select-Object Access

El comando obtiene la lista de permisos de acceso para el directorio carpeta. Al utilizar Select-Object Access, se filtra la salida para mostrar únicamente la información relacionada con los accesos, como los usuarios o grupos que tienen permisos sobre la carpeta y los tipos de permisos asignados (lectura, escritura, modificación, etc.).

Clonar permisos

Get-Acl
Set-Acl

La forma de crear ACL se realiza mediante el siguiente cmdlet:

New-Object -TypeName System.Security.AccessControl.FileSystemAccessRule

Ejemplo

Asignación de permisos mediante ACL

```
New-Item -type directory -path C:\MyFolder
$Acl = Get-Acl "C:\MyFolder"
$Ar = New-Object system.security.accesscontrol.filesystemaccessrule("username","FullControl","Allow")
$Acl.SetAccessRule($Ar)
Set-Acl "C:\MyFolder"
$Acl
```

Ejercicio

Eliminar permisos explícitos en un directorio

```
#Los permisos explícitos son aquellos que se establecen de forma predeterminada en objetos que no son secundarios cuando se crea el objeto, o los que crea el usuario en objetos secundarios, primarios o que no son secundarios.

$Path = 'F:\power\permisos'
$acl = Get-Acl -Path $path
$acl.Access | Select-Object IdentityReference,IsInherited

#Eliminar permisos explícitos
#RemoveAccessRule quita todos permisos de la lista de control de acceso (ACL) Allow o Deny coincidentes del archivo o directorio actual.
$acl.Access | Where-Object{!($_.isInherited)} | ForEach-Object {$acl.RemoveAccessRule($_)}
$acl.Access | Select-Object IdentityReference,IsInherited

#Asignar nuevos permisos
$acl | Set-Acl -Path $path
```

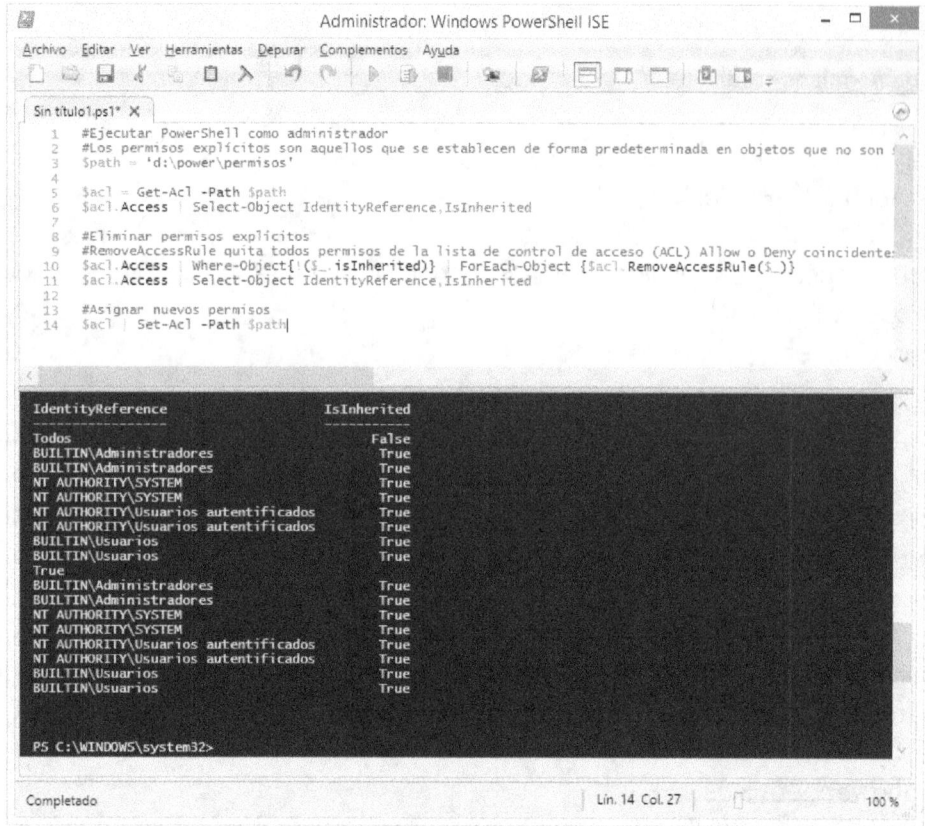

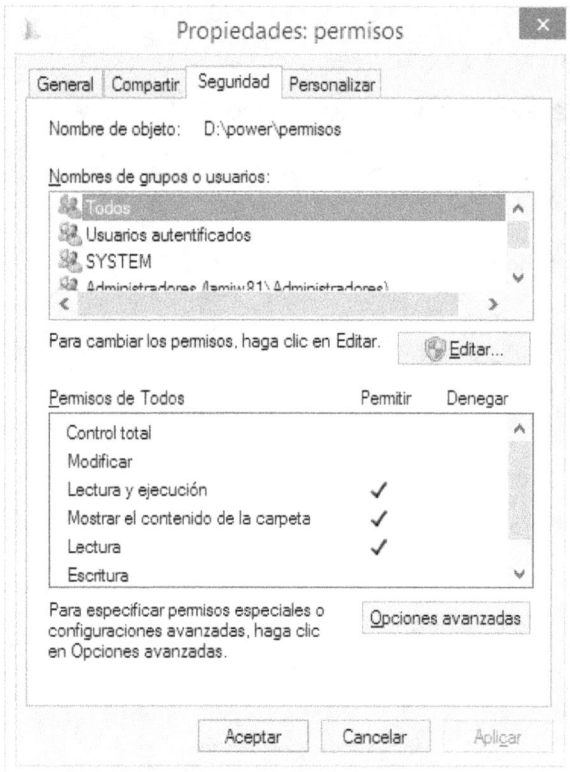 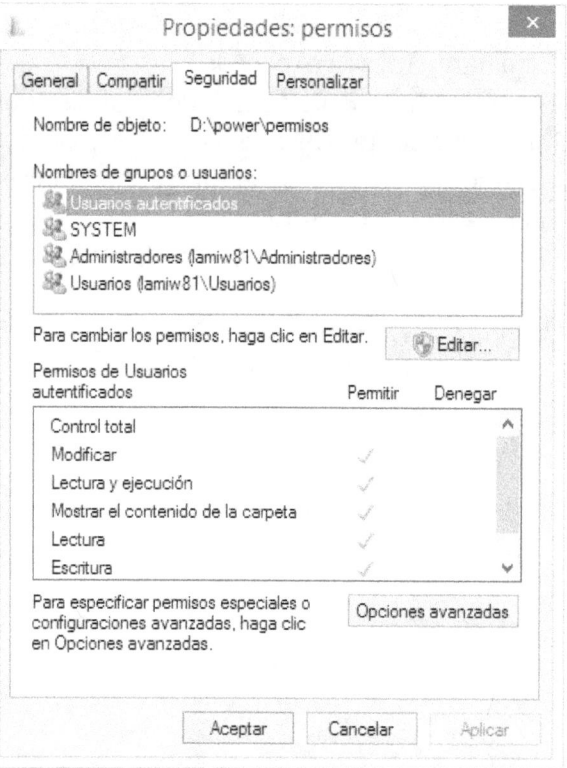

Compartir una carpeta

Cuando hablamos de compartir archivos y carpetas, nos referimos principalmente al sistema de archivos en red que se utiliza, los sistemas de archivos se definen como un conjunto de normas y procedimientos para almacenar información en los dispositivos de almacenamiento.

Nombre del cmdlet:

New-SmbShare

Alias:

nsmbs

Ejemplo

Crear carpeta compartida y asignar permisos

New-SmbShare -Name fso -Path F:\power -FullAccess administrador -ReadAccess Everyone

El comando crea un nuevo recurso compartido de red llamado fso en la ruta F:\power. Al especificar -FullAccess administrador, se otorgan permisos de acceso completo al usuario administrador, mientras que -ReadAccess Everyone concede permisos de solo lectura a todos los usuarios.

Ver carpetas compartidas

Nombre del cmdlet:

Get-SmbShare

Alias:

gsmbs

Cmdlet con llamada WMI que muestran información sobre las carpetas compartidas:

Get-WmiObject -Class Win32_Share

El comando obtiene una lista de todos los recursos compartidos en el sistema, utilizando la clase Win32_Share de WMI (Windows Management Instrumentation). Esta información incluye detalles sobre cada recurso compartido, como su nombre, ruta, tipo de recurso, y las configuraciones de permisos asociadas.

Ejemplo

Ver carpetas compartidas

Get-SmbShare

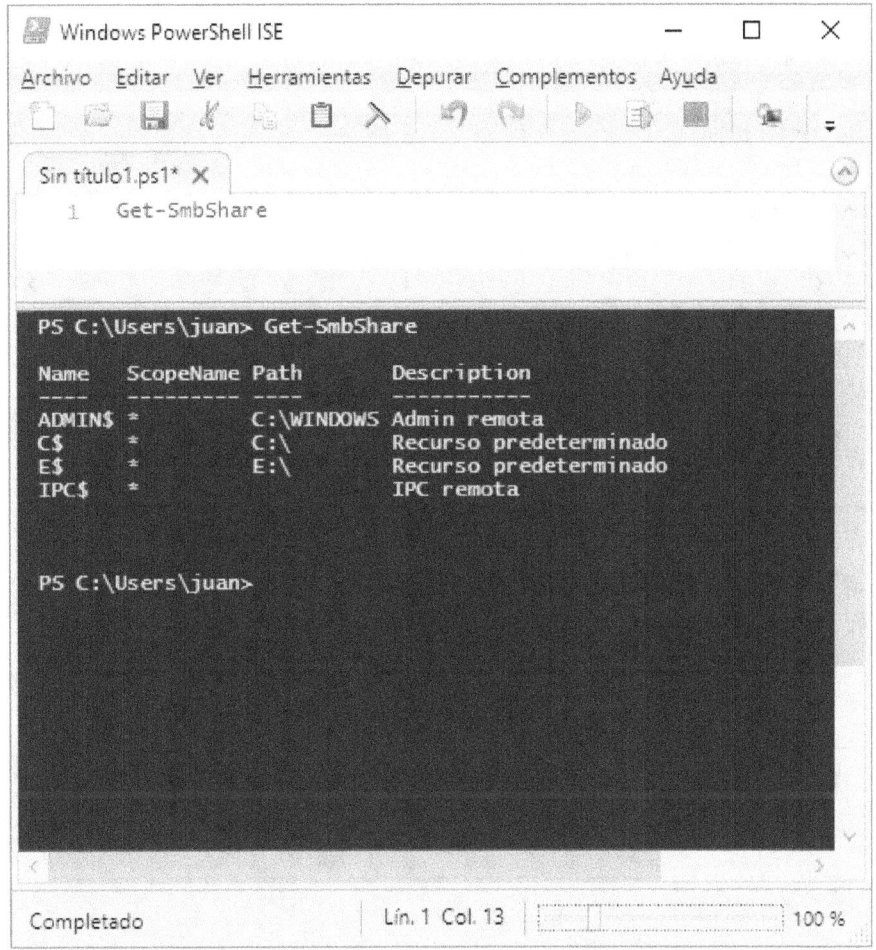

Ver recursos compartidos

Nombre del cmdlet:

Get-WmiObject Win32_NetworkConnection

El comando recupera información sobre las conexiones de red actuales en el sistema utilizando la clase Win32_NetworkConnection. Este comando proporciona detalles sobre las conexiones de red establecidas, incluyendo información como el nombre del recurso compartido, el usuario que estableció la conexión y el estado de la conexión.

5. Gestión del software en PowerShell

- Introducción
- Software
    - Listar software
    - Buscar software
    - Instalar software
    - Desinstalar software
    - Control de aplicaciones
- Actualizaciones
    - Listar actualizaciones
- Antivirus

Introducción

El software es la parte intangible (que no se puede tocar) del ordenador, es un elemento lógico y se define como un conjunto de órdenes e instrucciones que al ejecutarse sirven para realizar alguna tarea (los programas sin ejecutar son simples archivos en disco). Con el software se saca partido al ordenador, sin software el ordenador sería un conjunto de placas, tarjetas y cables sin ninguna utilidad.

Los sistemas operativos hay instalados programas por defecto pero también se pueden instalar otros.

El software se puede dividir en tipos:

- Software de sistema. Conjunto de programas que administran los recursos del ordenador.
- Software de programación. Es el conjunto de herramientas que sirven para crear nuevos programas, éstos se crean utilizando un lenguaje de programación. Un lenguaje de programación es un conjunto de símbolos, reglas sintácticas y semánticas que indican cómo hacer un programa. Todas las órdenes o instrucciones que forman el programa se escriben en unos archivos llamados códigos fuente.
- Software de aplicación. Se refiere a los programas que permiten realizar tareas a los usuarios con conocimientos básicos de informática. Les permite sacar provecho al ordenador y así realizar tareas relacionadas con su actividad como, por ejemplo, escribir un documento, enviar un mail, etc.

Software

Cuando se habla de software tenemos que tener en cuenta qué se puede hacer con el mismo:

- Instalar.
- Actualizar.
- Downgrade (devolver el software a una versión antigua).
- Desinstalar.

La instalación y desinstalación de programas es una tarea importante y se tiene que hacer con control, no hay que instalar un programa sin estar seguro de lo que hace, y siempre hay que conocer la fuente de donde proviene el programa.

Los sistemas operativos tienen instalado por defecto multitud de programas que nos permiten realizar gran cantidad de tareas como escribir documentos, escuchar música, navegar por Internet, etc. Sin embargo, esto no es suficiente para la mayoría de los usuarios y es probable que necesite instalarse nuevos programas como, por ejemplo, un navegador de Internet distinto al que tiene el sistema operativo por defecto, un conjunto de herramientas ofimáticas más completo, etc.

Aunque lo normal es instalar una sola vez un programa, a veces hay algún problema en el programa y es necesario volver a instalar algún archivo o el programa entero.

Es importante tener el software correctamente instalado, identificado y controlar el acceso a los programas por parte de los usuarios.

Las operaciones que se pueden realizar sobre el software son:

Listar software

Cmdlet:

Get-Package

Llamada WMI:

Get-WmiObject win32_Product
Get-WmiObject -query "select name from win32_product"

Ejemplos

<u>Listar programas instalados</u>

Get-Package | Select-Object Name
(Get-WmiObject -Class Win32_Product).name
Get-WmiObject -query "select name from win32_product" | select Name

<u>Seleccionar el nombre y versión de los programas instalados</u>

Get-Package | Select-Object Name, Version
(Get-WmiObject -Class Win32_Product) | Select-Object name,version

<u>Indicar si hay algún antivirus instalado</u>

((Get-Package).name) | Select-String 'Defender'
((Get-WmiObject -Class Win32_Product).name) | Select-String 'Antivirus'

<u>Número de programas instalados</u>

((Get-Package).name).count
((Get-WmiObject -Class Win32_Product).name).count

<u>Agrupar los programas cuyo nombre sea "Microsoft"</u>

Get-Package | Select-String "Microsoft" | Group-Object
(Get-WmiObject -Class Win32_Product) | Select-String "Microsoft" | Group-Object

<u>Indicar si está instalado Gimp</u>

```
if((((Get-Package).name) | Select-String "Microsoft"){"Instalado"}
if((((Get-WmiObject -Class Win32_Product).name) | Select-String "Gimp"){"Instalado"}
```

Agrupa los programas cuyo vendedor sea Microsoft

(Get-WmiObject -Class Win32_Product).vendor | Select-String "Microsoft" | Group-Object

Indicar el número de programas cuyo nombre sea Microsoft (agrupar)

((Get-Package).Name | Select-String "Microsoft" | Group-Object).Count
((Get-WmiObject -Class Win32_Product).vendor | Select-String "Microsoft" | Group-Object).Count

Mostrar programas instalados por familia

((Get-WmiObject -Class Win32_Product).name) | %{$_.split(' ')[0]}

Agrupar por familia los programas instalados

((Get-WmiObject -Class Win32_Product).name) | %{$_.split(' ')[0]} | Group-Object

Indicar cuántos programas hay por familia
((Get-WmiObject -Class Win32_Product).vendor | Group-Object)

Ejercicios

Crear una función que indique si se ha instalado un programa

function ProgramaInstalado($programa)
{
if(((Get-WmiObject -Class Win32_Product).name) | Select-String $programa){"Instalado"}
}

ProgramaInstalado VMware Player

La función ProgramaInstalado verifica si un programa específico está instalado en el sistema. Utiliza Get-WmiObject para obtener una lista de productos instalados a través de la clase Win32_Product y busca el nombre del programa proporcionado como argumento. Si encuentra el programa en la lista, devuelve el mensaje "Instalado". En este caso, se está verificando si "VMware Player" está instalado.

Buscar en el registro información sobre programas

```
$name='Google'
$producto=(Get-WmiObject -Class Win32_Product)
foreach($uno in $producto)
{
if($uno.name -match $name)
{
$valor=$uno.IdentifyingNumber
$valor=$valor.replace('{','')
$valor=$valor.replace('}','')
}
}
Get-ChildItem hklm:\ -rec -ea SilentlyContinue | % {
if($_ -match $valor){$_}
}
```

El script busca un producto específico, en este caso "Google", en la lista de programas instalados en el sistema utilizando Get-WmiObject con la clase Win32_Product. Después, extrae el número de identificación del producto (IdentifyingNumber) y elimina las llaves de este valor. Finalmente, busca en el registro de Windows (bajo HKLM:\) y devuelve las claves que coincidan con el número de identificación del producto.

Buscar software

Cmdlet:

Find-Package

Ejemplos

Buscar la herramienta ZoomIt

Find-Package zoomit

El comando busca el paquete llamado zoomit en los repositorios de paquetes configurados en el sistema. Find-Package permite localizar software que puede ser instalado a través de un gestor de paquetes como PowerShellGet o Chocolatey.

Este comando proporciona información sobre el paquete, como su versión y origen, lo que permite al usuario verificar la disponibilidad del software antes de proceder con la instalación.

Instalar software

Para instalar programas es necesario controlar el hardware del equipo, el software instalado en el equipo por el tema de incompatibilidades, las versiones y las licencias.

Cmdlet:

Install-Package

Ejemplo

Instalar software buscándolo previamente

Find-Package zoomit | Install-Package

El comando busca el paquete llamado Zoomit en los repositorios de paquetes configurados y, si lo encuentra, procede a instalarlo en el sistema utilizando Install-Package. Esto automatiza el proceso de búsqueda e instalación, facilitando la instalación de software a través de PowerShell sin necesidad de buscar manualmente el paquete.

Desinstalar software

Cmdlet:

Uninstall-Package

Ejemplo

Desinstalar software

Uninstall-Package zoomit

El comando desinstala el paquete llamado Zoomit del sistema. Uninstall-Package elimina la aplicación y todos sus archivos asociados, lo que es útil para liberar espacio en disco o para eliminar software que ya no se necesita.

Control de aplicaciones

AppLocker es una herramienta que mejora el control sobre qué aplicaciones pueden ejecutarse en un sistema Windows. En AppLocker, se pueden crear reglas específicas que permiten o bloquean la ejecución de aplicaciones en función de diferentes atributos de los archivos. Por ejemplo, se puede permitir que solo ciertos usuarios o grupos ejecuten determinadas aplicaciones.

Con AppLocker, se tiene control sobre varios tipos de aplicaciones, como archivos ejecutables, scripts, instaladores de Windows y archivos DLL. Se pueden definir reglas basadas en la firma digital de los archivos, como el nombre del editor o la versión del archivo. También se puede asignar reglas a grupos de seguridad o usuarios individuales, lo que da flexibilidad en la implementación de políticas.

Además, se pueden crear excepciones a las reglas para casos especiales, como permitir todos los procesos de Windows excepto uno específico. AppLocker también tiene una función de auditoría que permite ver el impacto de una regla antes de aplicarla realmente. Además, se pueden importar y exportar reglas para facilitar la administración de políticas en diferentes sistemas.

Una característica destacada es la capacidad de usar cmdlets de Windows PowerShell para simplificar la creación y gestión de reglas de AppLocker, lo que hace que el proceso sea más eficiente y automatizado

Cmdlet:

Get-AppLockerPolicy

Ejemplo

Obtener y probar una política de AppLocker para los ejecutables que haya en System32

Get-AppLockerPolicy -Local | Test-AppLockerPolicy -Path C:\Windows\System32*.exe -User Todos

Este ejemplo obtiene la política local de AppLocker y después prueba la política usando el cmdlet Test-AppLockerPolicy para probar si el grupo Todos podrá ejecutar los archivos .exe en C:\Windows\System32.

Actualizaciones

Cada día aparecen nuevas vulnerabilidades en los sistemas operativos y en los programas, es importante mantener el sistema operativo actualizado con los últimos parches de seguridad. Las actualizaciones sirven para evitar problemas o corregirlos, de esta forma el sistema operativo se mantiene seguro. Las actualizaciones son necesarias para los sistemas operativos.

Los sistemas de gestión de actualizaciones permiten que éstas se descarguen y se instalen con orden, de no ser así podrían aparecer problemas si el sistema operativo comenzará a descargar todas las actualizaciones a la vez, en algunos casos pueden llegar a saturar ciertos recursos como, por ejemplo, la conexión de red. Para resolver este problema algunos sistemas operativos tienen programas que descargan las actualizaciones y las envían a otros ordenadores a la red de una manera ordenada.

Gracias a los sistemas de actualizaciones, el tiempo que va desde que se registra un fallo hasta que se corrige es muy pequeño.

Las actualizaciones pueden ser del sistema operativo, de programas, de controladores, etc.

Listar actualizaciones

Cmdlet:

Get-HotFix

El cmdlet visto en el apartado anterior también sirve para ver actualizaciones:

Get-Package

Ejemplos

Ver el nombre de las actualizaciones

Get-HotFix
Get-Package | Select-Object Name | Select-String "Actualización"

Ver el ID de las actualizaciones

Get-HotFix | Select-Object HotFixID

El comando obtiene una lista de las actualizaciones de software instaladas en el sistema operativo y selecciona solo la propiedad HotFixID, mostrando los identificadores de las correcciones aplicadas.

Ver si hay una actualización instalada

$kb=Read-Host 'NúmeroActualización'
((Get-HotFix).hotfixid | Select-String $kb)

Listar por descripción las actualizaciones instaladas en el equipo

Get-HotFix | Select-Object Description
(Get-HotFix).Description

Agrupar actualizaciones por descripción

Get-HotFix | Group-Object Description
(Get-HotFix).Description | Group-Object

Agrupar actualizaciones por descripción y mostrar el nombre de la agrupación

(Get-HotFix | Group-Object Description).Name

El comando agrupa las actualizaciones de software instaladas por su descripción y devuelve los nombres de esos grupos, lo que permite ver las diferentes descripciones de las actualizaciones aplicadas en el sistema.

Listar por fecha las actualizaciones instaladas en el equipo

Get-HotFix | Sort-Object InstalledOn

El comando obtiene una lista de las actualizaciones de software instaladas en el sistema y las ordena en función de la fecha en que fueron instaladas, mostrando así el orden cronológico de las actualizaciones.

Antivirus

Los antivirus son programas diseñados para proteger los sistemas informáticos detectando y eliminando software malicioso, como virus, gusanos, troyanos y spyware. En el ecosistema de Windows, una de las soluciones más comunes y ampliamente utilizadas es Windows Defender. Este software está integrado en el sistema operativo Windows y ofrece protección en tiempo real contra amenazas en línea y locales. Además de detectar y eliminar malware, Windows Defender también puede proporcionar funciones adicionales, como protección contra phishing y ransomware, ayudando así a mantener seguros los dispositivos y los datos de los usuarios.

Examinar el equipo en busca de virus se utiliza el cmdlet:

Start-MpScan

Para ver las últimas definiciones del antivirus se utiliza el cmdlet:

(Get-MpThreatCatalog).ThreatName

Ejemplos

Ver últimos escaneos

(Get-MpComputerStatus).FullScanEndTime
(Get-MpComputerStatus).FullScanStartTime
(Get-MpComputerStatus).QuickScanEndTime
(Get-MpComputerStatus).QuickScanStartTime

Última actualización de firmas

(Get-MpComputerStatus).NISSignatureLastUpdated
(Get-MpComputerStatus).AntivirusSignatureLastUpdated

Última actualización del Antispayware

```
(Get-MpComputerStatus).AntispywareSignatureLastUpdated
```

Para actualizar las definiciones en el antivirus se utiliza el cmdlet:

Update-MpSignature

6. Virtualización en PowerShell

- Introducción
- Máquinas virtuales
    - Listar hosts virtuales
    - Ver propiedades del host virtual
    - Crear host virtual
    - Actualizar propiedades de la máquina virtual
    - Arrancar máquinas virtuales
    - Parar máquinas virtuales
    - Crear una instantánea
    - Ver las instantáneas de una máquina virtual
    - Eliminar una máquina virtual
    - Gestión de discos virtuales
    - Añadir un disco virtual a una máquina virtual
    - Gestión de red virtual
    - Ver información sobre la red virtual

Introducción

La virtualización es un conjunto de técnicas hardware y/o software que permiten abstraer hardware y/o software creando la ilusión de que se están manejando dispositivos físicos, sistemas operativos, sesiones remotas y otros recursos de forma transparente al usuario.

Uno de los elementos principales de la virtualización es la máquina virtual que se está formada por recursos virtuales como una BIOS, memoria, procesador, disco duro, etc., y que se utilizan como si se tratase de recursos físicos.

Máquinas virtuales

Una máquina virtual es esencialmente una réplica de una máquina física, compuesta por una BIOS y un conjunto de recursos hardware, como memoria, procesador y disco duro virtual. Estos recursos se utilizan de manera virtual, permitiendo ejecutar sistemas operativos y aplicaciones como si estuvieran en una máquina física real.

La versatilidad de las máquinas virtuales permite la instalación de cualquier sistema operativo, siempre que el software de virtualización lo admita. Además, las máquinas virtuales pueden realizar diversas actividades, como imprimir, usar dispositivos USB y navegar por la red.

Microsoft ofrece herramientas para administrar máquinas virtuales, siendo una de las más destacadas Hyper-V. Este software proporciona un entorno completo para crear, configurar y administrar máquinas virtuales en entornos Windows.

Para conocer los cmdlets sobre Hyper-V se utiliza el cmdlet:

Get-Command -Module Hyper-V

Listar hosts virtuales

Obtención de información sobre los servidores que pueden ser físicos o virtuales que están gestionando o ejecutando otras máquinas virtuales.

Cmdlet:

Get-VM

Para listar un host en concreto:

Get-VM -Name

Ejemplo

Buscar la máquina virtual VM

Get-VM -Name "VM" | Format-List *

El comando obtiene información sobre una máquina virtual específica llamada "VM" y después formatea la salida para mostrar todos los detalles disponibles en un formato de lista. Al usar Format-List *, se asegura de que se muestren todos los atributos y propiedades de la máquina virtual, lo que proporciona una visión completa de su configuración y estado.

Ver propiedades del host virtual

Ver propiedades del host virtual implica obtener información detallada sobre un servidor que está ejecutando máquinas virtuales.

Cmdlet:

Get-VM | select *

Ejemplo

Seleccionar la propiedad nombre de la máquina y nombre del interfaz de red

Get-VM | select -ExpandProperty NetworkAdapters | Select-Object VMName,Name

El comando obtiene una lista de todas las máquinas virtuales y expande la propiedad NetworkAdapters, que contiene información sobre los adaptadores de red de cada máquina virtual. A continuación, se seleccionan y muestran específicamente las propiedades VMName (el nombre de la máquina virtual) y Name (el nombre del adaptador de red).

Crear host virtual

Crear un nueva máquina virtual en un entorno de Hyper-V.

Cmdlet:

New-VM

Ejemplo

Crear una máquina virtual con la memoria virtual 512MB, disco duro de 2GB

New-VM -Name "MyNewVM" -MemoryStartupBytes 512MB -NewVHDPath "D:\MyNewVM.vhdx" -NewVHDSizeBytes 2GB

El comando crea una nueva máquina virtual llamada "MyNewVM" con las siguientes configuraciones:

- Memoria inicial: Se asignan 512 MB de memoria al iniciar la máquina virtual.
- Ruta del nuevo disco duro virtual (VHD): Se especifica que el disco duro virtual se almacenará en D:\MyNewVM.vhdx.
- Tamaño del nuevo VHD: Se define que el tamaño del disco duro virtual será de 2 GB.

Actualizar propiedades de la máquina virtual

Utilizando cmdlets, es posible actualizar las propiedades de las máquinas virtuales. A continuación, se presenta una lista completa de todos los cmdlets disponibles.

Cmdlets:

Set-VM
Set-VMBios
Set-VMComPort
Set-VMDvdDrive
Set-VMFibreChannelHba
Set-VMFirmware
Set-VMFloppyDiskDrive
Set-VMGpuPartitionAdapter
Set-VMHardDiskDrive
Set-VMHost
Set-VMHostCluster
Set-VMKeyProtector
Set-VMKeyStorageDrive
Set-VMMemory
Set-VMMigrationNetwork
Set-VMNetworkAdapter
Set-VMNetworkAdapterFailoverConfiguration
Set-VMNetworkAdapterIsolation
Set-VMNetworkAdapterRdma
Set-VMNetworkAdapterRoutingDomainMapping
Set-VMNetworkAdapterTeamMapping
Set-VMNetworkAdapterVlan
Set-VMPartitionableGpu
Set-VMProcessor

Set-VMRemoteFx3dVideoAdapter
Set-VMReplication
Set-VMReplicationAuthorizationEntry
Set-VMReplicationServer
Set-VMResourcePool
Set-VMSan
Set-VMSecurity
Set-VMSecurityPolicy
Set-VMSwitch
Set-VMSwitchExtensionPortFeature
Set-VMSwitchExtensionSwitchFeature
Set-VMSwitchTeam
Set-VMVideo

Ejemplos

Cambiar el número de procesadores de la máquina virtual

Set-VMProcessor "MyNewVM" -Count 2

El comando configura el procesador de la máquina virtual llamada "MyNewVM" para que use 2 núcleos de CPU. Al utilizar Set-VMProcessor, se pueden ajustar las propiedades del procesador de la máquina virtual, como la cantidad de núcleos asignados.

Usar memoria dinámica en la máquina virtual

Set-VMMemory "MyNewVM" -DynamicMemoryEnabled $true

El comando habilita la memoria dinámica para la máquina virtual llamada "MyNewVM". Al usar Set-VMMemory con el parámetro -DynamicMemoryEnabled $true, se permite que la máquina virtual ajuste automáticamente la cantidad de memoria asignada según la demanda. Esto significa que la VM puede aumentar o disminuir su uso de memoria en función de las necesidades de las aplicaciones que se están ejecutando en ella, lo que optimiza la utilización de los recursos del host y mejora la eficiencia general del sistema.

Arrancar máquinas virtuales

Arrancar máquinas virtuales se refiere al proceso de iniciar una instancia de máquina virtual que ha sido previamente creada y configurada en un entorno de virtualización.

Cmdlet:

Start-VM

Ejemplo

Arrancar una máquina virtual

Start-VM "MyNewVM"

El comando inicia la máquina virtual llamada "MyNewVM". Al usar Start-VM, se pone en marcha la VM, permitiendo que el sistema operativo y las aplicaciones instaladas en ella se inicien y estén disponibles para su uso.

Parar máquinas virtuales

Parar máquinas virtuales implica detener su funcionamiento de manera controlada. Esto se puede hacer desde la interfaz de gestión de la plataforma de virtualización o mediante comandos específicos. Al detener una máquina virtual, se finalizan todos los procesos en ejecución y se libera la memoria y los recursos asignados. Esta acción se utiliza para realizar mantenimiento, actualizar configuraciones o liberar recursos del sistema.

Cmdlet:

Stop-VM

Ejemplo

Parar una máquina virtual

Stop-VM "MyNewVM"

El comando detiene la máquina virtual llamada "MyNewVM". Al utilizar Stop-VM, se apaga la VM, lo que puede realizarse de manera controlada, permitiendo que el sistema operativo dentro de la máquina virtual se cierre correctamente.

Crear una instantánea

Crear una instantánea se refiere a la acción de capturar el estado actual de una máquina virtual en un momento determinado. Esto permite guardar la configuración, el sistema operativo y los datos en ese instante, facilitando la restauración a ese estado en el futuro si es necesario. Las instantáneas son útiles para realizar pruebas, actualizaciones o experimentaciones sin afectar la operación normal de la máquina virtual.

Cmdlet:

Checkpoint-VM

Ejemplo

Crear una instantánea en la máquina virtual

Get-VM OR* | Checkpoint-VM

El comando crea un punto de control (checkpoint) para todas las máquinas virtuales cuyos nombres comienzan con "OR". Al usar Get-VM OR*, se obtienen esas máquinas virtuales específicas, y después Checkpoint-VM crea un snapshot del estado actual de cada una. Esto permite restaurar las VMs a ese estado más tarde si es necesario.

Ver las instantáneas de una máquina virtual

Ver las instantáneas de una máquina virtual implica acceder a la lista de estados guardados de esa máquina, lo que permite visualizar diferentes momentos en los que se capturó su configuración y datos. Las instantáneas son útiles para realizar pruebas, actualizaciones o recuperación en caso de errores, ya que permiten restaurar la máquina virtual a un estado anterior.

Cmdlet:

Get-VMSnapshot

Ejemplo

Ver las instantáneas de una máquina virtual

Get-VM "OR*" | Get-VMSnapshot

El comando obtiene todos los puntos de control (snapshots) de las máquinas virtuales cuyos nombres comienzan con "OR". Al utilizar Get-VM "OR*", se seleccionan esas máquinas virtuales específicas, y después Get-VMSnapshot lista todos los snapshots asociados a cada una de ellas. Esto permite revisar y gestionar los estados guardados de las VMs.

Eliminar una máquina virtual

Eliminar una máquina virtual implica el proceso de borrar una instancia de máquina virtual previamente creada en un entorno de virtualización. Esto no solo libera los recursos del sistema, sino que también elimina los discos duros virtuales y la configuración asociados a la máquina virtual.

Cmdlet:

Remove-VM

Ejemplo

Eliminar una máquina virtual

Remove-VM "MyNewVM"

El comando elimina la máquina virtual denominada "MyNewVM" del sistema.

Gestión de discos virtuales

La gestión de discos virtuales implica la administración de los archivos de disco duro virtual (VHD o VHDX) que se utilizan en entornos de virtualización. Estos discos virtuales actúan como dispositivos de almacenamiento para las máquinas virtuales, permitiendo el almacenamiento de sistemas operativos, aplicaciones y datos.

Cmdlet:

New-VHD

Ejemplos

Crear un disco virtual de tamaño dinámico

New-VHD -Path "d:\MyNewDynamicVHDX.vhdx" -SizeBytes 127GB

El comando crea un nuevo disco duro virtual dinámico en la ubicación especificada, "d:\MyNewDynamicVHDX.vhdx", con un tamaño de 127 GB. Al usar New-VHD, se genera un archivo de disco duro virtual que puede ser utilizado por máquinas virtuales en un entorno de virtualización. Este tipo de VHDX permite que el espacio en disco se ajuste según sea necesario, en lugar de ocupar todo el tamaño asignado de inmediato.

Crear un disco virtual de tamaño fijo

New-VHD -Path "d:\MyNewFixedVHDX.vhdx" -Fixed -SizeBytes 20GB

El comando crea un nuevo disco duro virtual de tipo fijo en la ubicación especificada, "d:\MyNewFixedVHDX.vhdx", con un tamaño de 20 GB. Al utilizar New-VHD con el parámetro -Fixed, se genera un archivo de disco duro virtual que ocupa inmediatamente el espacio completo asignado (20 GB) en el disco físico.

Añadir un disco virtual a una máquina virtual

Añadir un disco virtual a una máquina virtual implica la asignación de un nuevo disco duro virtual (VHD o VHDX) a una instancia de máquina virtual existente en un entorno de virtualización. Esto permite expandir la capacidad de almacenamiento de la máquina virtual y proporciona espacio adicional para datos o aplicaciones.

Cmdlet:

Add-VMHardDiskDrive

Ejemplo

Añadir un disco virtual a una máquina virtual

Add-VMHardDiskDrive -VMName "MyNewVM" -Path "d:\MyNewDynamicVHDX.vhdx"

El comando agrega un nuevo disco duro virtual a la máquina virtual llamada "MyNewVM", utilizando el disco duro virtual dinámico ubicado en "d:\MyNewDynamicVHDX.vhdx". Al emplear Add-VMHardDiskDrive, se vincula el VHDX a la VM, permitiendo que esta lo utilice como un dispositivo de almacenamiento adicional para el sistema operativo o aplicaciones dentro de la máquina virtual.

Gestión de red virtual

La gestión de red virtual se refiere al proceso de configurar, administrar y optimizar las redes que conectan las máquinas virtuales en un entorno de virtualización. Esto incluye la creación y gestión de adaptadores de red virtuales, conmutadores virtuales y políticas de red, permitiendo que las máquinas virtuales se comuniquen entre sí y con el mundo exterior.

Cmdlet:

New-VMSwitch

Ejemplo

Crear un switch virtual

New-VMSwitch "MyNewPrivateSwitch" -SwitchType Private -Notes "Private virtual switch"

El comando crea un nuevo switch virtual de tipo privado llamado "MyNewPrivateSwitch". Al utilizar New-VMSwitch con el parámetro -SwitchType Private, se genera un conmutador que permite la comunicación únicamente entre máquinas virtuales conectadas a él, sin acceso a la red externa o al host. Esto es útil para entornos de prueba y desarrollo, donde se requiere un aislamiento completo de la red.

Ver información sobre la red virtual

Ver información sobre la red virtual implica acceder a detalles específicos sobre las configuraciones y el estado de las redes virtuales en un entorno de virtualización.

Cmdlet:

Get-NetAdapter

Ejemplo

Ver información sobre la red virtual

Get-NetAdapter -Name * | Format-List -Property Name, InterfaceDescription, InterfaceName

El comando obtiene todos los adaptadores de red en el sistema y muestra una lista con sus propiedades, incluyendo el nombre, la descripción de la interfaz y el nombre de la interfaz.

7. Gestión de procesos en PowerShell

- Introducción
- Procesos
    - Información sobre procesos
    - Tabla de procesos
    - Estados de un proceso
    - Crear procesos
    - Parar procesos
    - El procesador
    - Hilos
    - Comunicación entre procesos
    - Segundo plano
    - Servicios

Introducción

Uno de los conceptos más importantes en los sistemas operativos es el proceso que se define como un programa en ejecución. Los programas son un conjunto de archivos que están almacenados en algún dispositivo de almacenamiento (disco duro, USB, etc.) y que por sí solos no tienen ningún funcionamiento, pero cuando ese conjunto de archivos se ejecutan entonces pasan a ser un proceso.

Los procesos son programas en ejecución, un proceso puede pasar por varios estados desde que se crea hasta que muere, los procesos que se ejecutan en pueden estar en primer plano o segundo plano, los de primer plano interactúan con los usuarios y los de segundo plano o demonios realizan una función específica sin tener que actuar con el usuario (aunque podrían hacerlo).

Los procesos en segundo plano y que realizan distintas funciones, algunas relacionadas con el sistema operativo y otras no, se denominan servicios, los servicios se están ejecutando permanentemente en el sistema.

Procesos

El sistema operativo se encarga de: crear y destruir procesos, suspender y reanudar procesos, sincronizar y comunicar procesos.

Información sobre procesos

Ver información sobre procesos en un entorno de virtualización implica acceder a datos relacionados con las máquinas virtuales y los recursos que están utilizando. Esto es fundamental para monitorizar el rendimiento y asegurar que los recursos están siendo utilizados de manera eficiente.

Cmdlet:

Get-Process

Alias:

ps
gps

WMI:

Get-WmiObject -Class win32_process

Ejemplos

Obtener información básica sobre procesos

Get-Process

Obtener información ampliada sobre procesos

Get-Process | Select-Object *
gps | Select-Object *
ps | Select-Object *

Obtener información sobre las propiedades de los procesos

Get-Process | Select-Object Name, Id, Company
gps | Select-Object Name, Id, Company
ps | Select-Object Name, Id, Company

Obtener información ordenada sobre las propiedades de los procesos

Get-Process | Select-Object Name, Id, Company | Sort-Object Name
gps | Select-Object Name, Id, Company | Sort-Object Name
ps | Select-Object Name, Id, Company | Sort-Object Name

Obtener los 5 primeros procesos ordenados

Get-Process | Select-Object Name, Id, Company | Sort-Object Name | Select-Object -First 5
gps | Select-Object Name, Id, Company | Sort-Object Name | Select-Object -First 5
ps | Select-Object Name, Id, Company | Sort-Object Name | Select-Object -First 5

Listar los procesos que tengan consumo alto de tiempo de CPU

Get-Process | select cpu,id,name | sort cpu -Descending

Listar los nombres de procesos que se están ejecutando

ps | select Name

Listar los procesos junto el fabricante

ps | select Name,Company

Información sobre la ruta de los procesos

(ps) | %{if($_.path){(Get-ChildItem $_.path | select VersionInfo)}}

Mostrar la descripción de los procesos que se están ejecutando

Get-Process | select Name,Product,Description

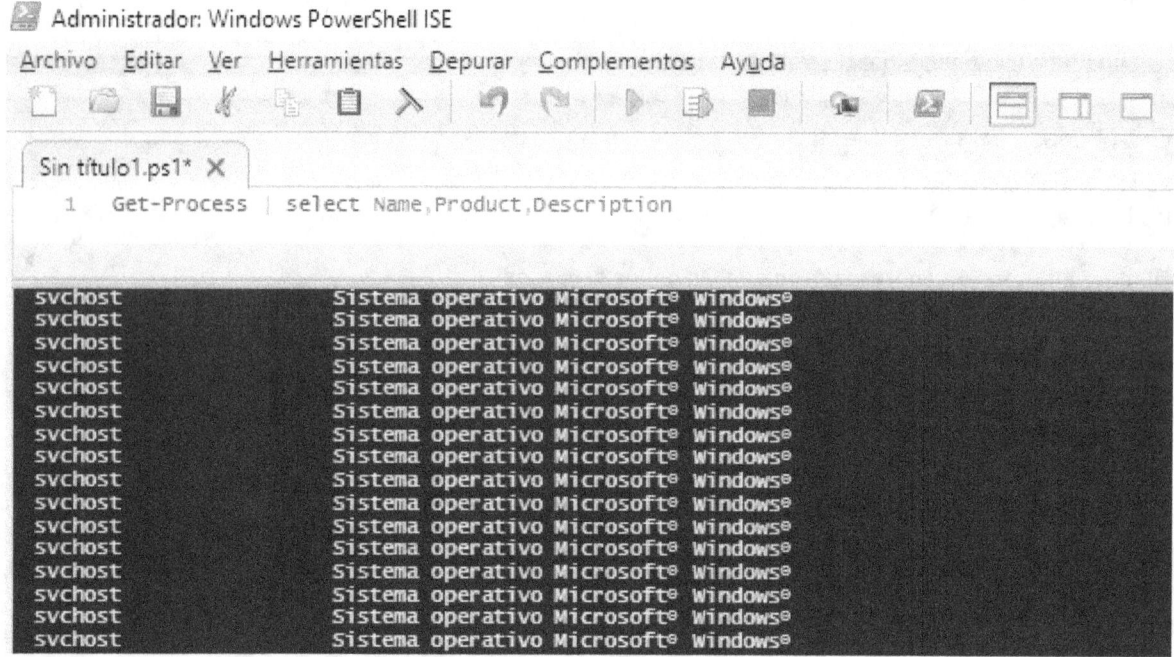

Obtener más información sobre los procesos (línea de comandos)

(Get-WmiObject win32_process) | Select-Object Processid,Name,CommandLine

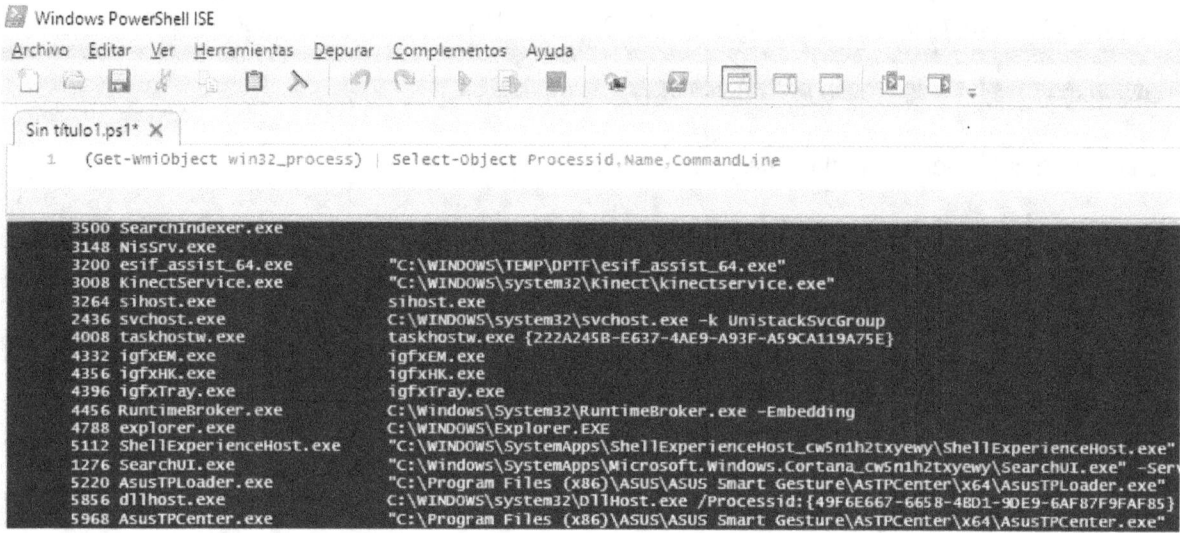

Obtener información sobre el comando ejecutado analizando procesos con una llamada WMI

Get-WmiObject -Class win32_process | select name, Path, ExecutablePath, CommandLine | Format-Custom

El comando obtiene todos los procesos en ejecución en el sistema y selecciona las propiedades de nombre, ruta, ruta del ejecutable y línea de comandos de cada proceso. A continuación, presenta esta información en un formato personalizado para una visualización más clara.

Ver los programas que se están ejecutando desde que se arranca el sistema operativo

Get-WmiObject win32_process | Sort-Object Processid | Select-Object Processid,Name,CommandLine

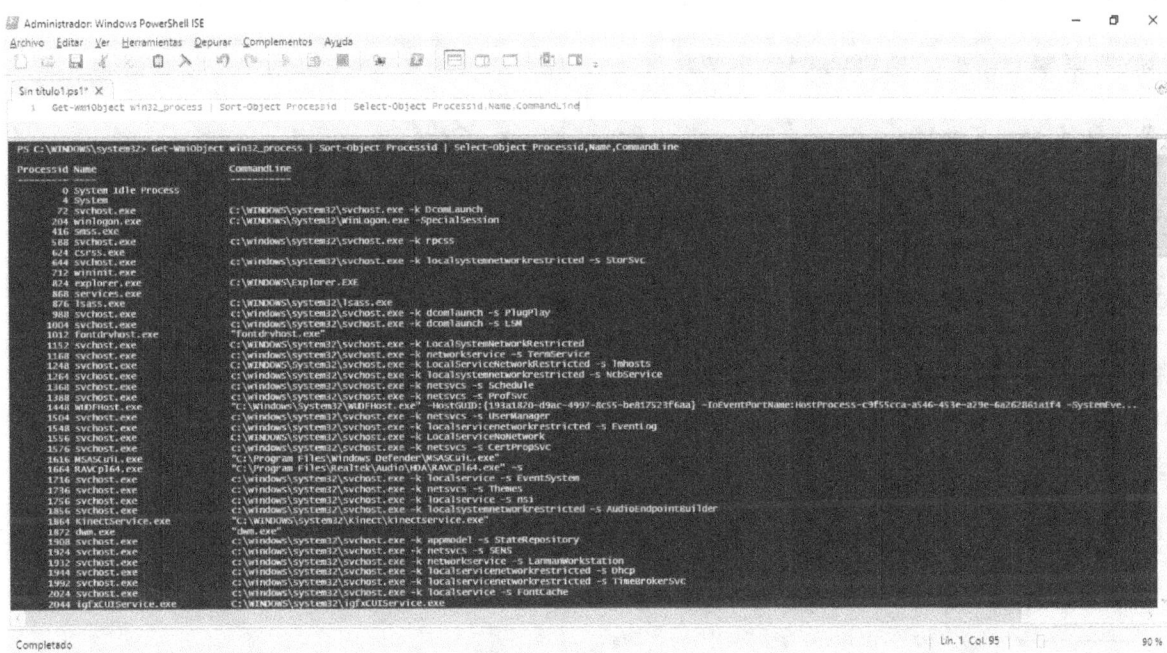

Mostrar información sobre un proceso indicando el nombre del proceso

Get-Process -Name notepad

Buscar procesos que no responden

(Get-Process).Where{-not $_.Responding}

Buscar un proceso que se está ejecutando

(Get-Process).Where{$_.Name -like "chrome"}

Módulos que se ejecutan en los procesos

Get-Process -Module
ps -Module

Abrir Notepad y listar las dll que están cargadas cuando se ejecuta, ver la ruta dónde se ejecutan

Get-Process -Name notepad -Module

Información sobre la ruta de los módulos de los procesos

ls (ps -Module | Select-Object Filename).Filename | Select VersionInfo | Format-Custom

Listar todas las propiedades de un proceso en concreto proceso utilizando WMI

(Get-WmiObject win32_process) | Where-Object processName -eq notepad.exe

Mostrar los procesos que ejecuta un usuario

(Get-Process).Threads | Select-Object Id,ThreadState | Sort-Object Id

---

Ejercicios

Contar el número de procesos que se están ejecutando en el sistema

(Get-Process).count
(Get-WmiObject Win32_OperatingSystem).NumberOfProcesses

Sacar las dll y realizar función hash

Get-Process -Module | Select-Object FileName | %{Write-Host $_.FileName, (Get-FileHash $_.FileName)}

Sacar las dll y realizar función hash para el proceso Notepad

Get-Process -Name notepad -Module | Select-Object FileName | %{Write-Host $_.FileName, (Get-FileHash $_.FileName)}

Ver los programas que se arrancan cuando un usuario inicia sesión.

Get-WmiObject -Class win32_startupCommand

Analizar procesos y guardar cada uno de los procesos en un fichero txt

```
New-Item -ItemType Directory -Path d:\power\ -Name procesos
foreach ($proceso in (Get-Process | Select-Object Name).name){
New-Item -Path D:\power\procesos -Name $proceso -Value $proceso -ItemType file
}
```

El script crea un nuevo directorio llamado "procesos" en la ruta d:\power\. Después, itera sobre cada proceso en ejecución en el sistema, obteniendo solo el nombre del proceso. Para cada uno de estos nombres de proceso, el script crea un archivo en el directorio "procesos" con el mismo nombre que el proceso.

Tabla de procesos

Cuando un proceso se ejecuta, el sistema operativo le asigna un espacio de direcciones y lo añade a una tabla de procesos. El espacio de direcciones de cada proceso contiene las instrucciones y datos del programa, además tiene una pila que lleva la cuenta de las llamadas a procedimientos.

Los procesos se dividen en partes. Estas partes son las que se llevan a la memoria dependiendo de la técnica de gestión que se utilice: paginación, segmentación, intercambio, memoria virtual, etc.

La tabla de procesos contiene información de cada uno de los procesos que se están ejecutando. El contenido de una entrada (hay una entrada por cada proceso) en la tabla de procesos puede ser el siguiente:

- Identificador del proceso. Es un número que utiliza el sistema operativo para identificar los procesos de forma única, se conoce por la abreviatura PID (Process ID).
- Información del estado del proceso. Preparado, en ejecución o bloqueado.
- Prioridad. El sistema operativo puede asignar distinta importancia a cada proceso.
- Dirección de la memoria. Zona de la memoria donde se ha cargado el proceso.
- Directorio de trabajo. Directorio del usuario que ejecuta el programa.
- Tiempo utilizado por el procesador. Tiempo que el proceso se ha estado ejecutando en el procesador.

Ejemplos

Listar la siguiente información sobre los procesos:

- La cantidad de memoria no paginada que el proceso está utilizando, en kilobytes (NPM).
- La cantidad de memoria paginable que el proceso está utilizando, en kilobytes (PM).

- El tamaño del conjunto de trabajo del proceso, en kilobytes. El conjunto de trabajo se compone de las páginas de memoria que hace poco se hace referencia mediante el proceso (WS).
- La cantidad de memoria virtual que el proceso está utilizando, en megabytes. La memoria virtual incluye el almacenamiento de los archivos de paginación en el disco (VM).
- La cantidad de tiempo de procesador que el proceso se ha utilizado en todos los procesadores, en cuestión de segundos (CPU).

Get-Process | Select-Object NPM,PM,WS,VM,CPU

Listar los procesos que tengan consumo alto de tiempo de CPU

Get-Process | select cpu,id,name | sort cpu -Descending

El comando obtiene una lista de procesos en ejecución, seleccionando las propiedades de CPU, ID y nombre. A continuación, ordena esta lista en orden descendente según el uso de CPU, mostrando así los procesos que más recursos de CPU están utilizando en la parte superior.

Mostrar el tiempo transcurrido en la ejecución de un proceso

Get-Process | Select-Object Id,TotalProcessorTime

El comando obtiene una lista de procesos en ejecución, seleccionando las propiedades de ID y el tiempo total de procesador que cada proceso ha utilizado. Esto proporciona información sobre cuánto tiempo de CPU ha consumido cada proceso desde que se inició.

Mostrar información sobre un proceso indicando el ID del proceso

Get-Process -Id 2732

El comando obtiene información sobre el proceso con el ID 2732. Proporciona detalles como el nombre del proceso, su estado, el uso de CPU, la cantidad de memoria utilizada y otra información relacionada con el proceso específico identificado por ese ID.

Mostrar los identificadores de los procesos junto con sus identificadores padres

Get-WmiObject win32_process | Select-Object ParentProcessId,ProcessId

El comando obtiene información sobre todos los procesos en el sistema, seleccionando específicamente los identificadores de proceso padre (ParentProcessId) y los identificadores de proceso (ProcessId) de cada uno. Esto permite ver la relación jerárquica entre los procesos, mostrando qué proceso es el padre de cuál.

Ejercicio

Mostrar los procesos cuya zona de memoria para trabajar es mayor que 100 MB

#WS(K): The size of the working set of the process, in kilobytes. The working set consists of the pages of memory that were recently referenced by the process
@(Get-Process).where{$_.WorkingSet -gt 100MB}
@(Get-Process).where{$_.WS -gt 100MB}

El primer comando obtiene una lista de procesos cuyo tamaño de conjunto de trabajo (Working Set) es mayor a 100 MB.

El segundo comando hace lo mismo, pero utilizando la propiedad abreviada WS (Working Set) para la comparación. Ambos comandos filtran los procesos en el sistema, mostrando solo aquellos que están utilizando más de 100 MB de memoria.

Estados de un proceso

Los procesos cuando se ejecutan pueden atravesar distintos estados desde que se inician hasta que finalizan. Cuando un proceso se inicia, primero se mete en una cola de trabajos; cuando es admitido por el sistema, pasa a una cola de procesos que están preparados y esperando para ejecutarse; cuando el procesador asigna tiempo de ejecución, el proceso pasa de estar preparado a ejecución, y cuando el proceso necesita alguna señal o dato, pasa al estado bloqueado (se lo introduce en la cola de bloqueados).

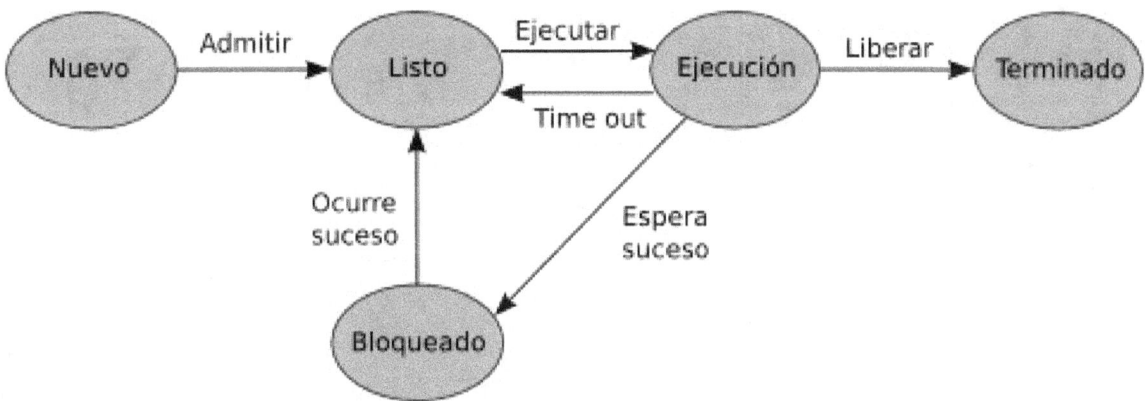

Crear procesos

Los procesos se pueden crear de varias formas:

- Cuando se arranca el sistema operativo, éste ejecuta procesos necesarios para llevar a cabo distintas funciones.
- Por petición de un usuario del sistema, escribiendo un comando en una línea de comandos o pulsando encima de algún icono.
- Cuando un proceso hace una llamada al sistema para crear un nuevo proceso (para crear un proceso en Windows se utiliza función «CreateProcess()», en Linux se utiliza la llamada «fork()»).

En PowerShell se pueden arrancar procesos de las siguientes formas:

- Iniciar un proceso con un cmdlet

Cmdlet:

Start-Process

Alias:

saps
start

Ejemplo

Iniciar el programa Notepad

Start-Process notepad

- Invocar un cmdlet

Cmdlet:

Invoke-Expression

Ejemplo

Invocar el cmdlet Get-Process

$str = "Get-Process"
Invoke-Expression $str

- Crear un bloque e invocarlo

Cmdlet:

Invoke-Command

Ejemplo

Invocar la ejecución del programa Ping

$scriptblock = {ping host3}
Invoke-Command -scriptblock $scriptblock

- Iniciar una instancia de una aplicación mediante WMI

LLamada WMI:

([Wmiclass]'Win32_Process').GetMethodParameters('Create')
Invoke-WmiMethod -Path win32_process -Name create -ArgumentList notepad.exe

---

Ejemplo

Arrancar notepad iniciando una instancia mediante WMI

([Wmiclass]'Win32_Process').GetMethodParameters('Create')
Invoke-WmiMethod -Path win32_process -Name create -ArgumentList notepad.exe

El primer comando obtiene los parámetros necesarios para el método 'Create' de la clase Win32_Process en WMI, que se utiliza para crear nuevos procesos en el sistema. El segundo comando invoca el método 'Create' de la misma clase para iniciar el proceso de notepad.exe, lo que resulta en la apertura de la aplicación Notepad en el sistema.

Parar procesos

Igual que existen formas de crear procesos, también existen varias formas de acabar con los procesos:

- El proceso acaba de ejecutarse de forma normal.
- El proceso ha sufrido un error.
- Por petición de un usuario del sistema, escribiendo un comando en una línea de comandos o pulsando encima de algún icono.
- Cuando un proceso hace una llamada al sistema para acabar con un proceso (para terminar con un proceso en Windows se utiliza la función «ExitProcess()» y en Linux la llamada «kill()»).

Hay varias formas de parar un proceso en PowerShell:

- Parar un proceso con un cmdlet

Cmdlet:

Stop-Process

Alias:

spps
kill

Ejemplo

Parar un proceso

Get-Process -Name notepad | Stop-Process

El comando detiene todos los procesos de notepad en ejecución en el sistema.

- Parar un proceso mediante una invocación a un método WMI

Cmdlet:

Invoke-WmiMethod

Ejemplo

Parar el proceso Notepad mediante una invocación a un método WMI

Get-WmiObject -Class Win32_Process -Filter "name='notepad.exe'" | Invoke-WmiMethod -Name Terminate

El comando termina todos los procesos de notepad.exe utilizando WMI, ejecutando el método Terminate sobre los objetos que representan esos procesos.

- Parar un proceso mediante el método Kill

Método para parar procesos:

.Kill()

Ejemplo

Parar el proceso Notepad mediante el método Kill

Get-Process -Name notepad | ForEach-Object -Process {$_.Kill()}

El comando elimina todos los procesos de notepad en ejecución mediante el método Kill() en un bucle ForEach-Object.

Ejercicio

Parar procesos de forma gráfica

Get-Process | Out-GridView -PassThru | Stop-Process

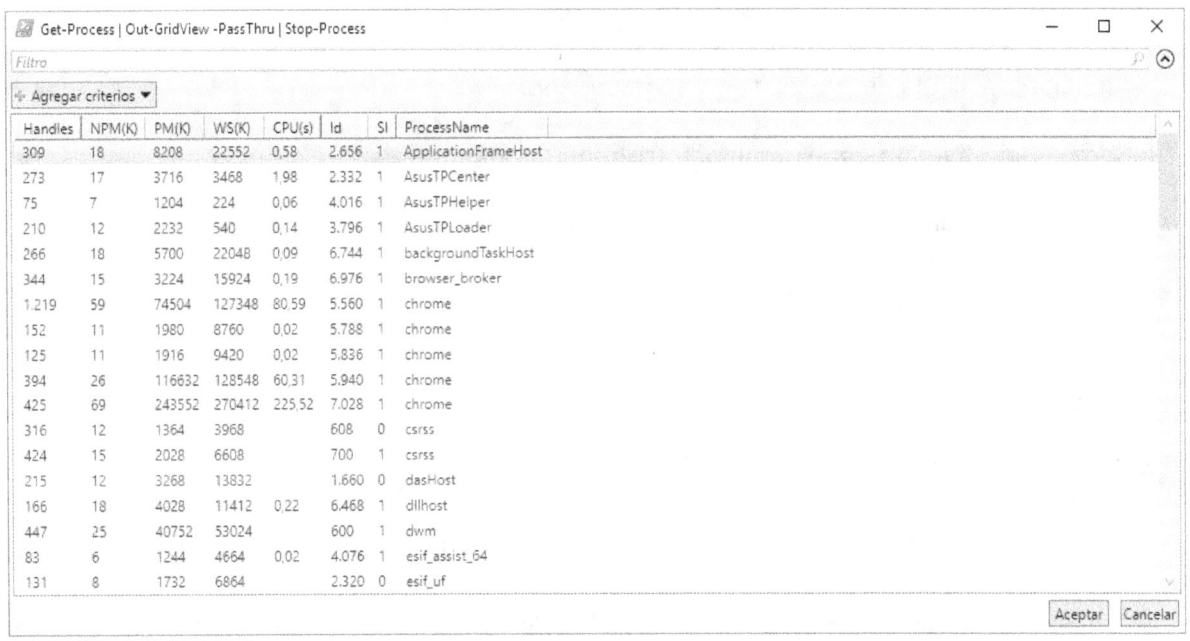

El procesador

Los procesos se pueden ejecutar casi concurrentemente (ejecución simultánea de varios procesos) por el procesador, incluso cuando sólo se dispone de un procesador, dando la sensación de casi paralelismo, aunque el verdadero paralelismo sólo se da con múltiples procesadores o con procesadores con varios núcleos (cada núcleo puede ejecutar un proceso), con un solo procesador se cambia tan rápido de un proceso a otro que nos da esa sensación de paralelismo, esto se denomina multiprogramación.

Cualquier proceso que se está ejecutando puede suspenderse por la ocurrencia de un evento determinado, por ejemplo, que otro proceso se tenga que ejecutar, una interrupción, etc.

Cuando un proceso tiene que parar y dejar pasar a otro se produce un cambio de contexto, se guarda el contexto del proceso que se estaba ejecutando y se ejecuta el contexto del nuevo proceso. El contexto de un proceso contiene información para que el sistema operativo pueda gestionar el proceso.

Cmdlets con llamadas WMI

Utilización de CPU

Get-WmiObject Win32_PerfFormattedData_PerfOS_Processor

Información detallada de procesos en el procesador:

Get-WmiObject Win32_PerfRawData_PerfProc_Process

Carga del procesador:

Get-WmiObject Win32_Processor

Ejemplo

Ver la carga del procesador

Get-WmiObject Win32_Processor | Select-Object LoadPercentage

El comando obtiene el porcentaje de carga actual de cada procesador en el sistema. Al utilizar Get-WmiObject Win32_Processor y Select-Object LoadPercentage, se extrae específicamente el valor de LoadPercentage, que indica la carga de trabajo en cada núcleo del procesador, lo que permite evaluar el rendimiento del CPU en tiempo real.

Hilos

Un proceso tiene subprocesos que se llaman hilos, la razón de dividir un proceso en unidades más pequeñas es que la mayoría de los procesos están realizando varias acciones a la vez (leer del disco, esperar un clic del ratón, etc.) y puede ser que alguna de esas acciones se bloquee y deje bloqueado al proceso completo.

Utilizando los hilos, el bloqueo sólo se produce en una parte y no todo el proceso, esto quiere decir que otros hilos se pueden seguir ejecutando sin problema.

Algunas características de los hilos:

- Los procesos crean hilos.
- Los hilos tienen prioridad.
- Se pueden ver los hilos que se ejecutan.
- Se pueden ver las prioridades de los hilos.
- Se pueden relacionar hilos con procesos y servicios.

Ver un listado de hilos que se están ejecutando mediante el cmdlet:

Get-Process | select Threads

El comando anterior muestra la cantidad de hilos (threads) que están asociados a cada proceso en ejecución.

Ver un listado de hilos que se están ejecutando mediante una llamada WMI:

Get-WmiObject -Class Win32_Thread

Ejemplos

Proceso que crea un hilo

```
(Get-WmiObject -Class Win32_Thread).ProcessHandle | %{
Get-Process -Id $_
}
```

El script obtiene información sobre los procesos del sistema relacionados con los hilos en ejecución. Primero, utiliza Get-WmiObject -Class Win32_Thread para obtener todos los hilos y extraer sus identificadores de proceso (ProcessHandle). A continuación, mediante el uso de % (alias de ForEach-Object), se itera sobre cada identificador de proceso y se obtiene información detallada de cada proceso correspondiente utilizando Get-Process -Id $_.

Mostrar la prioridad de los hilos de los procesos

(Get-WmiObject -Class Win32_Thread) | Select-Object ProcessHandle,Priority,PriorityBase | Sort-Object ProcessHandle

(Get-Process).Threads | Select-Object Id,CurrentPriority,BasePriority | Sort-Object Id

El primer comando obtiene información sobre los hilos (threads) de todos los procesos en ejecución, mostrando el identificador del proceso (ProcessHandle), la prioridad del hilo (Priority) y la prioridad base (PriorityBase), y los ordena por el identificador del proceso.

El segundo comando obtiene detalles sobre los hilos de cada proceso, mostrando el identificador del hilo (Id), la prioridad actual (CurrentPriority) y la prioridad base (BasePriority), y los ordena por el identificador del hilo.

Conocer el estado de los hilos de los procesos

(Get-WmiObject -Class Win32_Thread) | Select-Object ProcessHandle,ThreadState | Sort-Object ProcessHandle

(Get-Process).Threads | Select-Object Id,ThreadState | Sort-Object Id

El primer comando obtiene información sobre los hilos de todos los procesos en ejecución, mostrando el identificador del proceso (ProcessHandle) y el estado del hilo (ThreadState), y los ordena por el identificador del proceso.

El segundo comando obtiene detalles sobre los hilos de cada proceso, mostrando el identificador del hilo (Id) y el estado del hilo (ThreadState), y los ordena por el identificador del hilo.

Ejercicio

Mostrar los hilos que se están ejecutando en relación con los servicios y los procesos

```
$i=0
(Get-WmiObject -Class Win32_Thread) | %{
$i++
Write-Host $i,$_.Handle,$_.ProcessHandle,(Get-WmiObject -Class Win32_Service | Where-Object State -EQ 'Running' | Where-Object ProcessId -EQ $_.ProcessHandle),(Get-Process -Id $_.ProcessHandle).ProcessName
}
```

El script cuenta y muestra información sobre los hilos del sistema. Primero, inicializa un contador en cero. Después, obtiene todos los hilos en ejecución a través de la clase Win32_Thread. Para cada hilo, incrementa el contador y muestra varios detalles, incluyendo el número de hilo, el identificador del hilo (Handle), el identificador del proceso al que pertenece (ProcessHandle), cualquier servicio en estado 'Running' que coincida con el ProcessHandle, y el nombre del proceso asociado.

Comunicación entre procesos

En ocasiones los procesos tienen que comunicarse unos con otros pasándose información, la forma de comunicarse entre procesos se puede realizar mediante, por ejemplo, zonas de memoria compartida.

Existen algunas situaciones que el sistema operativo debe controlar para que la comunicación entre procesos sea correcta. Una de ellas es asegurar que si un proceso utiliza una zona o archivo compartido, no deje a otros procesos utilizar esos recursos a la vez, es decir, excluir del acceso a otros, esto se conoce como exclusión mutua. La solución es controlar el acceso a la región crítica, que se puede definir como la parte de un programa en la cual se accede a un recurso compartido y donde no debe haber más de un proceso accediendo simultáneamente. Habrá, por tanto, que ordenar y controlar el acceso que hacen los programas a esa región crítica, no puede haber dos procesos simultáneamente en sus regiones críticas», entonces si un programa entra en la sección crítica, no permitirá el acceso a otro programa.

Segundo plano

Los procesos que se ejecutan pueden estar en primer plano o segundo plano: los de primer plano interactúan con los usuarios, y los de segundo plano o demonios realizan una función específica sin tener que actuar con el usuario (aunque podrían hacerlo).

En PowerShell se pueden crear trabajos y actúan en segundo plano.

Cmdlet:

Start-Job

Alias:

sajb

Ejemplos

Iniciar un trabajo en segundo plano con PowerShell

Start-Job -ScriptBlock {Get-Process}

El comando Start-Job -ScriptBlock {Get-Process} en PowerShell se utiliza para iniciar un trabajo en segundo plano que ejecutará el cmdlet Get-Process. Este comando permite obtener una lista de todos los procesos en ejecución en el sistema, pero lo hace de manera asíncrona, lo que significa que el trabajo se ejecutará en segundo plano y no bloqueará la consola de PowerShell mientras se recopilan los datos.

Iniciar un script en segundo plano con PowerShell

Start-Job -FilePath "c:\scripts\script.ps1"

Iniciar cinco trabajos en segundo plano con PowerShell

1..5 | %{Start-Job -ScriptBlock {Get-Process}}

El script inicia cinco trabajos en segundo plano utilizando el cmdlet Start-Job. Cada trabajo ejecuta un bloque de script que obtiene información sobre los procesos en ejecución mediante Get-Process. Esto permite que la obtención de datos de los procesos se realice de manera simultánea en varios trabajos, lo que puede ser útil para mejorar el rendimiento y la eficiencia al recopilar información sobre el estado de los procesos en el sistema. Al finalizar, se pueden recuperar los resultados de cada trabajo de manera independiente.

Servicios

Los procesos en segundo plano que realizan distintas funciones, algunas relacionadas con el sistema operativo y otras no, se denominan servicios, y se están ejecutando permanentemente en el sistema.

Los servicios se pueden iniciar, detener, pausar, reanudar, etc. Estas acciones, normalmente, sólo las puede realizar el administrador de forma local o remota. Un ejemplo de servicio de sistema es el servicio de escritorio remoto, que permite conectarse remotamente al equipo.

Los servicios ejecutan procesos y los procesos tienen hilos, hay relación entre procesos e hilos y entre servicios e hilos.

Cmdlet para litar servicios:

Get-Service

Alias:

gsv

WMI:

Get-WmiObject -Class Win32_Service
Get-WmiObject -query "select * from win32_service"

Ejemplo

Ver servicios que están "Running"

Get-WmiObject -Class Win32_Service | Where-Object State -EQ 'Running'

El comando obtiene una lista de todos los servicios en ejecución en el sistema utilizando la clase Win32_Service de WMI (Windows Management Instrumentation). Se aplica un filtro con Where-Object para seleccionar únicamente aquellos servicios cuyo estado (State) es 'Running'.

Ejercicios

Ver los servicios que dependen de otros servicios

Get-Service | select Name,ServicesDependedOn

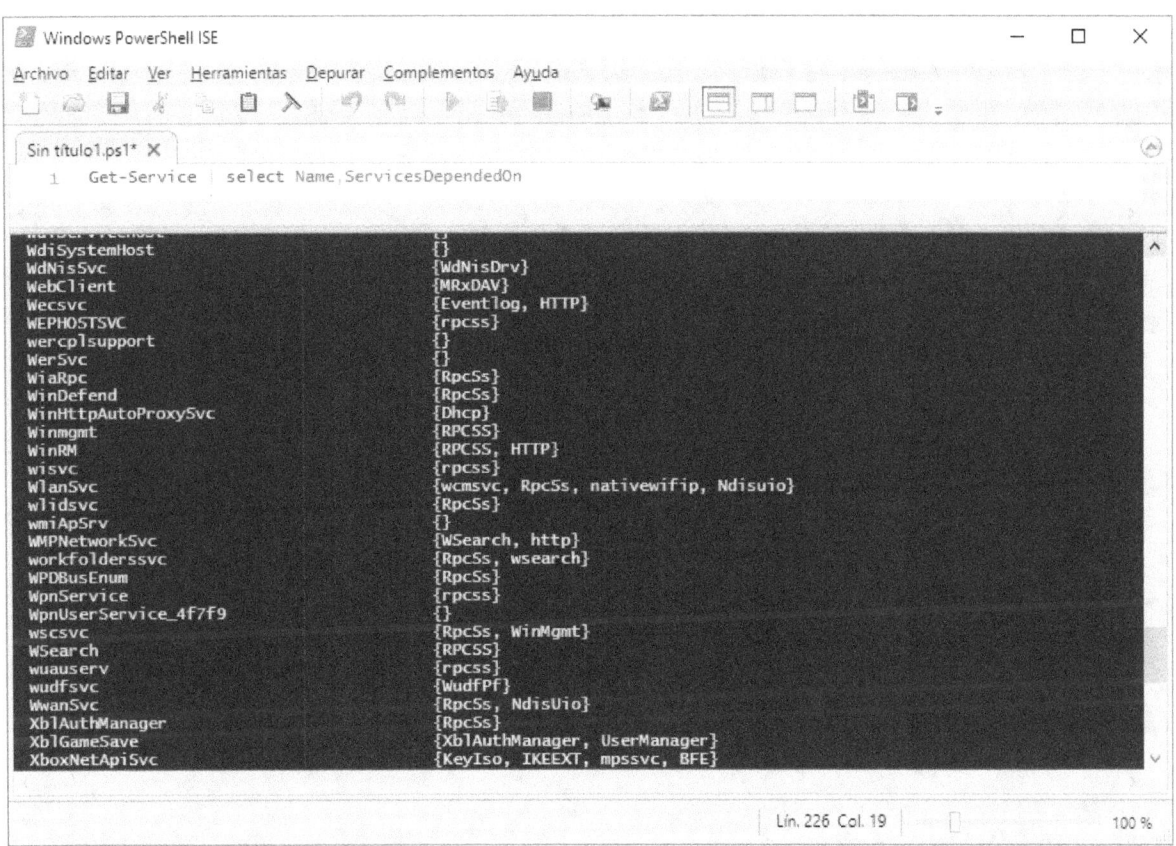

El comando obtiene una lista de todos los servicios del sistema y selecciona dos propiedades: el nombre del servicio (Name) y los servicios de los que depende (ServicesDependedOn). Esto permite visualizar la relación de dependencia entre los servicios, identificando cuáles son necesarios para el funcionamiento de otros servicios en el sistema.

Mostrar los procesos que se están ejecutando en relación con los servicios

(Get-WmiObject -Class Win32_Service | Where-Object State -EQ 'Running') | %{
Write-Host $_.Name,$_.ProcessId,$_.State,(Get-Process -Id $_.ProcessId).Name
}

Mostrar los procesos que se están ejecutando en relación con los servicios (solo llamadas WMI)

```
(Get-WmiObject -Class Win32_Service | Where-Object State -EQ 'Running') | %{
Write-Host $_.Name,$_.ProcessId,$_.State,(Get-WmiObject -Class win32_process |
Where-Object ProcessId -EQ $_.ProcessId).ProcessId
}
```

Mostrar los procesos que se están ejecutando en relación con los servicios (solo llamadas WMI y más información)

```
(Get-WmiObject -Class Win32_Service | Where-Object State -EQ 'Running') | %{
Write-Host $_.Name,$_.ProcessId,$_.State,(Get-WmiObject -Class win32_process |
Where-Object ProcessId -EQ $_.ProcessId | select name, Path, ExecutablePath,
CommandLine)
}
```

Mostrar los servicios que se están ejecutando en relación con los procesos y los hilos

```
(Get-WmiObject -Class Win32_Service | Where-Object State -EQ 'Running') | %{
Write-Host $_.Name,$_.ProcessId,$_.State,(Get-Process -Id
$_.ProcessId).Name,(Get-WmiObject -Class Win32_Thread | Where-Object ProcessHandle
-EQ $_.ProcessId)
}
```

Mostrar los hilos que se están ejecutando en relación con los servicios y los procesos

```
$i=0
(Get-WmiObject -Class Win32_Thread) | %{
$i++
Write-Host $i,$_.Handle,$_.ProcessHandle,(Get-WmiObject -Class Win32_Service |
Where-Object State -EQ 'Running' | Where-Object ProcessId -EQ
$_.ProcessHandle),(Get-Process -Id $_.ProcessHandle).ProcessName
}
```

Mostrar información avanzada de los procesos (Path, ExecutablePath, CommandLine) que se están ejecutando en relación con los servicios

```
(Get-WmiObject -Class Win32_Service | Where-Object State -EQ 'Running') | %{
#Write-Host $_.Name,$_.ProcessId,$_.State,(Get-Process -Id $_.ProcessId | Select-Object
name, Path, ExecutablePath, CommandLine)
Write-Host $_.Name,$_.ProcessId,$_.State,(Get-WmiObject -Class win32_process |
Where-Object ProcessId -EQ $_.ProcessId | select name, Path, ExecutablePath,
CommandLine)
Write-Host "#######################################################"
}
```

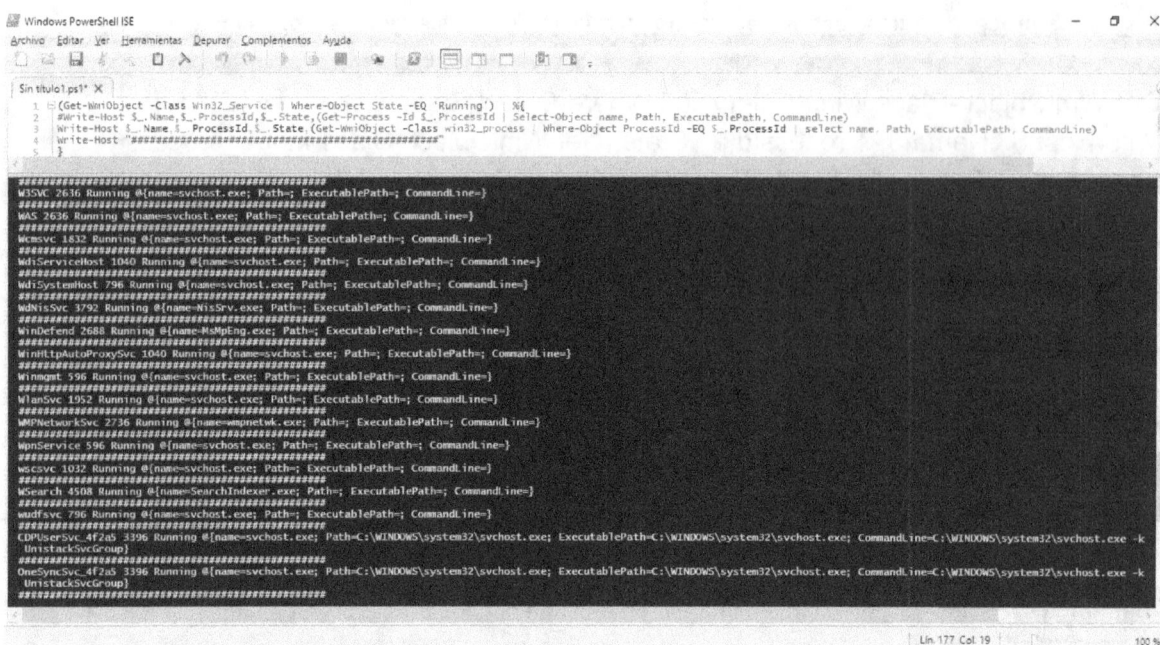

8. Gestión de usuarios en PowerShell

- Introducción
- Características
    - Cuenta de usuario
    - Listas de control de acceso
    - Control de cuentas de usuario
    - Ejecutar como
    - Perfil de usuario
    - Directivas de Grupo
- Usuarios
    - Ver o listar usuarios
    - Crear usuarios
    - Cambiar contraseña a un usuario
    - Modificar usuario
    - Eliminar usuario
    - Utilizar credenciales
- Grupos
    - Ver o listar grupos
    - Crear grupos
    - Añadir usuarios a grupos
    - Eliminar usuarios de grupos
    - Eliminar grupos

Introducción

Los sistemas operativos actuales se pueden utilizar por uno o varios usuarios, en algunos sistemas pueden hacerlo simultáneamente y en otros no (aunque siempre existe la posibilidad de acceder remotamente a un equipo utilizando credenciales). Los usuarios se pueden crear localmente o en red, la gestión de usuarios locales sólo afecta al equipo desde el que se crean, modifican, eliminan, etc.

Los usuarios locales sólo sirven para iniciar sesión o acceder a recursos en el propio equipo, en cambio los usuarios en red pueden iniciar sesión (entrar) en cualquier equipo de la red.

En la mayoría de los sistemas operativos, las personas que los utilizan necesitan autenticarse mediante una cuenta de usuario y, además, tener autorización para utilizar recursos como, por ejemplo, un archivo, una carpeta, un dispositivo, etc. Cuando hablamos de recursos, nos referimos a un elemento del sistema operativo que se puede controlar.

Algunas de las gestiones sobre usuarios y grupos que veremos hacen referencia a configuraciones propias de sistemas operativos en red (Windows Server) con instalaciones de un Directorio Activo (Active Directory).

Características

Las principales características que están relacionadas con la gestión de usuario y grupos son (algunas características hacen referencia a sistemas operativos clientes y otras a servidores, aunque la mayoría a ambos):

- Cuenta de usuario
- Listas de control de acceso
- Control de cuentas de usuario
- Ejecutar como
- Perfil de usuario
- Directivas de Grupo

Cuenta de usuario

La cuenta de usuario consiste en un nombre de usuario y una contraseña (password), en algunos sistemas operativos estos dos elementos forman un conjunto de credenciales y sirven para identificar a una persona.

Utilizar contraseñas es un método para autenticarse, pero no es el único, hay otros métodos como, por ejemplo, el uso de tarjetas inteligentes que tiene la identidad grabada.

Las contraseñas deben satisfacer unos requisitos de complejidad, con los siguientes ejemplos tenemos algunos requisitos que deberían cumplir:

- La contraseña tiene una longitud correcta.

- La contraseña no aparece en los buscadores.
- La contraseña no debe aparecer en un diccionario.
- La contraseña no tiene un hash que aparece en los buscadores.

Más información

- https://www.jesusninoc.com/08/27/contrasenas-seguras-con-powershell-generar-contrasenas-seguras/
- https://www.jesusninoc.com/07/03/contrasenas-seguras-con-powershell-longitud-de-la-contrasena/
- https://www.jesusninoc.com/10/20/contrasenas-seguras-con-powershell-la-contrasena-aparece-en-el-diccionario-de-la-rae/
- https://www.jesusninoc.com/07/07/contrasenas-seguras-con-powershell-convertir-en-hash-una-contrasena/
- https://www.jesusninoc.com/07/05/contrasenas-seguras-con-powershell-la-contrasena-aparece-en-google/
- https://www.jesusninoc.com/07/06/contrasenas-seguras-con-powershell-la-contrasena-aparece-en-un-diccionario/

Los usuarios tienen distintos privilegios y restricciones, el usuario que más privilegios tiene es el administrador.

Ver cuentas de usuarios en el sistema

Get-LocalUser

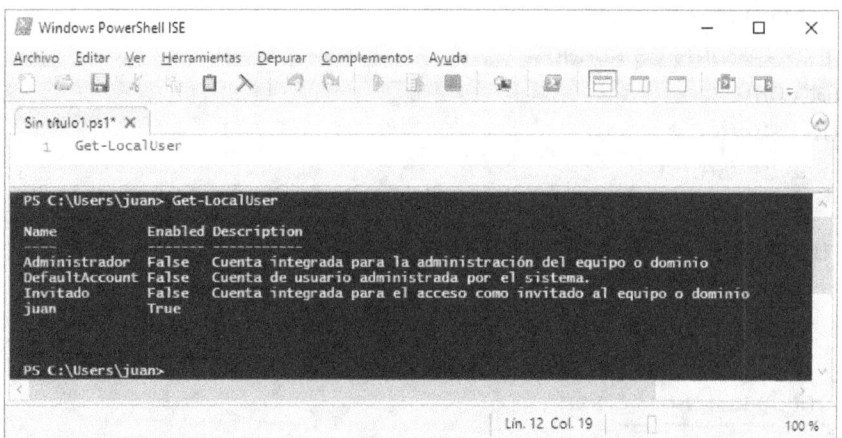

Listas de control de acceso

Para utilizar recursos se requiere tener autorización, cada recurso tiene una lista donde aparecen los usuarios que pueden usar dicho recurso, estas listas se conocen como ACL (Access Control List, o Lista de control de acceso).

El funcionamiento es el siguiente: cuando un usuario intenta acceder a un recurso, éste comprueba en la lista de control de acceso si el usuario tiene permiso o no para utilizarlo. La lista de control de acceso se compone de identificadores de seguridad (SID, Security IDentifier) y permisos.

Los identificadores de seguridad son unos valores únicos de longitud variable que se utilizan para identificar a usuarios y grupos.

Ejemplo

<u>Ver el SID de un usuario</u>

```
$objUser = New-Object System.Security.Principal.NTAccount("juan")
$SID = $objUser.Translate([System.Security.Principal.SecurityIdentifier])
$SID.Value

# Otra forma de ejecutarlo
([System.Security.Principal.NTAccount]("juan")).Translate([System.Security.Principal.SecurityIdentifier])
```

Los códigos tienen como objetivo traducir la cuenta de usuario "juan" a su correspondiente identificador de seguridad (SID). Para lograr esto, se crea un objeto de tipo NTAccount, que representa la cuenta del usuario, y se utiliza el método Translate para convertir esa cuenta en un SID. El SID es un identificador único que se utiliza en sistemas operativos Windows para gestionar la seguridad y los permisos de acceso.

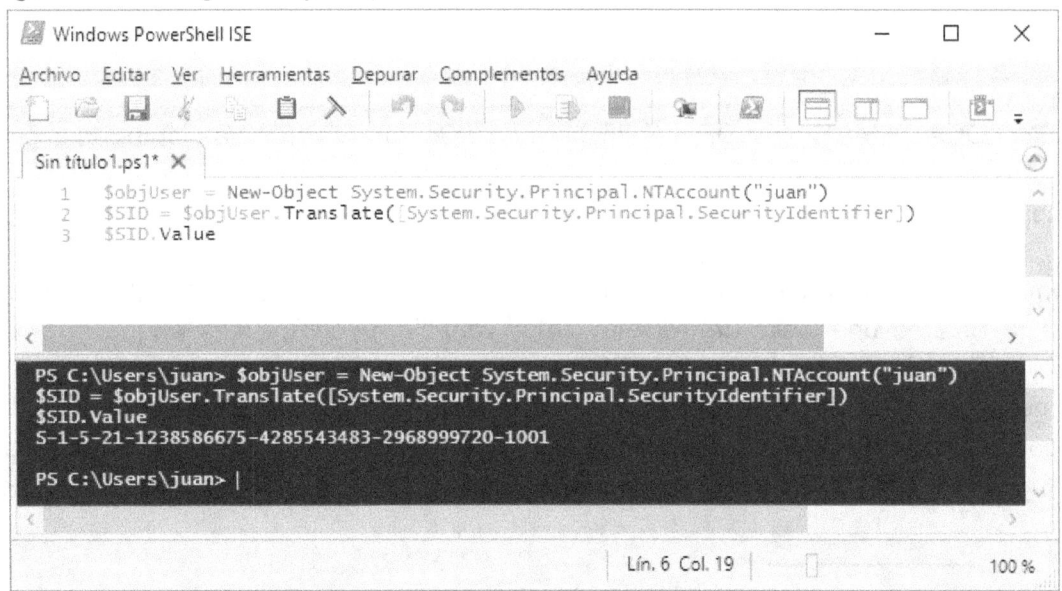

Control de cuentas de usuario

El Control de Cuentas de Usuario (en inglés se denomina UAC significan User Account Control) es una tecnología e infraestructura de seguridad que Microsoft introdujo con

Windows Vista ahora presente en todas las versiones de Windows. Su objetivo es mejorar la seguridad de Windows al impedir que aplicaciones maliciosas hagan cambios no autorizados en el ordenador.

Esta característica de seguridad informa a los usuarios mediante mensajes sobre los cambios que se realizan en el equipo, las notificaciones se pueden configurar y pueden ser las siguientes:

- Notificar siempre. Notifica mediante un mensaje cuando un programa intenta instalar algo o realizar cambios en el equipo. También notifica si se realizan cambios en la configuración de Windows. Cuando se produce una notificación, el escritorio se atenúa (el escritorio permanece bloqueado y no se puede realizar ninguna acción).
- Predeterminado. Notifica cuando un programa intenta realizar cambios en el equipo atenuando el escritorio.
- Notificar cuando un programa intenta realizar cambios en el escritorio sin atenuar el escritorio.
- No notificar nunca los cambios que se realizan en el equipo.

Las notificaciones son distintas dependiendo del tipo de usuario que haya iniciado la sesión, en el caso de ser administrador, se solicita aceptar o denegar; si es un usuario normal, se solicitan las credenciales del administrador (usuario y contraseña).

Ejemplo

Ver el valor de la UAC (User Account Control, Control de Cuentas de Usuario)

cd HKLM:\
$RegKey ='HKEY_LOCAL_MACHINE\SOFTWARE\Microsoft\Windows\CurrentVersion\policies\system'
Get-ItemProperty -Path $RegKey | select EnableLUA

El comando cambia el directorio a la raíz del registro de Windows (HKLM:\). Después, se define la ruta de una clave del registro en la variable $RegKey, que apunta a la clave HKEY_LOCAL_MACHINE\SOFTWARE\Microsoft\Windows\CurrentVersion\policies\system. Finalmente, obtiene las propiedades de esa clave del registro y selecciona específicamente la propiedad EnableLUA. Esto permite verificar si el Control de Cuentas de Usuario (UAC) está habilitado o deshabilitado en el sistema, ya que EnableLUA controla esta configuración.

Ejecutar como

Iniciar sesión con credenciales de administrador puede suponer un riesgo para la seguridad del sistema operativo y de la red (en el caso de que el ordenador forme parte). El riesgo se debe a que los usuarios administradores pueden realizar cualquier tipo de cambio en el sistema y puede darse el caso de que el administrador ejecute un programa dañino para el sistema como, por ejemplo, un virus, por este motivo, es recomendable iniciar sesión con usuarios no administradores.

En PowerShell se pueden ejecutar cmdlets como administrador mediante el parámetro -Verb y el valor runAs.

Ejemplo

Iniciar Windows PowerShell como administrador

Start-Process -FilePath "powershell" -Verb runAs

También se pueden ejecutar los cmdlet con los credenciales de otros usuarios con el cmdlet:

Get-Credential

El comando solicita al usuario que introduzca un nombre de usuario y una contraseña, creando un objeto de credenciales que se puede utilizar para autenticar a los usuarios en operaciones que requieren credenciales, como el acceso a recursos de red o la ejecución de comandos con privilegios elevados. Este objeto contiene las credenciales en un formato seguro, lo que permite su uso en scripts y funciones sin exponer directamente la información sensible.

Ejemplos

Almacenar credenciales en una variable

$credencial = Get-Credential -Message Credenciales

El comando solicita al usuario que introduzca un nombre de usuario y una contraseña, mostrando un mensaje personalizado "Credenciales" en el cuadro de diálogo. La información ingresada se almacena en la variable $credencial, que contendrá un objeto de credenciales. Este objeto puede utilizarse posteriormente en operaciones que requieran autenticación, asegurando que las credenciales se manejen de manera segura y sin exponer la información sensible en el script.

Utilizar credenciales para ver la versión de la BIOS

$credencial = Get-Credential
(Get-WmiObject Win32_BIOS -ComputerName ('localhost') -Credential
$credenciales).Version

El comando solicita las credenciales del usuario y después obtiene la versión de la BIOS del equipo local utilizando esas credenciales.

Más información

- https://www.jesusninoc.com/03/01/ejercicios-de-powershell-almacenar-varios-credenciales-en-un-fichero-xml-y-utilizarlos-para-arrancar-un-proceso/

Perfil de usuario

Los perfiles de usuario definen entornos de escritorio personalizados, en ellos se incluye la configuración de cada usuario como, por ejemplo, la configuración de la pantalla, las conexiones de red y de impresoras, otras configuraciones especificadas, etc.

El usuario o el administrador del sistema pueden definir las características del entorno del escritorio. La personalización del entorno de escritorio efectuada por un usuario no afecta a la configuración del resto de los usuarios.

Cuando los usuarios inician de nuevo la sesión en sus estaciones de trabajo, reciben la configuración de escritorio que tenían al terminar la última sesión.

Los perfiles de usuario se pueden ver utilizando la siguiente llamada WMI:

Get-WmiObject Win32_UserProfile

Ejemplo

Ver la ruta de los perfiles de usuario

Get-WmiObject Win32_UserProfile | Select-Object LocalPath

El comando obtiene una lista de los perfiles de usuario en el sistema y selecciona la propiedad LocalPath, que muestra las rutas locales de los perfiles de usuario. Esto permite ver dónde están almacenados los perfiles de cada usuario en el sistema operativo, facilitando la gestión de los mismos, como la eliminación de perfiles innecesarios o la verificación del uso del espacio en disco.

Ejercicio

Ver la última hora de acceso al perfil de usuario

Get-WmiObject Win32_UserProfile | % {$_.LocalPath, $_.ConvertToDateTime($_.LastUseTime)}

El comando obtiene una lista de los perfiles de usuario en el sistema y, para cada perfil, devuelve la ruta local (LocalPath) y la fecha y hora de la última vez que se utilizó (LastUseTime). La propiedad LastUseTime se convierte a un formato legible utilizando el método ConvertToDateTime. Esto proporciona una visión clara de cuándo fue la última vez que cada usuario accedió a su perfil, lo cual facilita la gestión de perfiles y la auditoría de uso en el sistema.

En PowerShell se puede configurar el perfil que se utiliza cuando se inicia una sesión de consola o cuando se inicia PowerShell_ISE.

Ejemplo

Cargar un mensaje de bienvenida en el perfil de usuario en PowerShell

```
#Para poder utilizar el fichero del perfil es necesario habilitar la ejecución de scripts
New-Item -Path $Profile.CurrentUserAllHosts -ItemType File -Force
'Write-Host "Buenos días"' | Add-Content -Path $Profile.CurrentUserAllHosts -Encoding Default
```

Directivas de Grupo

Las directivas permiten a los administradores configurar el sistema operativo, estas configuraciones se pueden hacer en local o en red, en este apartado veremos las dos configuraciones. Las configuraciones de Directivas de Grupo se realizan desde los servidores (Windows Server) y se aplican a los equipos clientes.

Las directivas locales se administran desde cualquier equipo abriendo la aplicación "Editar directivas de grupo local".

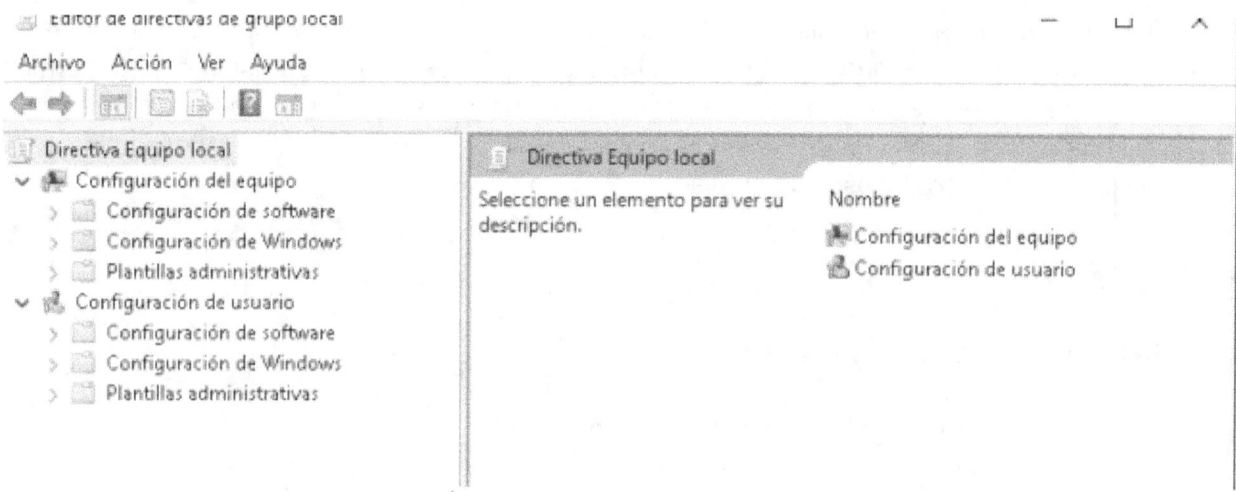

En general las directivas modifican el registro de Windows.

Algunos ejemplos de configuraciones de directivas de grupo:

- Ejecución de programas al iniciar sesión
- Ocultar unidades locales
- Bloquear el símbolo del sistema
- Bloquear el acceso al panel de control
- Bloquear la pantalla pasados unos minutos
- Cambiar el papel tapiz
- Restringir el uso de unidades ópticas
- Ejecución de un script
- Mapear unidades

Ejercicio

Buscar si hay una GPO configurada en el equipo con PowerShell

```
$resulta = gpresult /z
foreach($lineas in $resulta)
{
 if($lineas -match "CMD")
 {
   $lineas
 }
}
```

El comando crea una variable llamada $resulta que almacena el resultado del comando gpresult /z, el cual genera un informe detallado de la configuración de políticas de grupo aplicadas al usuario y al equipo. Después, itera sobre cada línea del resultado y verifica si contiene la cadena "CMD". Si una línea coincide, se muestra esa línea en la salida.

Usuarios

Las personas que quieren utilizar un sistema operativo necesitan disponer de un nombre de usuario y una contraseña.

Los usuarios deberían ser únicos e individuales aunque a veces no es así, esto conlleva un importante riesgo de seguridad porque no se identifica correctamente a los usuarios dentro del sistema.

Para crear un usuario es necesario tener permisos especiales, no todos los usuarios pueden crear otros usuarios.

A la hora de crear un usuario hay que seguir algunas normas que facilitarán recordar los nombres y llevar un correcto control.

Cuando se instala el sistema operativo Windows se crean cuentas por defecto que van a permitir utilizarlo, son las siguientes:

- Cuenta de administrador. Tiene control total sobre el sistema operativo y puede realizar tareas como crear otras cuentas de usuarios, asignar permisos, ejecutar, instalar, borrar, etc. Esta cuenta se tiene que utilizar sólo en momentos puntuales. Una recomendación es mantener la cuenta con una contraseña segura, también cambiarle el nombre, pues el nombre que la cuenta utiliza por defecto es demasiado conocido.
- Cuenta de invitado. Es una cuenta que pueden utilizar los usuarios que no tienen una cuenta en el sistema operativo, esta cuenta tiene restringida la instalación de

programas o hardware, así como cambiar cualquier configuración o contraseña. Esta cuenta está desactivada por defecto, es necesario activarla para poder utilizarla.

Como hemos dicho, el usuario administrador puede hacer de todo mientras que el usuario limitado tiene ciertas restricciones, puede, por ejemplo, ejecutar programas que ha instalado el administrador, pero él no puede instalarlos, tampoco tiene acceso a los archivos de otros usuarios.

Además de las cuentas que vienen instaladas por defecto en el sistema operativo, también se pueden crear otras cuentas. Los usuarios pueden ser administradores o usuarios limitados.

Ejemplo

Ver el usuario actual que ha iniciado sesión

([System.Security.Principal.WindowsIdentity]::GetCurrent()).name

El comando obtiene el nombre de la cuenta de usuario actualmente autenticada en el sistema. Utiliza la clase WindowsIdentity del espacio de nombres System.Security.Principal para acceder a la identidad del usuario que está ejecutando el script.

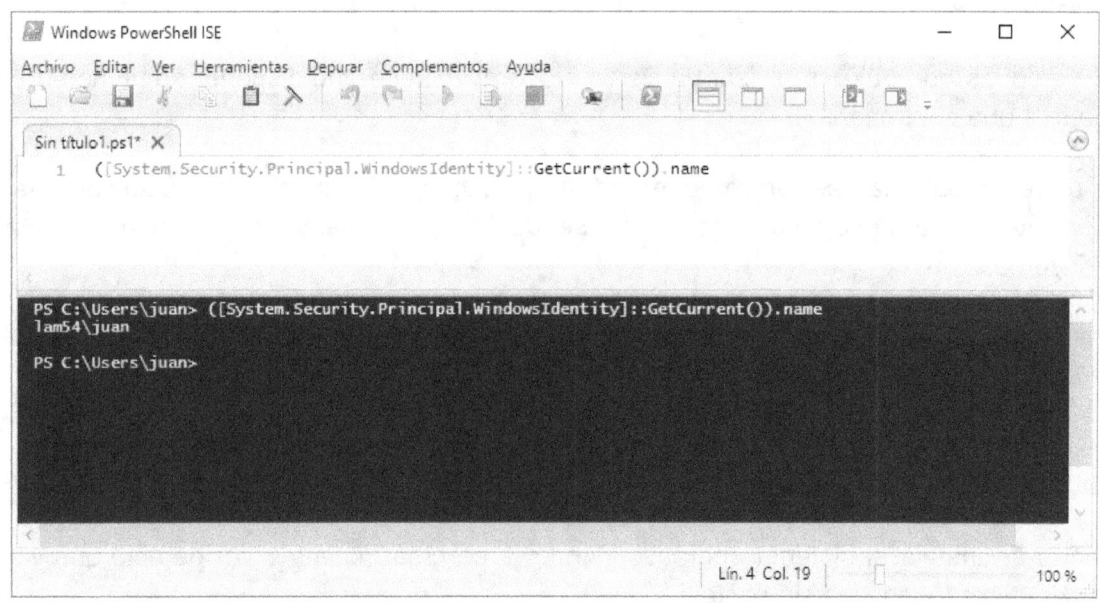

Las operaciones con usuarios son tareas de administración que sólo pueden ser realizadas por usuarios administradores.

Las operaciones que se pueden realizar con los usuarios son:

Ver o listar usuarios

Mediante cmdlets:

Get-LocalUser

Mediante ADSI (Active Directory Service Interfaces):

$adsi = [ADSI]"WinNT://$env:COMPUTERNAME"
$adsi.Children | Where-Object {$_.SchemaClassName -eq 'user'}

Mediante WMI (Windows Management Instrumentation):

Get-WmiObject Win32_UserAccount
Get-WmiObject -Query "SELECT * FROM Win32_UserAccount"

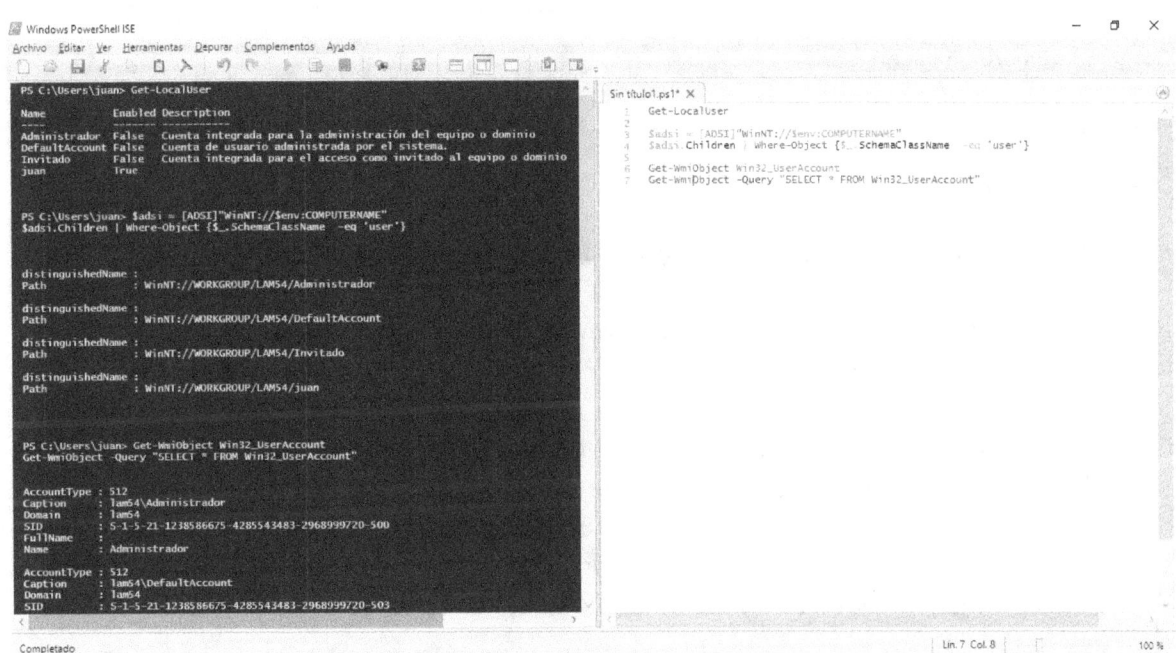

También se pueden ver usuarios en equipos remotos mediante:

Get-WmiObject Win32_UserAccount -ComputerName equipo2 -Credential usuario

Ejemplos

Ver nombre de usuarios que hay en el sistema

([ADSI]"WinNT://$env:COMPUTERNAME").Children | Where-Object {$_.SchemaClassName -eq 'user'}

Get-WmiObject Win32_UserAccount | Select-Object Name

El primer comando lista todos los usuarios en el equipo local utilizando el proveedor de servicios de directorio Active Directory Service Interfaces (ADSI). El segundo comando obtiene una lista de cuentas de usuario en el sistema y muestra sus nombres.

Seleccionar SID de los usuarios

Get-WmiObject Win32_UserAccount | Select-Object SID

Get-WmiObject -Query "SELECT * FROM Win32_UserAccount" | Select-Object SID

Contar el número de usuarios

(([ADSI]"WinNT://$env:COMPUTERNAME").Children | Where-Object {$_.SchemaClassName -eq 'user'}).count

(Get-WmiObject -Class Win32_UserAccount | Select-Object Name).count

(Get-WmiObject -Query "SELECT * FROM Win32_UserAccount" | Select-Object Name).count

El primer comando cuenta el número de usuarios en el equipo local utilizando el proveedor WinNT de ADSI. El segundo comando cuenta la cantidad de cuentas de usuario obtenidas mediante Get-WmiObject con la clase Win32_UserAccount. El tercer comando cuenta también las cuentas de usuario, pero utiliza una consulta WMI para obtener los resultados. Todos estos comandos devolverán el número total de usuarios en el sistema.

Buscar un nombre de usuario en la lista de usuarios

(([ADSI]"WinNT://$env:COMPUTERNAME").Children | Where-Object {$_.SchemaClassName -eq 'user'}).Name | Select-String "Administrador"

Get-WmiObject -Class Win32_UserAccount | Select-Object Name | Select-String "Administrador"

Get-WmiObject -Query "SELECT * FROM Win32_UserAccount" | Select-Object Name | Select-String "Administrador"

Ejercicio

Verificar si existe un usuario

$usuario="juan"
$existe = $(try { Get-LocalUser -Name $usuario } catch{}) -ne $null
"$usuario : $existe"

El comando asigna el valor "juan" a la variable $usuario y después verifica si un usuario local con ese nombre existe en el sistema. Utiliza un bloque try-catch para intentar obtener el usuario mediante el cmdlet Get-LocalUser. Si el usuario existe, la variable $existe se establece como True; de lo contrario, se establece como False. Finalmente, se muestra una cadena que incluye el nombre del usuario y el resultado de la verificación (ya sea True o False). Esto permite al usuario saber si "juan" es un usuario válido en el sistema local.

Ejercicios avanzados

Ejercicios de PowerShell: crear una función que almacene los usuarios que están en el equipo y los guarde en formato QR

- https://www.jesusninoc.com/03/16/ejercicios-de-powershell-crear-una-funcion-que-almacene-los-usuarios-que-estan-en-el-equipo-y-los-guarde-en-formato-qr/

Ejercicios de PowerShell: crear un QR con los nombres de los usuarios que hay en el sistema y crear los usuarios nuevamente leyendo el código QR generado anteriormente

- https://www.jesusninoc.com/03/16/ejercicios-de-powershell-crear-un-qr-con-los-nombres-de-los-usuarios-que-hay-en-el-sistema-y-crear-los-usuarios-nuevamente-leyendo-el-codigo-qr-generado-anteriormente/

Más información

- https://www.jesusninoc.com/02/27/validar-credenciales-de-usuario-en-el-propio-ordenador-pidiendo-al-usuario-el-nombre-y-la-contrasena/
- https://www.jesusninoc.com/02/27/validar-credenciales-de-usuario-en-el-propio-ordenador-desde-powershell/

Crear usuarios

Para crear un usuario es necesario hacerlo como administrador y no hay que olvidar poner contraseña

Mediante cmdlets:

```
#Ejecutar PowerShell como administrador
#Crear la contraseña con SecureString
$pass=ConvertTo-SecureString "11234aaa@@€dsf" -asplaintext -force
#Crear usuario con contraseña
New-LocalUser usuario -Password $pass
```

Mediante ADSI:

```
##Ejecutar PowerShell como administrador
$adsi = [ADSI]"WinNT://$env:COMPUTERNAME"
$usuario = $adsi.Create('User', 'usuario')
$usuario.SetPassword('pass123@aAB1')
$usuario.Put("description","Descripción usuario")
$usuario.SetInfo()
```

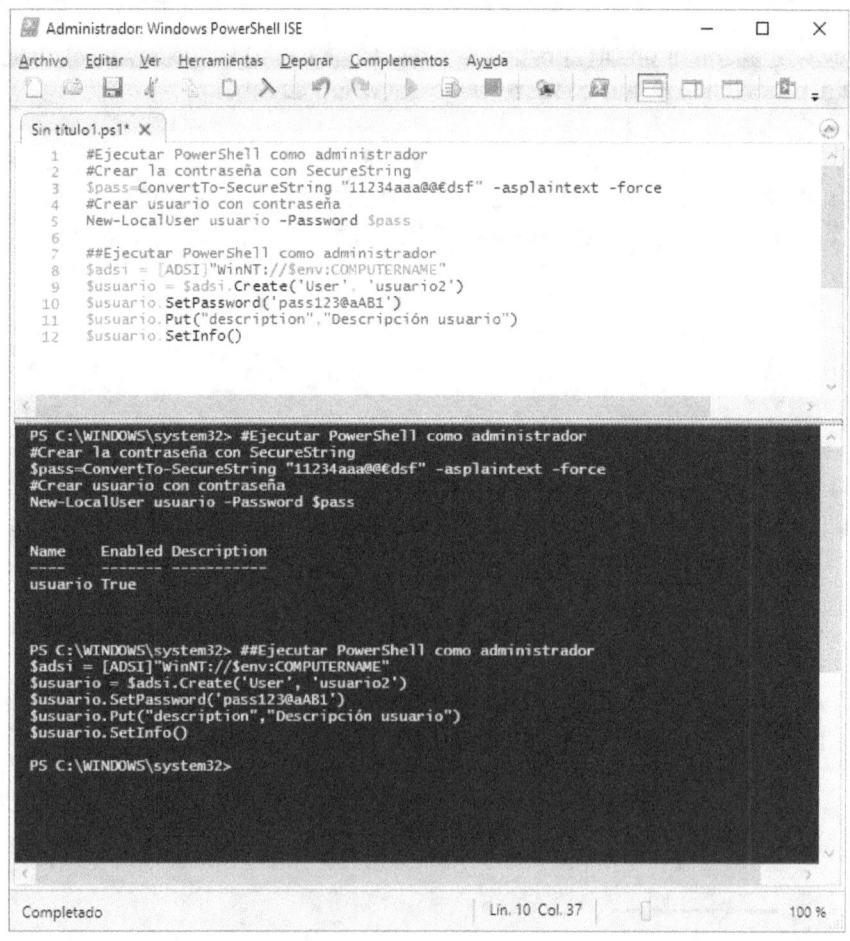

El tema de la contraseña es importante y no se puede poner contraseñas que sea sencillo adivinar.

Para generar contraseñas seguras desde PowerShell podemos utilizar el siguiente código

$Assembly = Add-Type -AssemblyName System.Web
[System.Web.Security.Membership]::GeneratePassword(10,3)

Ejemplo

Crear un usuario local con contraseña

New-LocalUser usuario -Password (ConvertTo-SecureString "11234aaadsf" -asplaintext -force)

El comando crea un nuevo usuario local llamado "usuario" en el sistema. Se establece la contraseña del nuevo usuario utilizando el cmdlet ConvertTo-SecureString, que convierte la contraseña "11234aaadsf" en un formato seguro. La opción -AsPlainText permite que la contraseña se especifique en texto plano, y -Force indica que se debe forzar la conversión sin solicitar confirmación.

Ejercicio

Creación masiva de usuarios con PowerShell

- https://www.jesusninoc.com/01/14/ejercicios-de-powershell-crear-varios-usuarios-leyendo-de-un-fichero-y-anadirlos-al-grupo-de-administradores/

Más información

- https://www.jesusninoc.com/01/14/ejercicios-de-powershell-crear-usuarios-leyendo-de-un-fichero-xml/
- https://www.jesusninoc.com/01/14/ejercicios-de-powershell-crear-usuarios-con-nombres-aleatorios-utilizando-un-api-que-devuelve-el-resultado-en-formato-json/
- https://www.jesusninoc.com/03/13/ejercicios-de-powershell-restaurar-usuarios-que-se-han-creado-anteriormente-se-almacenan-en-un-fichero-y-se-vuelven-a-crear/
- https://www.jesusninoc.com/01/12/ejercicios-de-powershell-crear-usuarios-leyendo-de-un-fichero-el-user-y-password/
- https://www.jesusninoc.com/06/29/crea-un-nuevo-usuario-de-active-directory-en-azure/

Cambiar contraseña a un usuario

Mediante cmdlets:

```
#El usuario tiene que existir
$pass2=ConvertTo-SecureString "11234aaaf" -asplaintext -force
Set-LocalUser -Name usuario -Password $pass2
```

Mediante ADSI:

```
$usuario = [ADSI]"WinNT://$env:COMPUTERNAME/usuario,User"
$usuario.description ='Contraseña cambiada al usuario'
$usuario.SetPassword('pass123@aAB1234')
$usuario.SetInfo()
```

Ejemplo

Cambiar la contraseña a un usuario

```
$pass2=ConvertTo-SecureString "11234aaaf" -asplaintext -force
Set-LocalUser -Name juanito -Password $pass2
```

El comando establece una nueva contraseña para el usuario local llamado "juanito" utilizando una cadena de texto segura convertida.

Modificar usuario

Mediante cmdlets:

```
Set-LocalUser -Name usuario -Description "Usuario Nuevo"
```

Mediante ADSI:

```
$usuario = [ADSI]"WinNT://$env:COMPUTERNAME/usuario,User"
$usuario.description ='Descripción usuario nueva'
$usuario.SetInfo()
```

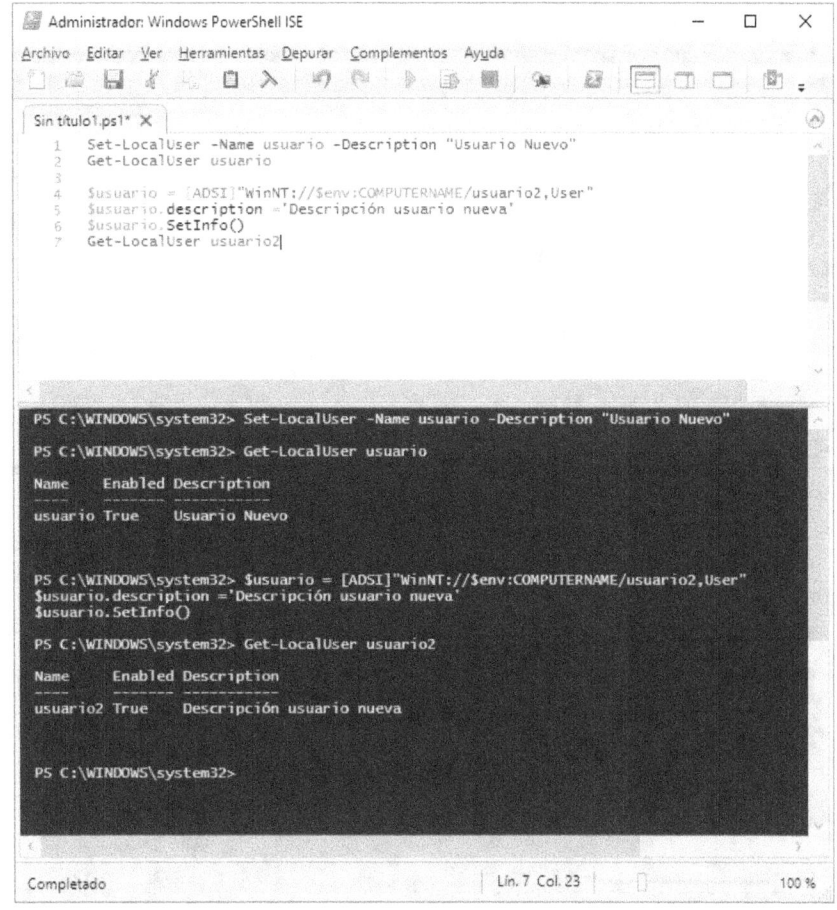

Ejemplo

Cambiar la descripción a un usuario

Set-LocalUser -Name juanito -Description "Empleado desde el año 2020"

Eliminar usuario

Mediante cmdlets:

#Es necesario abrir PowerShell como administrador
Remove-LocalUser usuario

Mediante ADSI:

$usuario = [ADSI]"WinNT://$env:COMPUTERNAME"
$usuario.Delete("User","usuario")

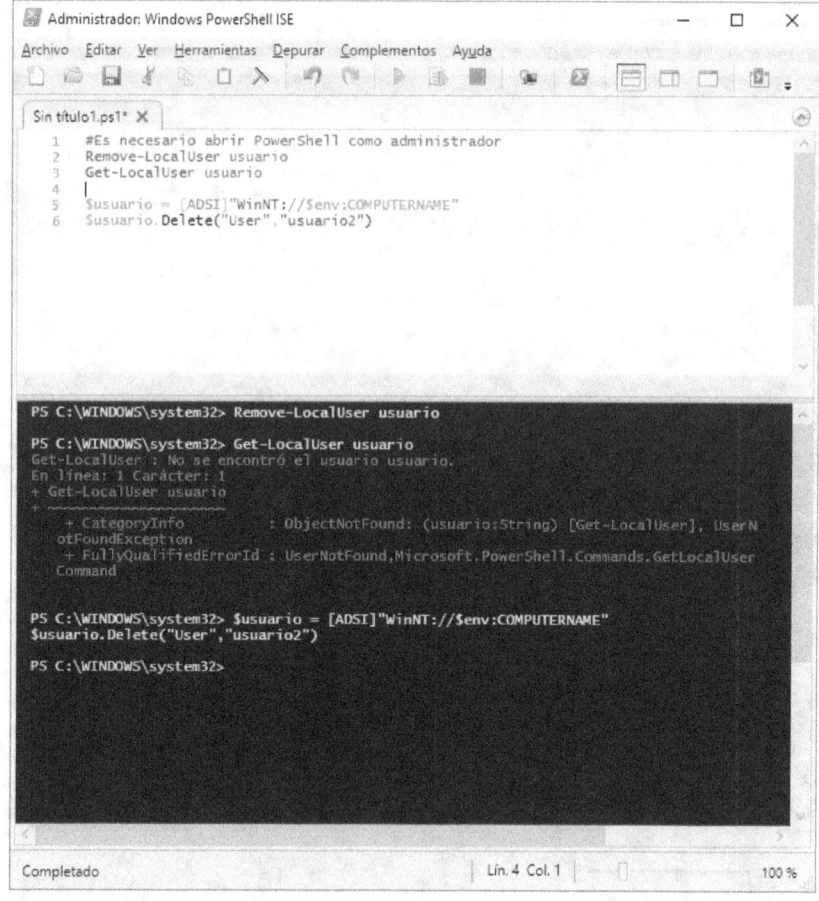

Ejemplo

Eliminar un usuario

Es necesario abrir PowerShell como administrador
Remove-LocalUser juanito

El comando elimina el usuario local llamado "juanito" del sistema.

Más información

- https://www.jesusninoc.com/01/13/ejercicios-de-powershell-crear-y-eliminar-usuarios/

Utilizar credenciales

Utilizar credenciales en PowerShell permite autenticar y autorizar el acceso a recursos, especialmente cuando se trabaja con sistemas remotos o en entornos donde se requiere mayor seguridad.

Almacenar credenciales mediante el cmdlet:

Get-Credential

Ejemplo

Almacenar credenciales en un fichero XML

Get-Credential | Export-Clixml -Path credenciales.xml

El comando solicita al usuario que ingrese sus credenciales y luego las exporta en formato XML al archivo credenciales.xml.

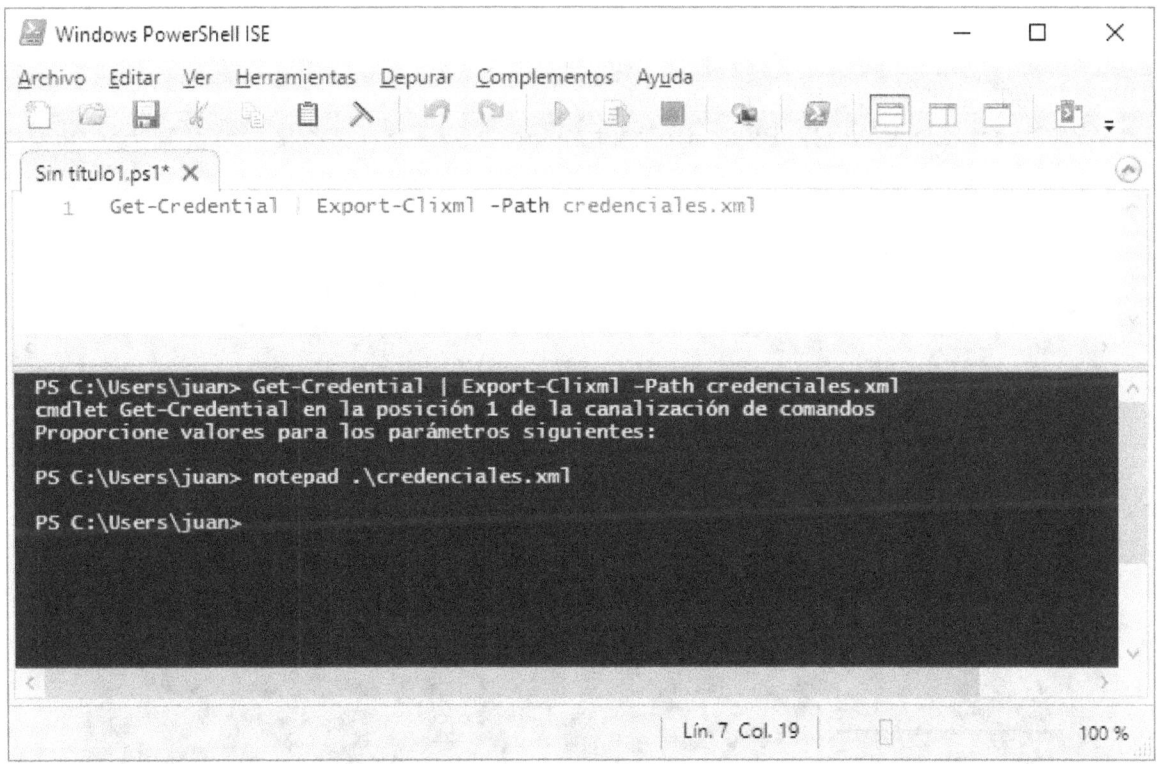

```
<Objs Version="1.1.0.1" xmlns="http://schemas.microsoft.com/powershell/2004/04">
  <Obj RefId="0">
    <TN RefId="0">
      <T>System.Management.Automation.PSCredential</T>
      <T>System.Object</T>
    </TN>
    <ToString>System.Management.Automation.PSCredential</ToString>
    <Props>
      <S N="UserName">pepito</S>
      <SS N="Password">01000000d08c9ddf0115d1118c7a00c04fc297eb01000000a1bc751c30960c42bafda9d2db68fefa000000000200000000001066000000001000020000002f55635750ec41fd67d4afc314b05ff0bea09b0fbfd32efeabc0035b79b0a501000000000e8000000002000020000000809d8fbcdb5a433a0799efd08696fd295df68f536b7bdc48807c256a24d6020e10000000d72176cb4a77ba2cb5fb0f74005872d5400000000812364c5b775490debaf905d37666b7d71ff036cb1892dad2045b11c5b614b92d574e5958f89bc6f1b9db242d4a81145e5dcbad122576b67b81d19e7a4381543</SS>
    </Props>
  </Obj>
</Objs>
```

Utilizar credenciales almacenados

$credenciales=Import-Clixml -Path credenciales.xml
#Utilizar credenciales en otro equipo remoto
Get-WmiObject -Class Win32_BIOS -ComputerName 192.168.1.2 -Credential $credenciales

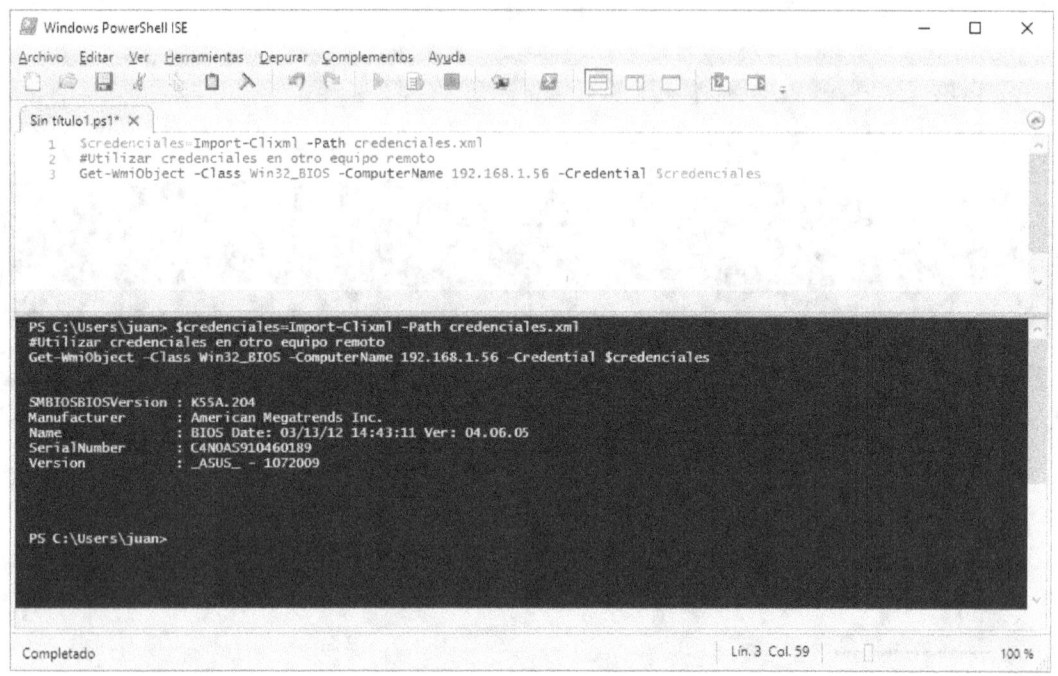

Ejercicios

<u>Almacenar varios credenciales en un fichero</u>

```
[PSCustomObject]@{
    Usuario1 = Get-Credential -Message Usuario1
    Usuario2 = Get-Credential -Message Usuario2
} | Export-Clixml -Path almacen.xml
```

<u>Almacenar y utilizar credenciales mediante JSON</u>

```
#Almacenar credenciales en un fichero JSON
Get-Credential | Select Username,@{n="Password"; e={$_.password | ConvertFrom-SecureString}} | ConvertTo-Json | Set-Content -Path credenciales.json -Encoding UTF8
notepad .\credenciales.json

#Utilizar credenciales desde un fichero JSON
$jsonc = Get-Content -Path .\credenciales.json -Encoding UTF8 -Raw | ConvertFrom-Json
$cred = New-Object -TypeName PSCredential $jsonc.UserName,($jsonc.Password | ConvertTo-SecureString)
Start-Process notepad -Credential $cred
```

Grupos

Un grupo es un conjunto de usuarios que simplifica la administración y la asignación de permisos, concediendo permisos sobre recursos a todo un grupo de usuarios a la vez, en lugar de concederlos a cuentas de usuarios individuales. Los usuarios pueden pertenecer o no pertenecer a uno o varios grupos distintos.

En Windows los usuarios se pueden asociar en grupos y de esta forma se pueden asignar permisos para el acceso a determinados recursos. Los grupos locales predeterminados se crean automáticamente al instalar el sistema operativo.

La pertenencia a un grupo local supone para el usuario tener los permisos y la capacidad de realizar diversas tareas en el equipo local. Los grupos que por defecto se crean al instalar el sistema operativo son:

- Administradores. Los miembros de este grupo tienen control total del equipo, pueden asignar permisos a los usuarios según sea necesario.
  Operadores de copia de seguridad. Los miembros de este grupo pueden hacer copias de seguridad, aunque los permisos de las carpetas que se van a copiar no lo permitan.
- Operadores criptográficos. Los miembros de este grupo pueden realizar operaciones criptográficas.
- Usuarios COM distribuido. Los miembros de este grupo pueden iniciar, activar y usar objetos COM distribuidos.

- Invitados. Los miembros de este grupo disponen de un perfil temporal que se crea al iniciar la sesión y que se elimina cuando el miembro cierra la sesión. La cuenta Invitado (que está deshabilitada de forma predeterminada) también es miembro del grupo de forma predeterminada.
- Usuarios. Los miembros del grupo Usuarios pueden realizar tareas habituales, como ejecutar aplicaciones, usar impresoras locales y de red, y bloquear el equipo. Los miembros de este grupo no pueden compartir directorios ni crear impresoras locales.
- Otros grupos. IIS_IUSRS, Operadores de configuración de red, Usuarios del registro de rendimiento, Usuarios del monitor de sistema, Usuarios avanzados, Usuarios de escritorio remoto, etc.

Las operaciones con usuarios son tareas de administración que sólo pueden ser realizadas por usuarios administradores. Las operaciones que se pueden realizar con los usuarios son:

Ver o listar grupos

Mediante cmdlets:

Get-LocalGroup

Mediante ADSI (Active Directory Service Interfaces):

$adsi = [ADSI]"WinNT://$env:COMPUTERNAME"
$adsi.Children | Where-Object {$_.SchemaClassName -eq 'group'} | Select-Object name

Mediante WMI (Windows Management Instrumentation):

Get-WmiObject Win32_Group

Get-WmiObject -Query "SELECT * FROM Win32_Group"

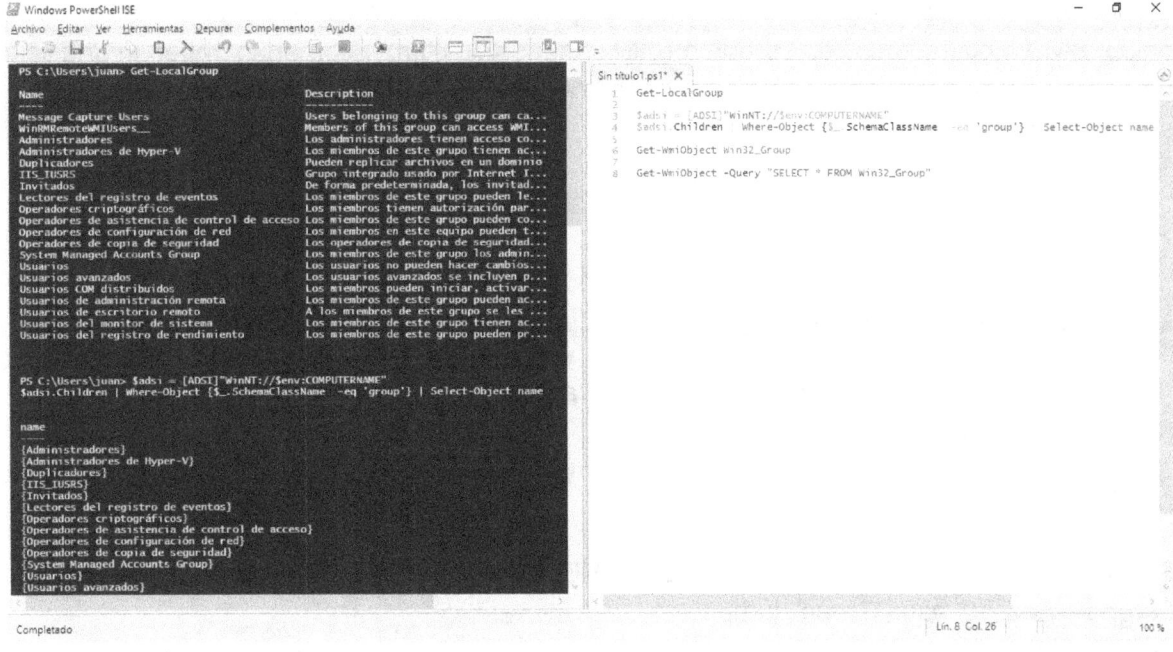

Ejemplos

Ver nombre de grupos que hay en el sistema

([ADSI]"WinNT://$env:COMPUTERNAME").Children | Where-Object {$_.SchemaClassName -eq 'group'}

Get-WmiObject Win32_Group | Select-Object Name

El primer comando obtiene una lista de todos los grupos locales en el equipo, filtrando aquellos cuya clase de esquema sea 'group'. El segundo comando obtiene una lista de grupos utilizando WMI y selecciona solo el nombre de cada grupo.

Contar el número de grupos

((([ADSI]"WinNT://$env:COMPUTERNAME").Children | Where-Object {$_.SchemaClassName -eq 'group'}).count

(Get-WmiObject -Class Win32_Group | Select-Object Name).count
(Get-WmiObject -Query "SELECT * FROM Win32_Group" | Select-Object Name).count

Buscar un nombre de usuario en la lista de usuarios

((([ADSI]"WinNT://$env:COMPUTERNAME").Children | Where-Object {$_.SchemaClassName -eq 'group'}).Name | Select-String "Administradores"

Get-WmiObject -Class Win32_Group | Select-Object Name | Select-String "Administrador"
Get-WmiObject -Query "SELECT * FROM Win32_Group" | Select-Object Name | Select-String "Administrador"

El primer comando busca en los grupos locales del equipo aquellos que contienen la palabra "Administradores" en su nombre. El segundo y el tercer comando obtienen una lista de grupos utilizando WMI y filtran para encontrar aquellos que contienen "Administrador" en su nombre.

Crear grupos

Mediante cmdlets (para crear un grupo es necesario hacerlo como administrador):

#Es necesario abrir PowerShell como administrador
New-LocalGroup grupo

Mediante ADSI:

$adsi = [ADSI]"WinNT://$env:COMPUTERNAME"
$grupo = $adsi.Create('Group', 'grupo')
$grupo.SetInfo()

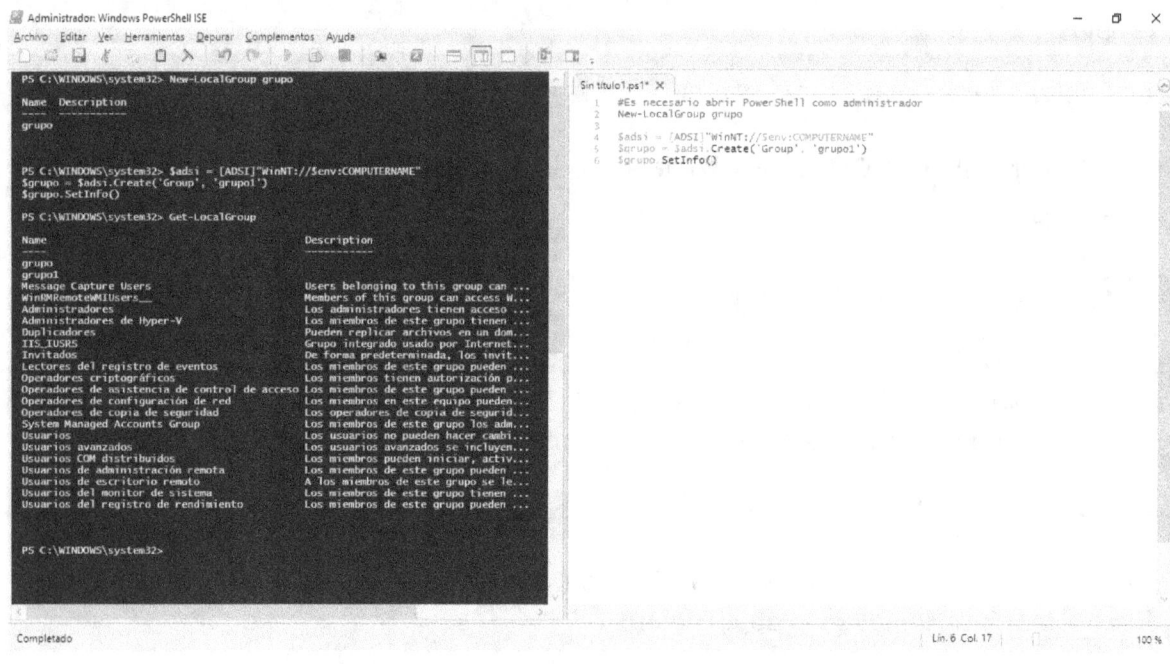

Ejemplo

Crear un grupo de usuarios

Es necesario abrir PowerShell como administrador
New-LocalGroup ventas

Añadir usuarios a grupos

Mediante cmdlets:

Add-LocalGroupMember -Member usuario -Group administradores
Get-LocalGroupMember administradores

Mediante ADSI:

$grupo = [ADSI]"WinNT://$env:COMPUTERNAME/administradores,group"
$grupo.add("WinNT://usuario,user")

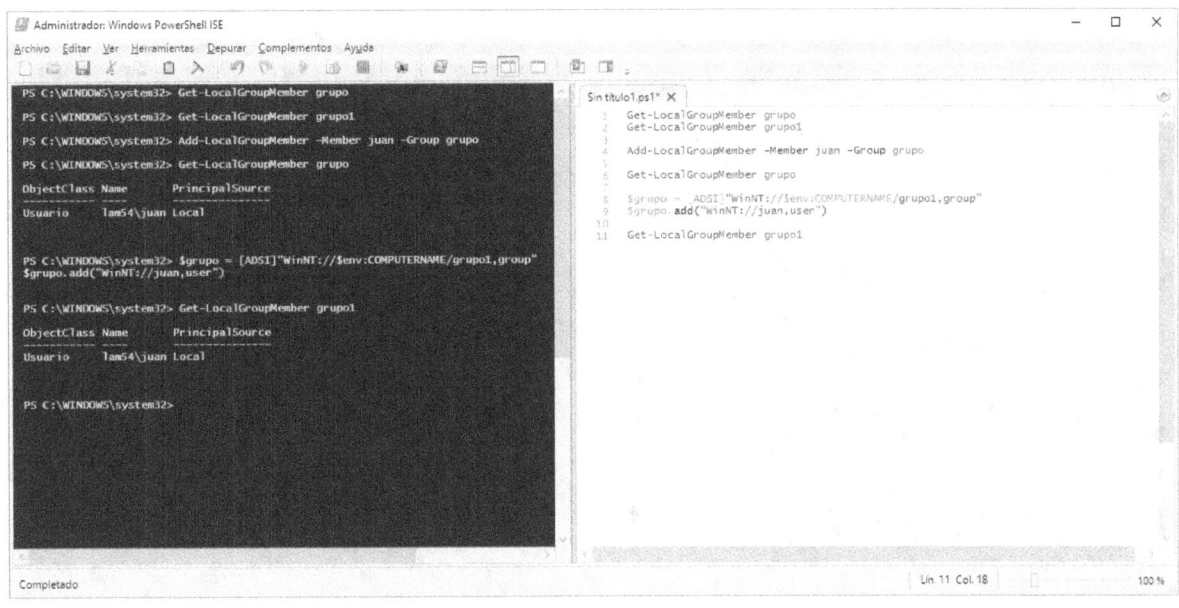

Ejemplo

<u>Añadir un usuario a un grupo</u>

Es necesario abrir PowerShell como administrador
Add-LocalGroupMember -Member juanito -Group administradores

El comando agrega al usuario juanito al grupo administradores. Esto significa que juanito obtendrá privilegios de administrador en el sistema, permitiéndole realizar tareas que requieren permisos elevados.

Más información

- https://www.jesusninoc.com/12/02/anadir-usuarios-a-un-grupo-local-en-windows-10-con-powershell-5-1/
- https://www.jesusninoc.com/01/14/ejercicios-de-powershell-crear-varios-usuarios-leyendo-de-un-fichero-y-anadirlos-al-grupo-de-administradores/

Eliminar usuarios de grupos

Mediante cmdlets:

Remove-LocalGroupMember -Member usuario -Group grupo

Mediante ADSI:

$grupo = [ADSI]"WinNT://$env:COMPUTERNAME/grupo1,group"
$grupo.Remove("WinNT://juan,user")

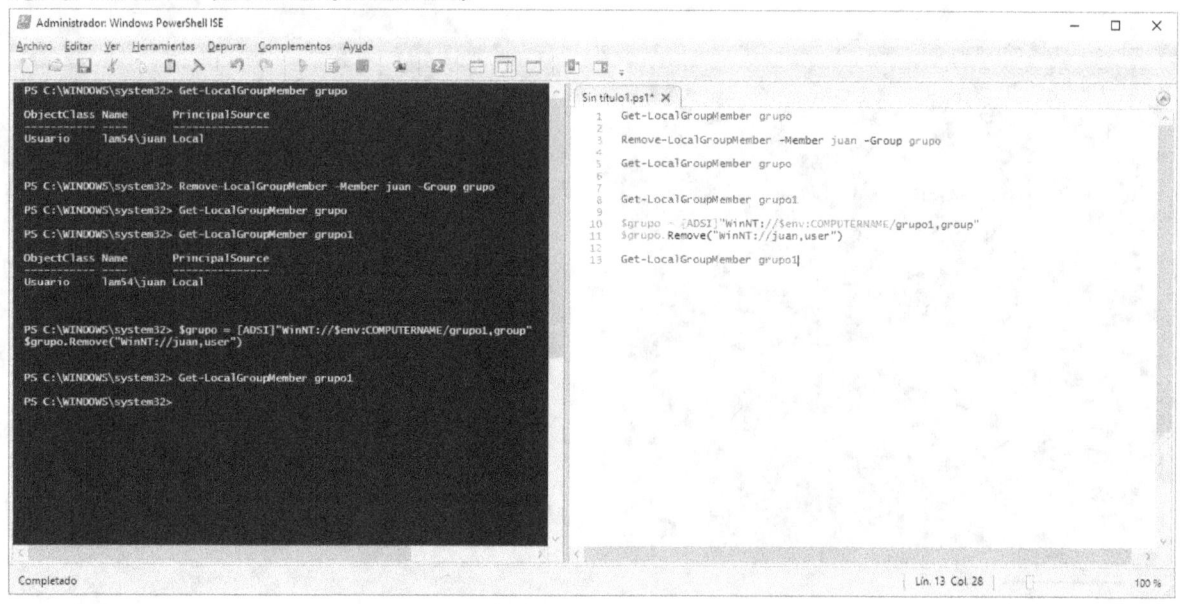

Ejemplo

<u>Eliminar un usuario de un grupo</u>

Es necesario abrir PowerShell como administrador
Remove-LocalGroupMember -Member juanito -Group administradores

Eliminar grupos

Mediante cmdlets:

Remove-LocalGroup grupo

Mediante ADSI:

$grupo = [ADSI]"WinNT://$env:COMPUTERNAME"
$grupo.Delete("Group","grupo")

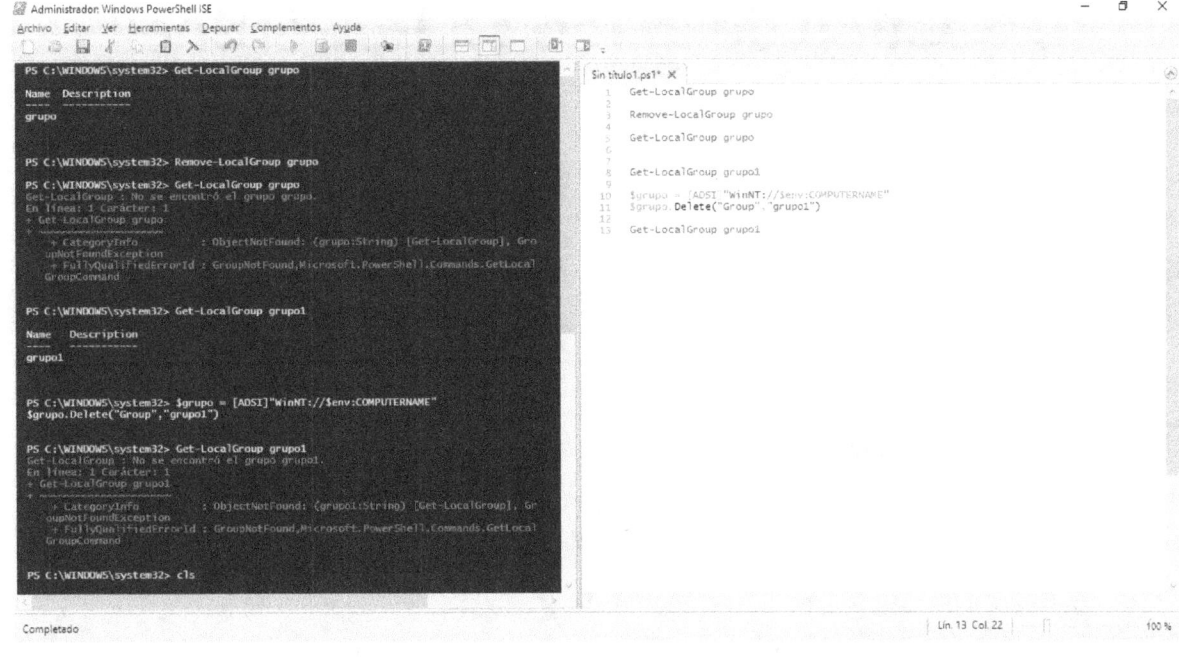

Ejemplo

Eliminar un grupo de usuarios

Es necesario abrir PowerShell como administrador
Remove-LocalGroup ventas

9. Gestión de la red en PowerShell

- Introducción
- Capa física
    - Adaptadores de red
- Capa de Internet
    - ARP
    - IP
    - ICMP
- Capa de transporte
    - TCP
    - UDP
- Capa de aplicación
    - DNS
- Diagnóstico de conexiones

Introducción

Los sistemas operativos se pueden conectar a la red de diversas formas, lo primero que hay que tener en cuenta es el dispositivo que permite la conexión a la red y lo segundo cómo se configura dicho dispositivo.

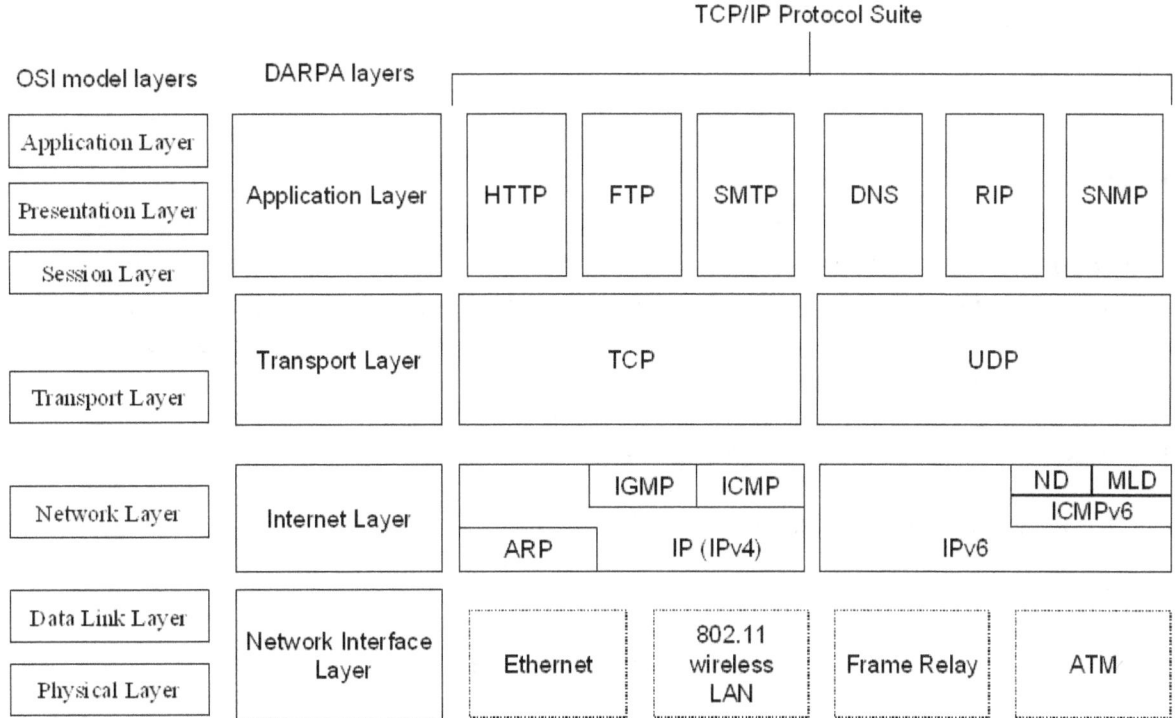

Relación de las capas del modelo TCP/IP con PowerShell:

- Capa física
- Capa de Internet
- Capa de transporte
- Capa de aplicación

Capa física

La capa de red física especifica las características del hardware que se utilizará para la red. Por ejemplo, la capa de red física especifica las características físicas del medio de comunicaciones. La capa física de TCP/IP describe por ejemplo los estándares de hardware como IEEE 802.3 y la especificación del medio de red Ethernet.

La capa física se refiere a las transformaciones que se le hacen a la secuencia de bits para transmitirlos de un lugar a otro, los bits se manejan dentro del equipo como niveles eléctricos.

Por ejemplo, puede decirse que en un punto o cable existe un 1 cuando hay presente un determinado nivel de voltaje y un cero cuando su nivel es de 0 voltios.

Cuando se transmiten los bits siempre se transforman en otro tipo de señales de tal manera que en el punto receptor puede recuperar la secuencia de bits originales.

Los cmdlets relacionados con esta capa:

Get-Command -Module NetAdapter

La tarjeta de red, también conocida como adaptador de red, en inglés Network interface controller (NIC), es un componente de hardware que conecta al equipo a una red informática.

Adaptadores de red

Los adaptadores de red son componentes de hardware o software que permiten a un dispositivo (como un ordenador, servidor o router) conectarse a una red y comunicarse con otros dispositivos. Estos adaptadores pueden ser físicos, como tarjetas de red (NIC), o virtuales, en el caso de sistemas operativos que simulan interfaces de red.

Información sobre los adaptadores de red

Los cmdlets que dan información sobre los adaptadores de red:

Get-NetAdapterHardwareInfo

Otro cmdlet que da información sobre los adaptadores de red:

Get-NetAdapter -Physical

Información sobre los adaptadores mediante WMI:

Get-WmiObject -Class Win32_NetworkAdapterConfiguration

Ejemplos

Ver los adaptadores que hay en el sistema

Get-NetAdapter | Select-Object Name, InterfaceDescription

Ver información sobre un adaptador

Get-NetAdapter -Name *Wi-Fi*

Ver información sobre el adaptador (estatus, velocidad, etc.)

Get-NetAdapter | ft name,status,transmitlinkspeed, physicalmediatype, mediaconnectionstate, speed, requestedspeed, maxspeed, fullduplex, linkspeed

Información sobre los drivers

Get-NetAdapter | ft Name, DriverName, DriverVersion, DriverInformation, DriverFileName

Este comando muestra una tabla con información sobre los adaptadores de red en el sistema. Proporciona detalles como el nombre del adaptador, el nombre y la versión del controlador que utiliza, así como información adicional y el nombre del archivo del controlador asociado.

Información avanzada sobre los adaptadores de red

El cmdlet que dan información avanzada sobre los adaptadores de red:

Get-NetAdapterAdvancedProperty

Ejemplo

Mostrar información avanzada de todos los adaptadores de red que hay en el sistema

Get-NetAdapterAdvancedProperty -Name "*" -AllProperties

Este comando recupera todas las propiedades avanzadas de configuración de todos los adaptadores de red en el sistema. Muestra información detallada sobre cada adaptador, incluyendo parámetros de rendimiento y configuraciones específicas que pueden ser ajustadas para optimizar la funcionalidad de la red.

Habilitar un adaptador de red

Un adaptador de red se puede habilitar con el cmdlet:

Enable-NetAdapter

Ejemplo

Habilitar el adaptador Wi-Fi (es necesario ser administrador)

Enable-NetAdapter -Name "wi-fi"

Deshabilitar un adaptador de red

Un adaptador de red se puede deshabilitar con el cmdlet:

Disable-NetAdapter

Ejemplo

Deshabilitar el adaptador Wi-Fi (es necesario ser administrador)

Disable-NetAdapter -Name "wi-fi"

Ver elementos de un adaptador de red

El cmdlet que sirve para ver los elementos de un adaptador de red:

Get-NetAdapterBinding

Ejemplo

Ver los elementos del adaptador de red Wi-Fi

Get-NetAdapterBinding -Name "Wi-Fi"

Habilitar elementos de un adaptador de red

El cmdlet que sirve para habilitar elementos de un adaptador de red:

Enable-NetAdapterBinding

Ejemplo

Habilitar el elemento "Protocolo de Internet versión 4 (TCP/IPv4) en el adaptador de red Wi-Fi (es necesario ser administrador)

Enable-NetAdapterBinding -Name "Wi-Fi" -ComponentID ms_tcpip

Este comando habilita el enlace de un componente específico (en este caso, el protocolo TCP/IP) para el adaptador de red llamado "Wi-Fi".

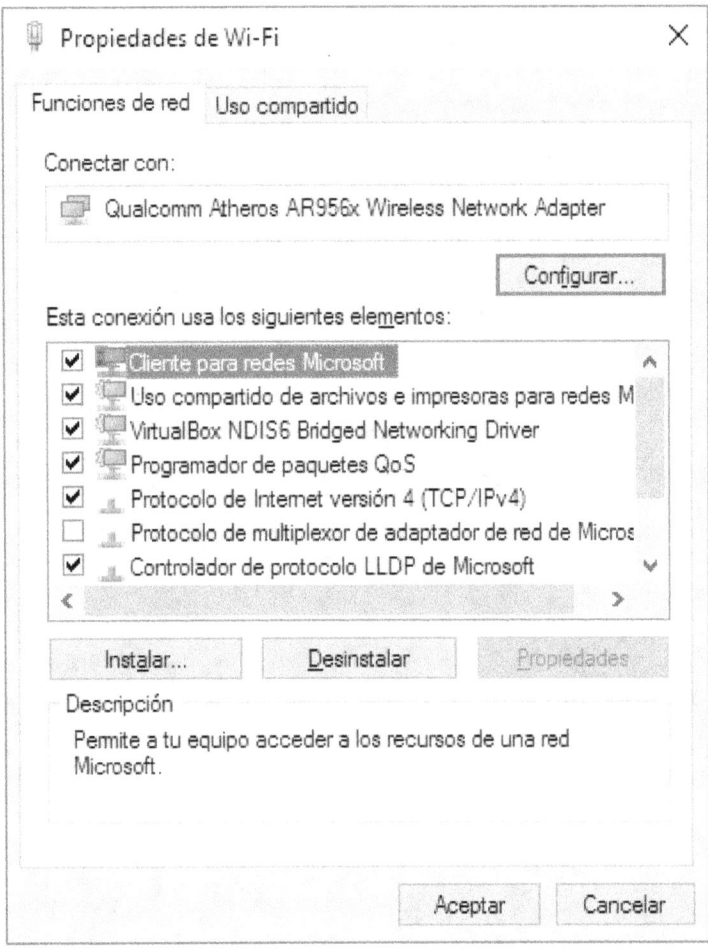

Deshabilitar elementos de un adaptador de red

El cmdlet que sirve para deshabilitar elementos de un adaptador de red:

Disable-NetAdapterBinding

Ejemplo

Deshabilitar el elemento "Protocolo de Internet versión 4 (TCP/IPv4) en el adaptador de red Wi-Fi (es necesario ser administrador)

Disable-NetAdapterBinding -Name "Wi-Fi" -ComponentID ms_tcpip

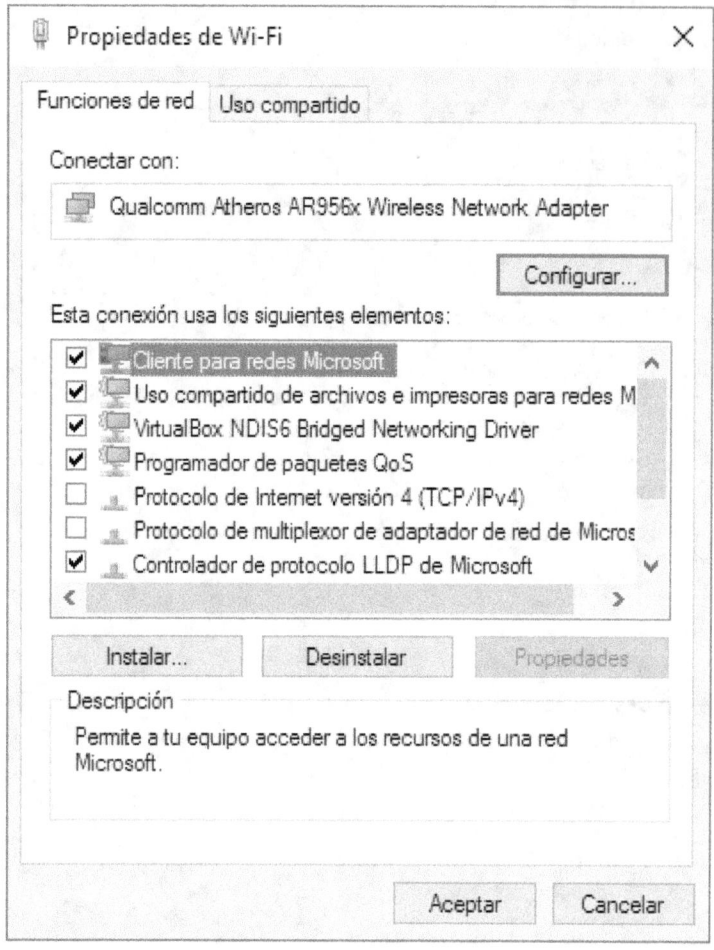

Cambiar el nombre de los adaptadores de red

Los nombres de los adaptadores de red se pueden cambiar pero es necesario ser administrador.

El cmdlet que sirve para cambiar el nombre del adaptador de red:

Rename-NetAdapter

Ejemplo

<u>Cambiar el nombre al adaptador</u>

Rename-NetAdapter -Name "Wi-Fi" -NewName "AdaptadorWi-Fi"

Este comando cambia el nombre del adaptador de red llamado "Wi-Fi" a "AdaptadorWi-Fi".

Información transmitida

La cantidad de información (bytes recibidos y transmitidos) que se transmite por la red a través de la tarjeta de red, se puede conocer mediante el cmdlet:

Get-NetAdapterStatistics

Ejemplo

Ver los bytes enviados y recibidos del interfaz Wi-Fi

Get-NetAdapterStatistics -Name Wi-Fi

Este comando obtiene y muestra las estadísticas de rendimiento del adaptador de red llamado "Wi-Fi". Las estadísticas incluyen información sobre paquetes enviados y recibidos, errores, y otros datos relevantes que ayudan a evaluar la actividad y el estado de la conexión de red del adaptador.

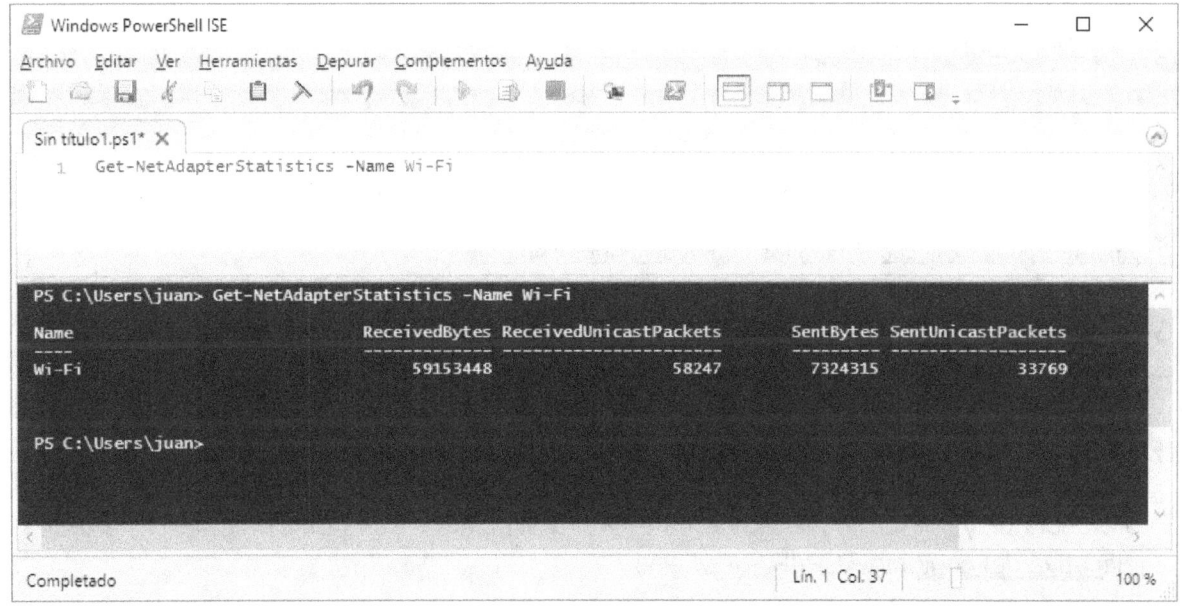

Capa de Internet

La capa de Internet, también conocida como capa de red o capa IP, acepta y transfiere paquetes para la red. Esta capa incluye el potente Protocolo de Internet (IP), el protocolo de resolución de direcciones (ARP) y el protocolo de mensajes de control de Internet (ICMP).

Los cmdlets relacionados con esta capa:

Get-Command -Module NetTCPIP

ARP

Un protocolo de la capa de enlace es ARP que es responsable de encontrar la dirección de hardware (Ethernet MAC) que corresponde a una determinada dirección IP.

Cmdlet para obtener información sobre las direcciones físicas:

Get-NetAdapter | Select-Object Name,MacAddress

Cmdlet con llamada WMI para obtener información sobre las direcciones físicas:

Get-WmiObject -Class Win32_NetworkAdapterConfiguration | Select-Object Description,MACAddress

El cmdlet que permite obtener las direcciones físicas asociadas:

Get-NetNeighbor

Ejemplo

Obtener entradas de la caché para los equipos vecinos con IPv6

Get-NetNeighbor | Where-Object AddressFamily -EQ IPv6

IP

El protocolo IP y sus protocolos de enrutamiento asociados son posiblemente la parte más significativa del conjunto TCP/IP.

Los parámetros de configuración básicos para una red son: la dirección IP, la máscara de red, la puerta de enlace (Gateway) y los DNS.

Veamos brevemente qué es cada parámetro:

- La dirección IP (Internet Protocol, Protocolo de Internet) es un código que identifica una interfaz como única. La interfaz es un dispositivo como una tarjeta de red, un punto de acceso, etc. Hay distintas versiones de direcciones IP:
    - La IPv4 está formada por un número binario de 32 bits que normalmente se representa como 4 números en base decimal del 0 al 255, separados por puntos, por ejemplo la dirección localhost en IPv4 es 127.0.0.1
    - La otra versión es la IPv6 que es un número de 128 bits representado en hexadecimal con 32 dígitos, separados por dos puntos en grupos de 4 dígitos, por ejemplo la dirección localhost en IPv6 es 0:0:0:0:0:0:0:1

- La máscara de red sirve para saber si se deben enviar los datos dentro o fuera de las redes. Por ejemplo, si el sistema operativo tiene la IP 192.168.0.0 y la máscara de red es 255.255.255.0, esto significa que todos los paquetes que no están dirigidos a la red 192.168.0.x irán a la puerta de enlace predeterminada que puede ser la 192.168.0.1.
- Un gateway (puerta de enlace) es un dispositivo que permite interconectar redes con protocolos y arquitecturas diferentes a todos los niveles de comunicación. Su propósito es traducir la información del protocolo utilizado en una red al protocolo usado en la red de destino. El valor de la puerta de enlace es otro de los valores que se deben indicar al configurar la conexión de red.
- Los DNS son direcciones IP que sirven para resolver los nombres de dominio FQDN (Fully Qualified Domain Names) y traducirlos a direcciones IP.

A continuación vemos algunas operaciones con IP:

Ver protocolos IP soportados

Los cmdlets para obtener los protocolos IP soportados son:

((Get-NetAdapterBinding).DisplayName) -match 'Protocolo de Internet'
(Get-NetIPInterface) | Select-Object InterfaceAlias,AddressFamily

Obtener configuraciones de protocolo IP

Los cmdlets para obtener las configuraciones del protocolo IP son:

Get-NetIPv4Protocol
Get-NetIPv6Protocol

Obtener direcciones IP del sistema

Los cmdlets para obtener las direcciones IP del sistema son:

Get-NetIPConfiguration
Get-NetIPAddress

Ejemplos

<u>Dirección IP del adaptador Wi-Fi</u>

Get-NetAdapter -Name "AdaptadorWi-Fi" | Get-NetIPAddress

<u>Dirección IPv4</u>

Get-NetIPAddress -AddressFamily ipv4

(Get-NetAdapter -Name "Local Area Connection" | Get-NetIPAddress).IPv4Address

Dirección IPv6

Get-NetIPAddress -AddressFamily ipv6

Dirección IPv6 del adaptador Wi-Fi

Get-NetIPAddress -AddressFamily IPv6 -InterfaceAlias Wi-Fi

Cambiar dirección IP

El cmdlet que sirve para cambiar la dirección IP:

New-NetIPAddress

Ejemplos

Cambiar la dirección IPv4 del interfaz WiFi

New-NetIPAddress -InterfaceAlias WiFi -IPAddress 192.168.1.10 -PrefixLength 24 -DefaultGateway 192.168.1.1

Cambiar la dirección IPv6 del interfaz WiFi

New-NetIPAddress -InterfaceAlias "Wi-Fi" -IPAddress 2001::1

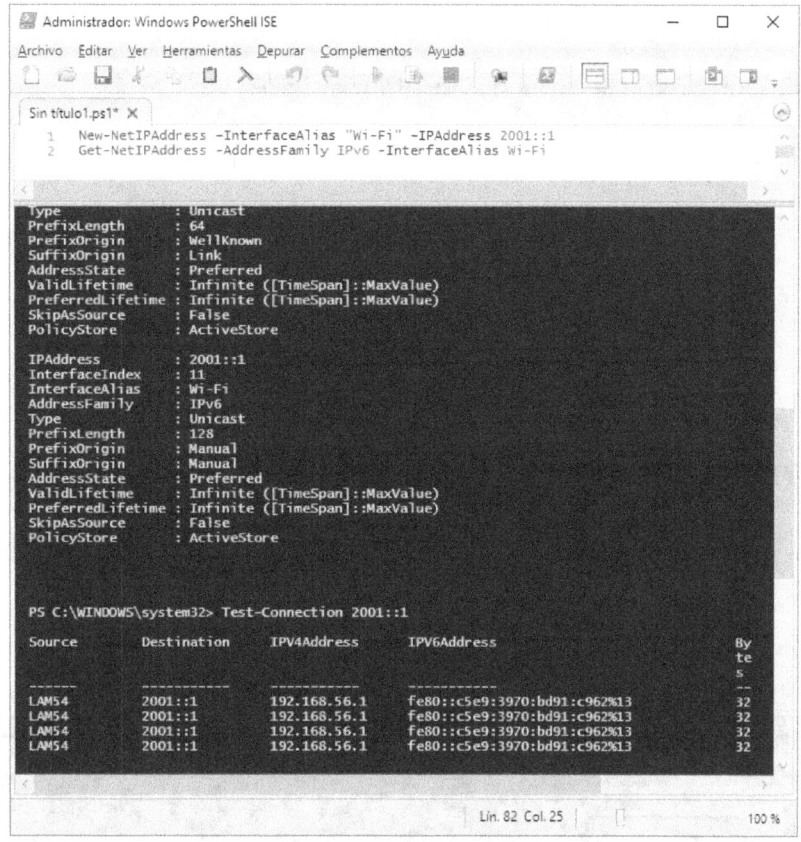

Habilitar DHCP para obtener la dirección IP

El cmdlet que permite habilitar DHCP para la dirección IP:

Set-NetIPInterface

Ejemplo

Habilitar DHCP en el interfaz WiFi

Set-NetIPInterface -InterfaceAlias WiFi -Dhcp Enabled

Eliminar dirección IP

Cmdlet que sirve para eliminar una dirección IP configurada en un interfaz:

Remove-NetIPAddress

Ejemplo

Eliminar una dirección IPv4

Remove-NetIPAddress -IPAddress 192.168.1.10 -DefaultGateway 192.168.1.1

Obtener información desde la tabla de enrutamiento IP

La tabla de enrutamiento:

Get-NetRoute

Ejemplo

Ver la tabla de enrutamiento de IPv4

Get-NetRoute -AddressFamily IPv4

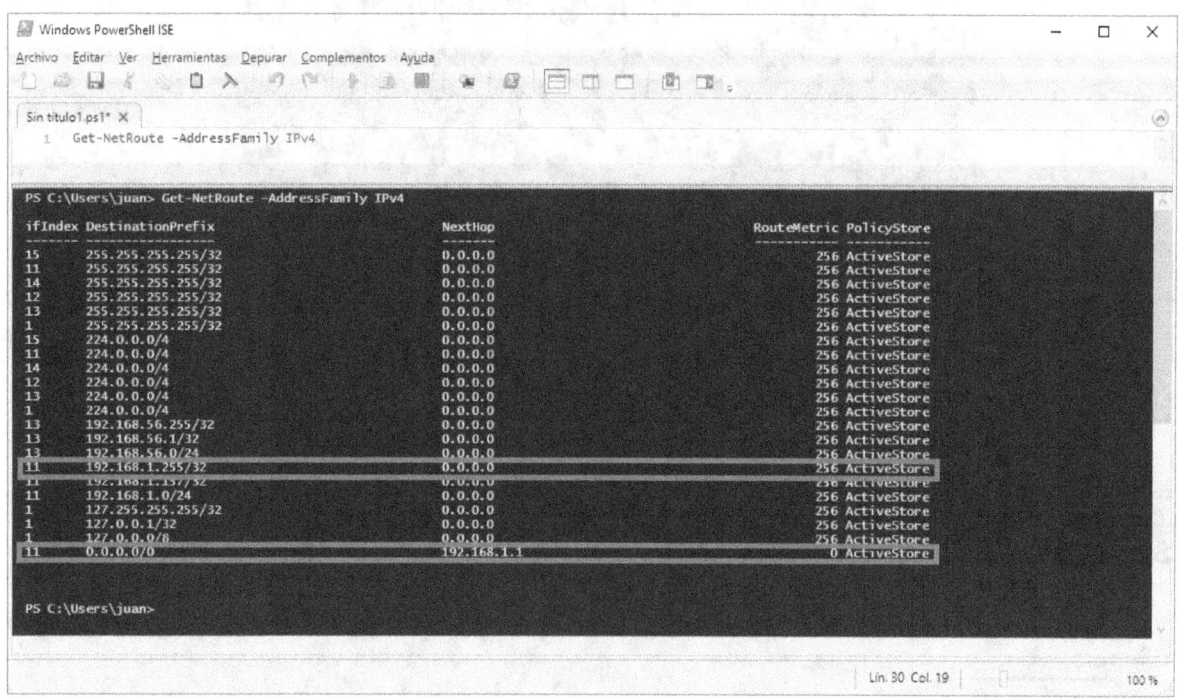

La primera zona roja indica qué hacer con los paquetes que se dirigen a 192.168.1.255. En el caso del equipo (0.0.0.0) utilizando un ARP hace peticiones de sus propios recursos para tratar de llegar a su destino a través de probar su dirección MAC.

La segunda zona roja se define como el destino con 0.0.0.0 cualquier otra cosa que no está incluido en la tabla de enrutamiento. Así que todo 192.168.1.255 al exterior se pone en contacto 192.168.1.1.

ICMP

El 'Protocolo de Mensajes de Control de Internet' o ICMP (por sus siglas en inglés de Internet Control Message Protocol) es el protocolo de control y notificación de errores del

Protocolo de Internet (IP). Como tal, se usa para enviar mensajes de error, indicando por ejemplo que un router o host no puede ser localizado.

El cmdlet que sirve para enviar mensajes ICMP:

Test-Connection

Ejemplos

Enviar solicitudes de eco a una IPv4

Test-Connection 127.0.0.1

Enviar solicitudes de eco a una IPv6

Test-Connection 2001::1

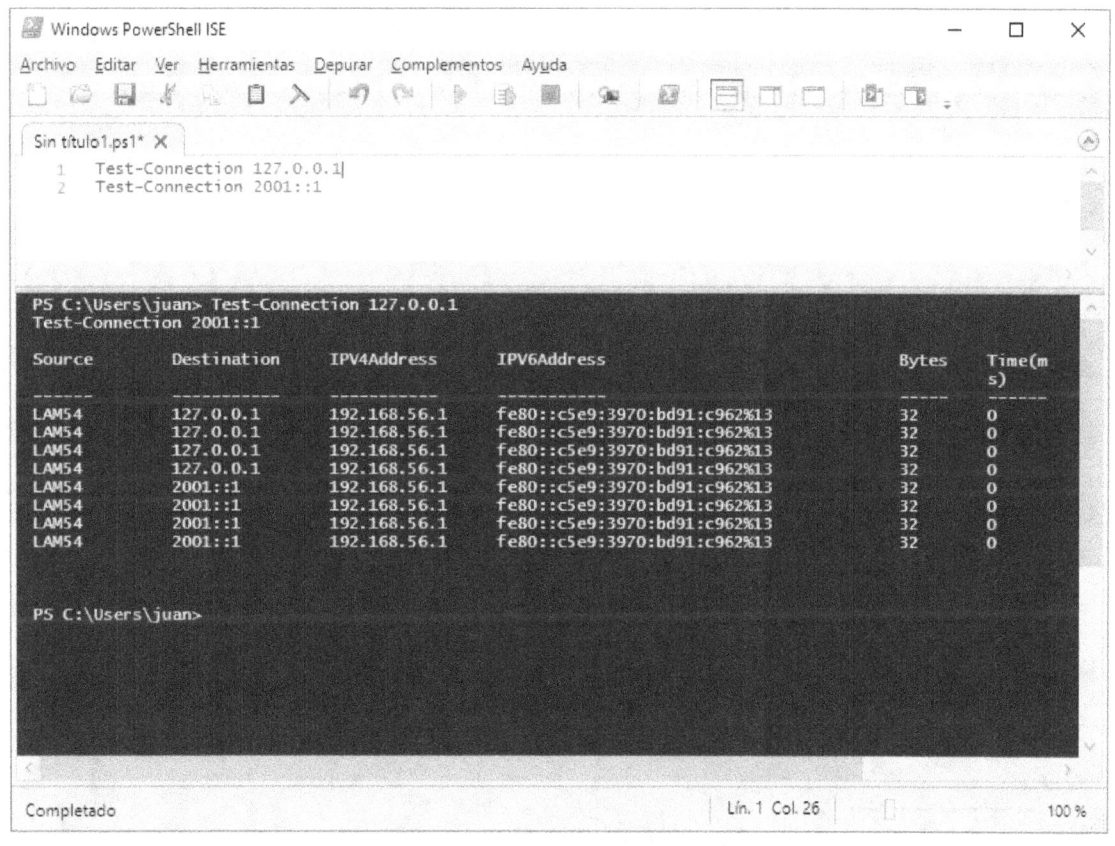

Ejercicios

Comprobar la conexión a las direcciones IP que están en un fichero

gc .\ips.txt | %{Test-Connection $_}

Mostrar las direcciones IP de un rango variando el segundo, tercer y cuarto octeto

```
foreach($primer in 1..254)
{
   foreach($segundo in 1..254)
   {
      foreach($tercero in 1..254)
      {
         "80."+$primer+"."+$segundo+"."+$tercero
      }
   }
}
```

El código genera una lista de direcciones IP en el rango de 80.1.1.1 a 80.254.254.254. Utiliza tres bucles foreach anidados que recorren los números del 1 al 254. En cada iteración, se construye una dirección IP concatenando el prefijo "80." con las variables $primer, $segundo y $tercero, que representan las secciones de la dirección IP.

Mostrar las direcciones IP de un variando el primer, segundo, tercer y cuarto octeto

```
foreach($primer in 1..254)
{
   foreach($segundo in 1..254)
   {
      foreach($tercero in 1..254)
      {
         foreach($cuarto in 1..254)
         {
            "+$primer+'.'+$segundo+'.'+$tercero+'.'+$cuarto
         }
      }
   }
}
```

El código genera una lista de direcciones IP en el rango de 1.1.1.1 a 254.254.254.254. Utiliza cuatro bucles foreach anidados que recorren los números del 1 al 254. En cada iteración, se construye una dirección IP concatenando las variables $primer, $segundo, $tercero y $cuarto, que representan cada sección de la dirección IP.

Realizar ping a las direcciones IP de un rango

1..254 | %{Test-Connection ('192.168.1.'+$_)}

El código realiza un ping a todas las direcciones IP en la subred 192.168.1.x, donde x varía desde 1 hasta 254. Primero, genera un rango de números del 1 al 254 utilizando 1..254. A continuación, usa ForEach-Object para iterar sobre cada número en ese rango. Para cada número, se utiliza el comando Test-Connection para enviar paquetes ICMP (ping) a la dirección IP construida concatenando 192.168.1. con el número actual del rango.

Realizar ping a las direcciones IP de un rango variando el tercer y cuarto octeto

```
foreach($tercero in 1..254)
{
   foreach($cuarto in 1..254)
   {
      $ip='192.168.'+$tercero+'.'+$cuarto
      ping $ip
   }
}
```

Este script realiza un escaneo completo de la red 192.168.1.0 a 192.168.254.254, probando cada dirección IP posible en el rango de 192.168.x.y mediante el comando ping para verificar la disponibilidad de dispositivos en la red.

Realizar ping a las direcciones IP de un rango y comprobar si están o no activas

1..254 | %{Test-Connection ('192.168.1.'+$_) -Quiet}

Este script escanea las direcciones IP desde 192.168.1.1 hasta 192.168.1.254, verificando la conectividad de cada una de ellas utilizando Test-Connection. Los resultados serán una lista de valores booleanos que indican si cada dirección IP está activa o no, sin mostrar detalles adicionales sobre el proceso.

Obtener la dirección MAC de cada IP de un rango

1..254|%{$ip="192.168.1."+$_;$ip;(NetNeighbor $ip).LinkLayerAddress}

El script obtiene la dirección MAC asociada a cada dirección IP en la subred 192.168.1.0/24. Genera una secuencia de números del 1 al 254, que representa las posibles variaciones del último octeto en una dirección IP de clase C. Después, utiliza un bucle para iterar sobre cada número y construir la dirección IP completa concatenando 192.168.1. con el número actual. Para cada dirección IP generada, el script utiliza el cmdlet NetNeighbor para obtener información sobre la vecindad de red, extrayendo la dirección MAC correspondiente a la dirección IP especificada. Finalmente, imprime cada dirección IP junto con su dirección MAC asociada (si está disponible).

Capa de transporte

La capa de transporte TCP/IP garantiza que los paquetes lleguen en secuencia y sin errores, al intercambiar la confirmación de la recepción de los datos y retransmitir los paquetes perdidos. Los protocolos de capa de transporte de este nivel son el Protocolo de control de transmisión (TCP) y el Protocolo de datagramas de usuario (UDP). El protocolo TCP proporciona un servicio completo y fiable. UDP proporciona un servicio de datagrama poco fiable.

Los cmdlets relacionados con esta capa:

Get-Command -Module NetTCPIP

TCP

TCP permite a las aplicaciones comunicarse entre sí como si estuvieran conectadas físicamente. TCP envía los datos en un formato que se transmite carácter por carácter, en lugar de transmitirse por paquetes discretos.

Cmdlet para ver ajustes TCP:

Get-NetTCPSetting

Cmdlet para obtener información sobre las estadísticas de conexión actuales TCP:

Get-NetTCPConnection

Cmdlet para ver los puertos TCP utilizados:

Get-NetTCPConnection | Select-Object LocalPort,Remoteport

Ejemplos

Listar puertos TCP abiertos

Get-NetTCPConnection | Select-Object LocalPort

El comando se utiliza para obtener información sobre todas las conexiones TCP activas en el sistema. Específicamente, este comando recupera una lista de conexiones TCP y selecciona solo la propiedad LocalPort, que indica el puerto local utilizado por cada conexión TCP.

Estado de las conexiones TCP

Get-NetTCPConnection | Select-Object LocalAddress,LocalPort,RemoteAddress,RemotePort,State

Este comando obtiene una lista de todas las conexiones TCP activas en el sistema.

Ejercicios

Ver la relación que hay entre puertos TCP y procesos

Get-NetTCPConnection | %{Write-Host (Get-Process -id $_.OwningProcess).Name,$_.RemoteAddress,$_.RemotePort}

Ver la relación entre puertos TCP, procesos y lista de puertos de la IANA

#Descargar y guardar el listado de puertos
Invoke-WebRequest 'https://www.iana.org/assignments/service-names-port-numbers/service-names-port-numbers.csv' -OutFile service-names-port-numbers.csv

#Relación entre puertos abiertos TCP y lista de puertos la IANA
$portscsv=Import-Csv service-names-port-numbers.csv
$listado=$portscsv | Select-Object 'Service Name','Port Number','Transport Protocol','Description' | Where-Object 'Transport Protocol' -EQ tcp
Get-NetTCPConnection | %{Write-Host $_.Localaddress, ($listado | Select-Object 'Service Name','Port Number','Description' | Where-Object 'Port Number' -EQ $_.RemotePort), $_.Remoteaddress} | Format-Custom

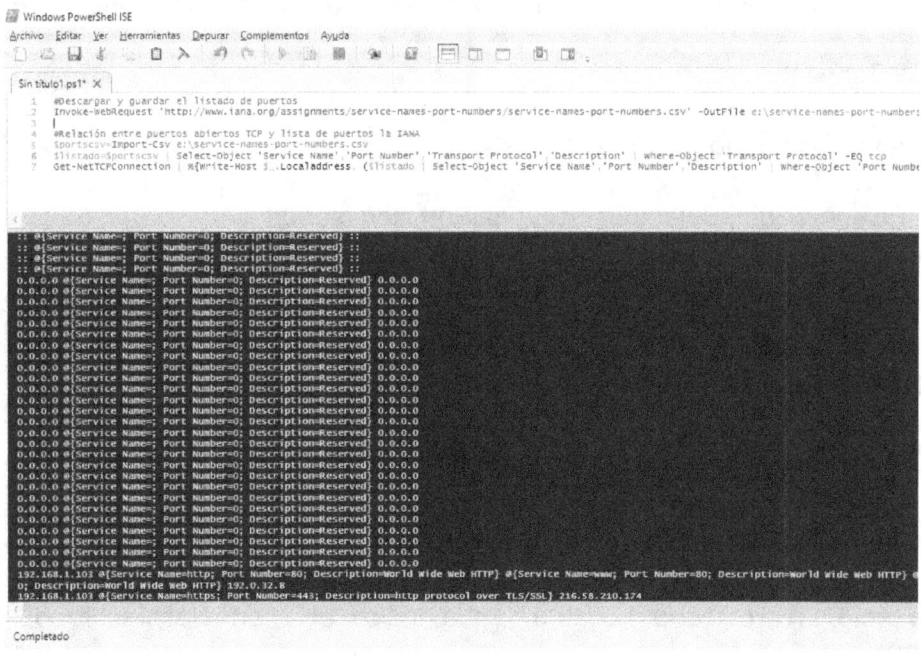

Ver la relación entre puertos TCP, procesos y lista de puertos de la IANA (junto con una breve descripción de cada puerto)

#Descargar y guardar el listado de puertos
Invoke-WebRequest 'https://www.iana.org/assignments/service-names-port-numbers/service-names-port-numbers.csv' -OutFile service-names-port-numbers.csv

#Relación entre puertos abiertos TCP y lista de puertos la IANA
$portscsv=Import-Csv service-names-port-numbers.csv
$listado=$portscsv | Select-Object 'Service Name','Port Number','Transport Protocol','Description' | Where-Object 'Transport Protocol' -EQ tcp
Get-NetTCPConnection | %{Write-Host $_.Localaddress, ($listado | Select-Object 'Service Name','Port Number','Description' | Where-Object 'Port Number' -EQ $_.RemotePort), $_.Remoteaddress} | Format-Custom

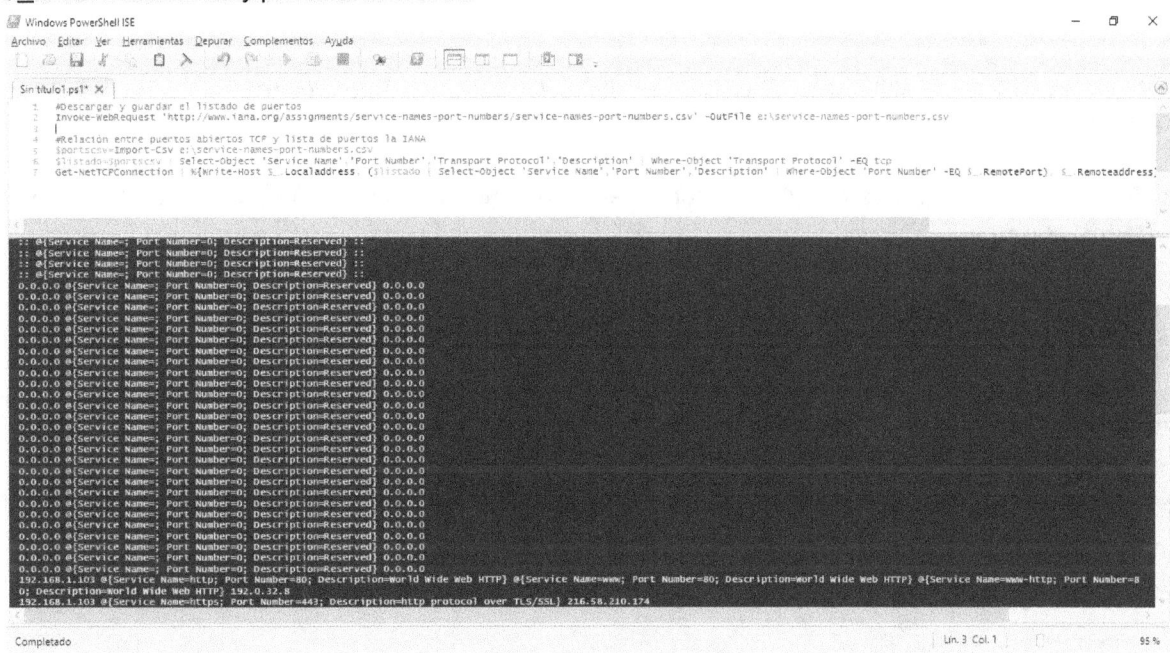

Mostrar información avanzada de los procesos que se están ejecutando en relación con los servicios y los puertos abiertos TCP

#Mostrar información avanzada de los procesos (Path, ExecutablePath, CommandLine) que se están ejecutando en relación con los servicios y los puertos abiertos TCP
(Get-WmiObject -Class Win32_Service | Where-Object State -EQ 'Running') | %{
#Write-Host $_.Name,$_.ProcessId,$_.State,(Get-Process -Id $_.ProcessId | Select-Object name, Path, ExecutablePath, CommandLine)
Write-Host $_.Name,$_.ProcessId,$_.State,(Get-WmiObject -Class win32_process | Where-Object ProcessId -EQ $_.ProcessId | select name, Path, ExecutablePath, CommandLine)
Write-Host $_.Name,$_.ProcessId,$_.State,(Get-Process -Id $_.ProcessId).Name,(Get-NetTCPConnection | where OwningProcess -EQ $_.ProcessId | select LocalPort,RemoteAddress,RemotePort,OwningProcess)
Write-Host "##"

}

Mostrar los hilos que se están ejecutando en relación con los servicios, los procesos y los puertos abiertos TCP

#Mostrar los hilos que se están ejecutando en relación con los servicios, los procesos y los puertos abiertos TCP
$i=0
(Get-WmiObject -Class Win32_Thread) | %{
$i++
Write-Host $i,$_.Handle,$_.ProcessHandle,(Get-WmiObject -Class Win32_Service | Where-Object State -EQ 'Running' | Where-Object ProcessId -EQ $_.ProcessHandle),(Get-Process -Id $_.ProcessHandle).ProcessName
Write-Host (Get-Process -Id $_.ProcessHandle).ProcessName,(Get-NetTCPConnection | where OwningProcess -EQ $_.ProcessHandle | select LocalPort,RemoteAddress,RemotePort,OwningProcess)
}

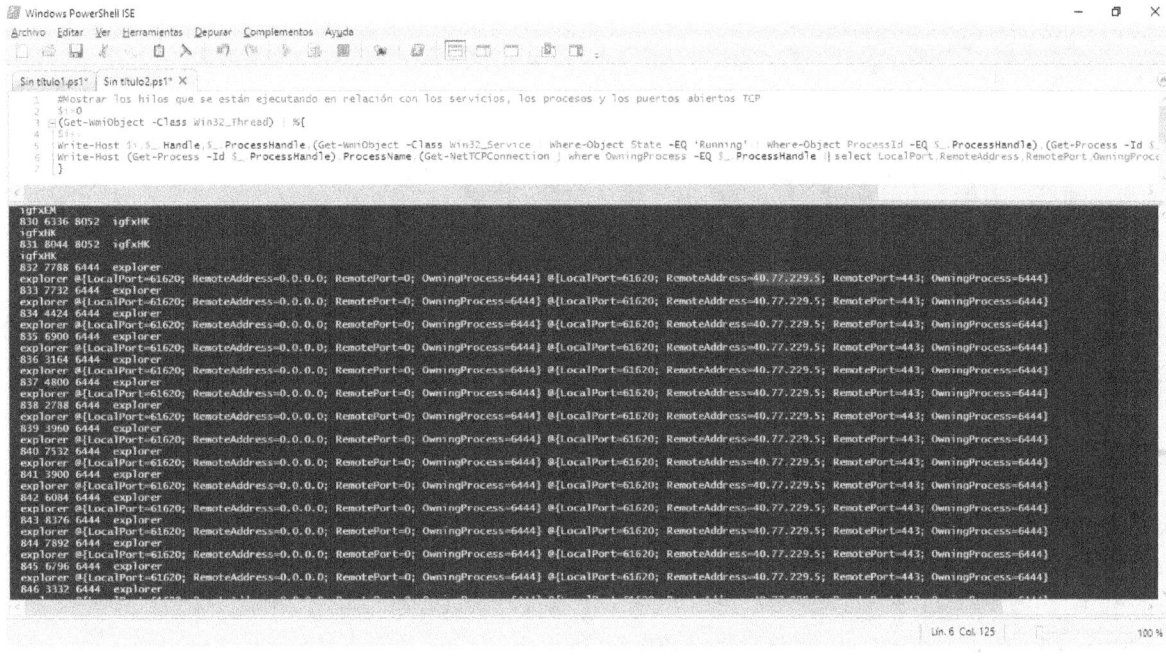

UDP

UDP proporciona un servicio de entrega de datagramas. UDP no verifica las conexiones entre los hosts transmisores y receptores. Dado que el protocolo UDP elimina los procesos de establecimiento y verificación de las conexiones, resulta ideal para las aplicaciones que envían pequeñas cantidades de datos.

Cmdlet para ver ajustes UDP:

Get-NetUDPSetting

Cmdlet para obtener información sobre las estadísticas de conexión actuales UDP:

Get-NetUDPEndpoint

Puertos UDP utilizados:

(Get-NetUDPEndpoint).LocalPort

Ejemplo

Listar puertos UDP abiertos

Get-NetUDPEndpoint | Select-Object LocalPort

Ejercicios

Ver la relación que hay entre puertos UDP y procesos

```
Get-NetUDPEndpoint | %{Write-Host (Get-Process -id $_.OwningProcess).Name,$_.LocalAddress,$_.LocalPort}
```

Ver la relación entre puertos UDP, procesos y lista de puertos de la IANA

```
#Descargar y guardar el listado de puertos
Invoke-WebRequest 'https://www.iana.org/assignments/service-names-port-numbers/service-names-port-numbers.csv' -OutFile service-names-port-numbers.csv

#Relación entre puertos abiertos UDP y lista de puertos
$portscsv=Import-Csv service-names-port-numbers.csv
$listado=$portscsv | Select-Object 'Service Name','Port Number','Transport Protocol' | Where-Object 'Transport Protocol' -EQ udp
Get-NetUDPEndpoint | %{Write-Host (Get-Process -id $_.OwningProcess).Name, $_.Localaddress, ($listado | Select-Object 'Service Name','Port Number' | Where-Object 'Port Number' -EQ $_.Localport)}
```

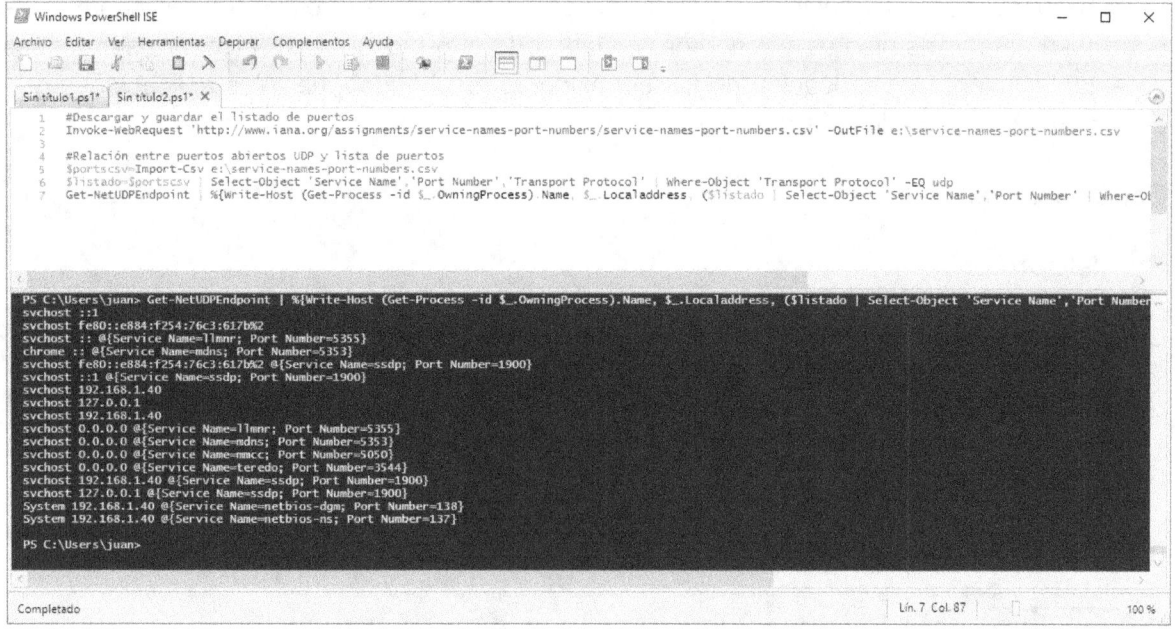

Ver la relación entre puertos UDP, procesos y lista de puertos de la IANA (junto con una breve descripción de cada puerto)

```
#Descargar y guardar el listado de puertos
Invoke-WebRequest 'https://www.iana.org/assignments/service-names-port-numbers/service-names-port-numbers.csv' -OutFile service-names-port-numbers.csv

#Relación entre puertos abiertos UDP y lista de puertos
$portscsv=Import-Csv service-names-port-numbers.csv
$listado=$portscsv | Select-Object 'Service Name','Port Number','Transport Protocol','Description' | Where-Object 'Transport Protocol' -EQ udp
Get-NetUDPEndpoint | %{Write-Host (Get-Process -id $_.OwningProcess).Name, $_.Localaddress, ($listado | Select-Object 'Service Name','Port Number','Description' | Where-Object 'Port Number' -EQ $_.Localport)}
```

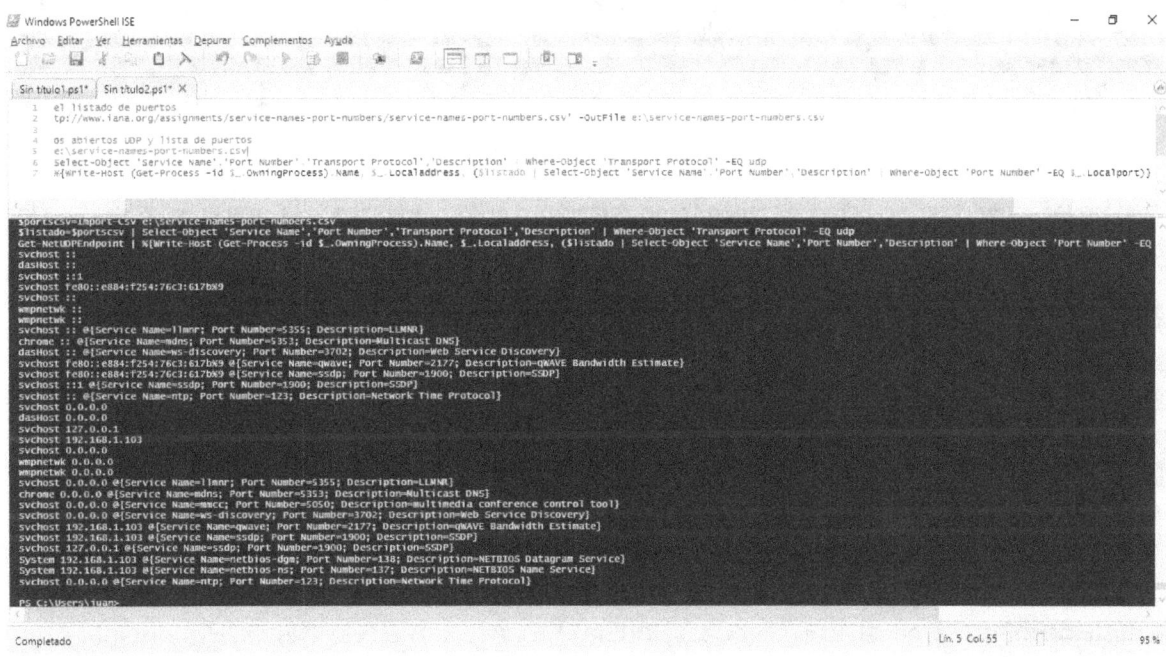

Mostrar información avanzada de los procesos que se están ejecutando en relación con los servicios y los puertos abiertos UDP

```
#Mostrar información avanzada de los procesos (Path, ExecutablePath, CommandLine) que se están ejecutando en relación con los servicios y los puertos abiertos UDP
(Get-WmiObject -Class Win32_Service | Where-Object State -EQ 'Running') | %{
#Write-Host $_.Name,$_.ProcessId,$_.State,(Get-Process -Id $_.ProcessId | Select-Object name, Path, ExecutablePath, CommandLine)
Write-Host $_.Name,$_.ProcessId,$_.State,(Get-WmiObject -Class win32_process | Where-Object ProcessId -EQ $_.ProcessId | select name, Path, ExecutablePath, CommandLine)
Write-Host $_.Name,$_.ProcessId,$_.State,(Get-Process -Id $_.ProcessId).Name,(Get-NetUDPEndpoint | where OwningProcess -EQ $_.ProcessId | select LocalPort,RemoteAddress,RemotePort,OwningProcess)
```

```
Write-Host "######################################################"
}
```

Mostrar los hilos que se están ejecutando en relación con los servicios, los procesos y los puertos abiertos UDP

```
#Mostrar los hilos que se están ejecutando en relación con los servicios, los procesos y los puertos abiertos UDP
$i=0
(Get-WmiObject -Class Win32_Thread) | %{
$i++
Write-Host $i,$_.Handle,$_.ProcessHandle,(Get-WmiObject -Class Win32_Service | Where-Object State -EQ 'Running' | Where-Object ProcessId -EQ $_.ProcessHandle),(Get-Process -Id $_.ProcessHandle).ProcessName
Write-Host (Get-Process -Id $_.ProcessHandle).ProcessName,(Get-NetUDPEndpoint | where OwningProcess -EQ $_.ProcessHandle | select LocalPort,RemoteAddress,RemotePort,OwningProcess)
}
```

Capa de aplicación

La capa de aplicación define las aplicaciones de red y los servicios de Internet estándar que puede utilizar un usuario. Estos servicios utilizan la capa de transporte para enviar y recibir datos.

Existen varios protocolos de capa de aplicación. En la lista siguiente se incluyen ejemplos de protocolos de capa de aplicación, algunos ejemplos son:

- Servicios TCP/IP estándar como los comandos ftp, tftp y telnet.
- Servicios de nombres, como NIS o el sistema de nombre de dominio (DNS).
- Servicios de directorio (LDAP).

A continuación vemos en detalle el servicio de nombres DNS.

DNS

El sistema de nombre de dominio (DNS) es el servicio de nombres que proporciona Internet para las redes TCP/IP. DNS proporciona nombres de host al servicio de direcciones IP. También actúa como base de datos para la administración del correo.

Los cmdlets relacionados con DNS:

Get-Command -Module DnsClient

El sistema de nombres de dominio (DNS, por sus siglas en inglés, Domain Name System) es un sistema de nomenclatura jerárquico descentralizado para dispositivos conectados a redes IP como Internet o una red privada. Este sistema asocia información variada con nombre de dominio asignado a cada uno de los participantes.

Realizar una consulta DNS

El cmdlet que sirve para realizar una consulta de resolución de nombres:

Resolve-DnsName

Ejemplo

Resolver el dominio microsoft.com utilizando los servidores DNS

Resolve-DnsName microsoft.com
Resolve-DnsName www.microsoft.com

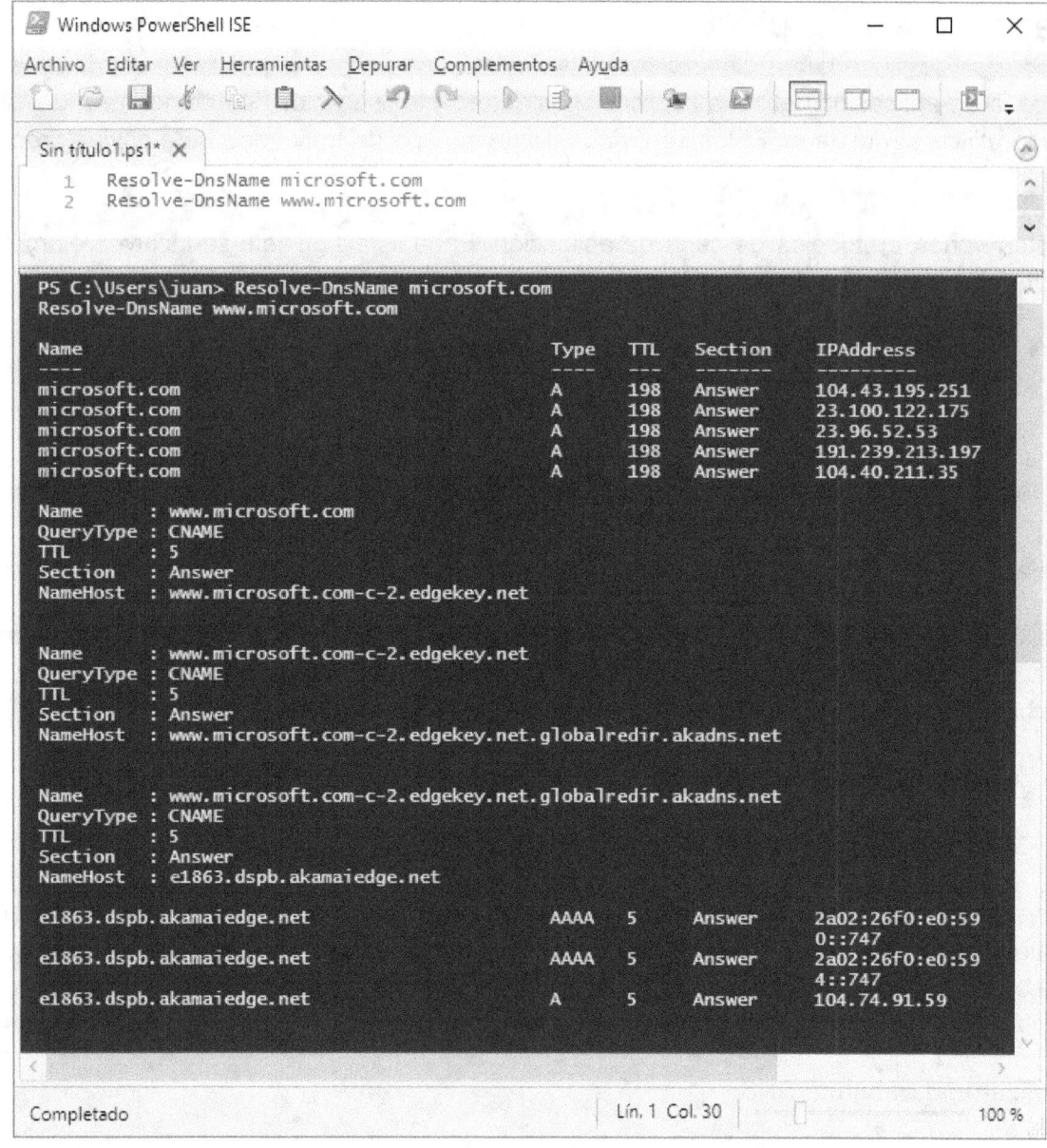

Ejercicios

Buscar direcciones IP en la red local mediante la resolución ARP y realizar una consulta DNS

(Get-NetNeighbor).IPAddress | Select-String "192.168.1." | % {
Resolve-DnsName $_
}

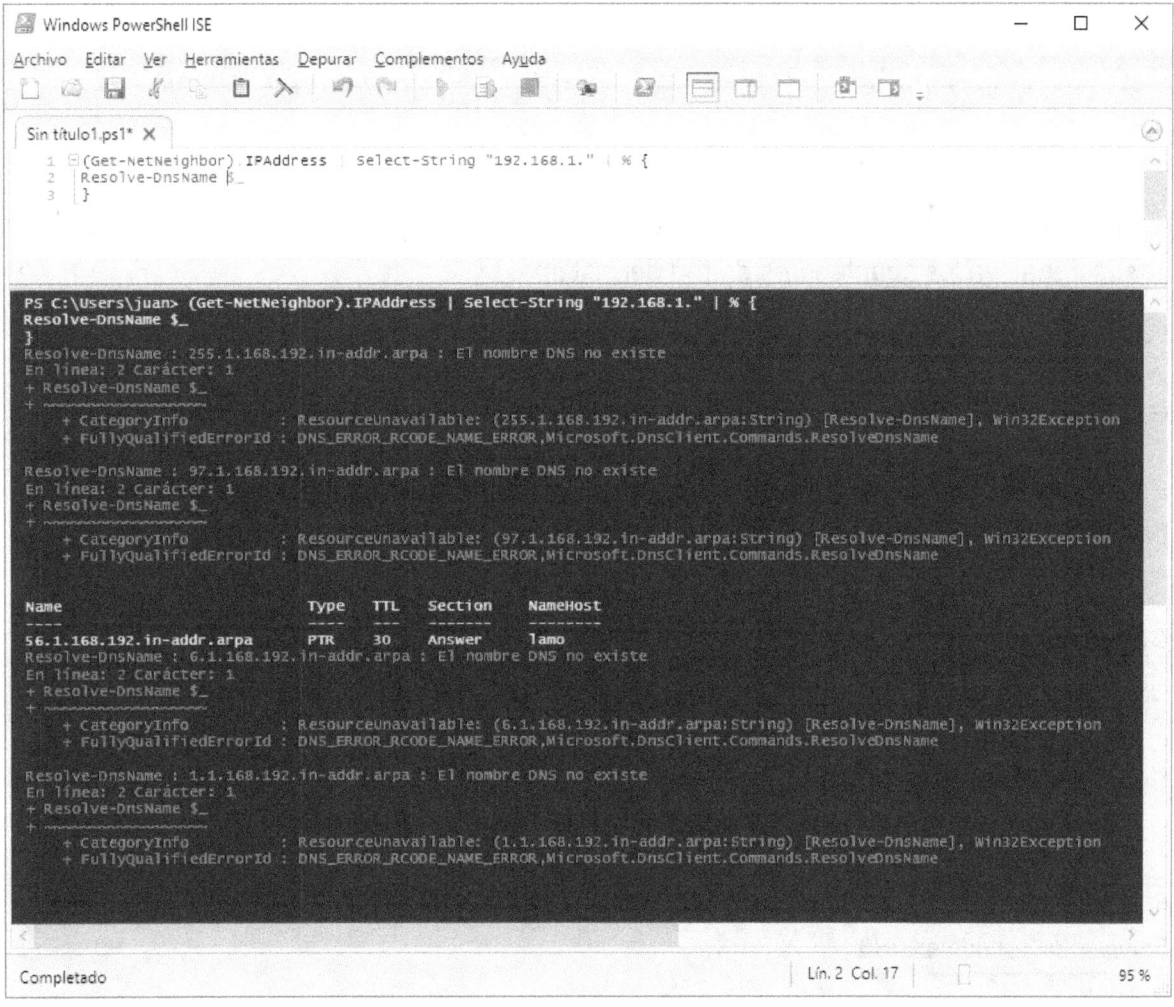

Ver el contenido de la caché del cliente DNS

El cmdlet que sirve para ver el contenido de la caché del cliente DNS:

Get-DnsClientCache

Borrar el contenido de la caché del cliente DNS

El cmdlet que sirve para borrar el contenido de la caché del cliente DNS:

Clear-DnsClientCache

Información sobre las direcciones IP del servidor DNS

El cmdlet que sirve para ver direcciones servidores DNS:

Get-DnsClientServerAddress

Ejemplos

Obtener las direcciones IP del servidor DNS se configuran en todas las interfaces de un equipo

Get-DnsClientServerAddress

El comando se utiliza para obtener información sobre las direcciones de servidor DNS configuradas en los adaptadores de red del sistema.

Ver las direcciones de los servidores DNS del adaptador Wi-Fi

Get-NetAdapter -Name "AdaptadorWi-Fi" | Get-DnsClientServerAddress

Este comando obtiene las direcciones de servidor DNS configuradas para el adaptador de red denominado "AdaptadorWi-Fi".

Cambiar servidores DNS

El cmdlet que sirve para cambiar los servidores DNS:

Set-DNSClientServerAddress

Ejemplo

Cambiar los servidores DNS

Set-DNSClientServerAddress -interfaceAlias WiFi -ServerAddresses ("192.168.1.5","192.168.1.6")

Este comando establece las direcciones de servidor DNS para el adaptador de red llamado "WiFi", configurando las direcciones DNS a 192.168.1.5 y 192.168.1.6.

Habilitar DHCP para los servidores DNS

El cmdlet que sirve para habilitar el DHCP en DNS:

Set-DNSClientServerAddress -InterfaceAlias Wifi -ResetServerAddress

Diagnóstico de conexiones

Existen cmdlets para diagnosticar conexiones de red, el principal cmdlet es:

Test-NetConnection

Muestra información de diagnóstico para una conexión, se pueden realizar varias pruebas con el cmdlet dependiendo de los parámetros de entrada y la salida se puede incluir los resultados de búsqueda de DNS, lista de interfaces IP, reglas IPsec, resultados de selección de dirección de ruta / fuente y / o confirmación de establecimiento de conexión.

Ejemplo

Realizar una prueba de la conectividad ping con resultados detallados

Test-NetConnection -InformationLevel "Detailed"

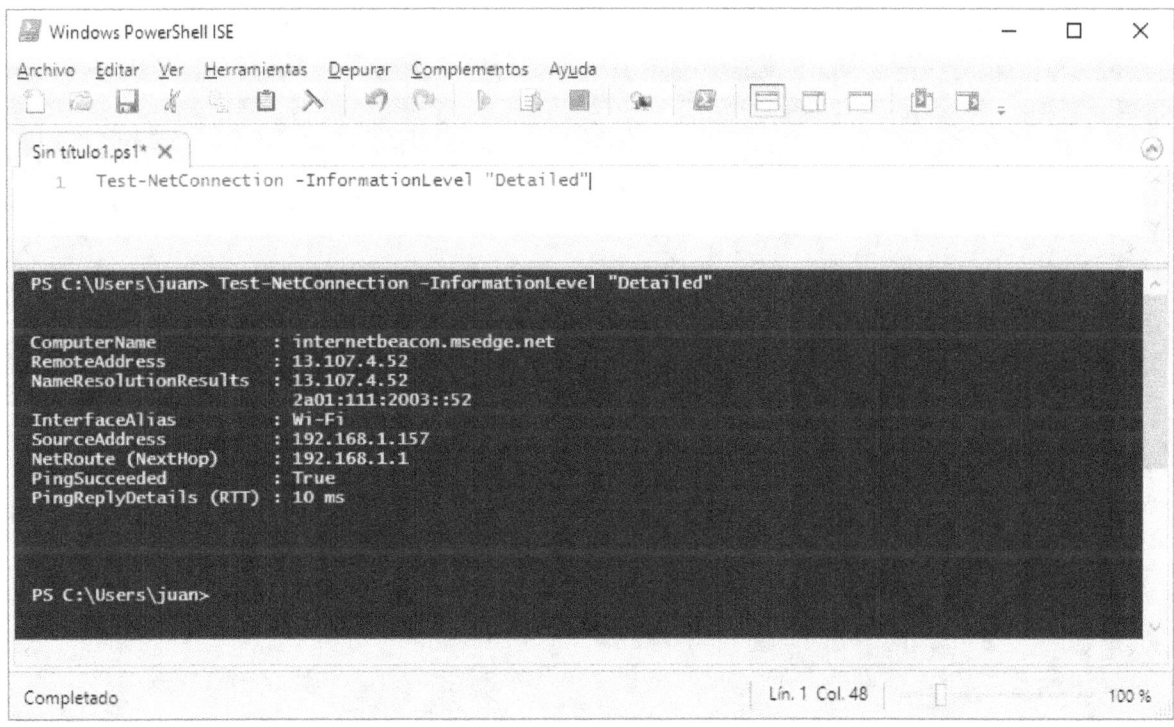

10. Gestión del rendimiento en PowerShell

- Introducción
- Monitorización
- Rendimiento
- Registros del sistema
- Reparación
- Copias de seguridad
- Restauración

Introducción

Para no tener que recurrir a la restauración de copias de seguridad o reparación del sistema operativo, hay que detectar los problemas antes de que ocurran mediante la:

- Administración de tareas y procesos, obtener información sobre los procesos y servicios que se ejecutan en el sistema.
- Gestión de eventos del sistema, los eventos son acontecimientos que ocurren en el sistema operativo.
- Monitorización del rendimiento del sistema operativo mediante el control de CPU, disco, red y memoria.

Monitorización

Desde PowerShell, se puede monitorizar el sistema de manera efectiva utilizando cmdlets que interactúan con los administradores de tareas y procesos. Estos comandos proporcionan información detallada sobre los procesos y servicios que se están ejecutando en el sistema, permitiendo a los administradores obtener una visión clara del rendimiento y la salud del sistema.

Cmdlets que sirven para monitorizar procesos, hilos y servicios:

- Ver procesos

```
Get-Process
gps
ps
Get-WmiObject -Class win32_process
```

- Matar procesos

```
Stop-Process
```

- Ver hilos

```
Get-WmiObject -Class Win32_Thread
```

- Ver servicios

```
Get-Service
Get-WmiObject -Class Win32_Service
Get-WmiObject -query "select * from win32_service"
```

Más información

- https://www.jesusninoc.com/03/19/mostrar-informacion-avanzada-de-los-procesos-que-se-estan-ejecutando-en-relacion-con-los-servicios-y-los-puertos-abiertos-tcp/

Rendimiento

En PowerShell se puede gestionar el rendimiento mediante el Monitor de rendimiento, que analiza el rendimiento del sistema operativo. Tiene control de la CPU, el disco, la red y la memoria. Se puede monitorizar el rendimiento en tiempo real o de forma continuada.

El cmdlet que muestra información sobre rendimiento:

Get-Counter

Ver todos los nombres de los contadores de rendimiento:

Get-Counter -ListSet * | Sort-Object CounterSetName | Format-Table CounterSetName

Ver todas las rutas de los contadores de rendimiento:

(Get-Counter -ListSet *).Paths

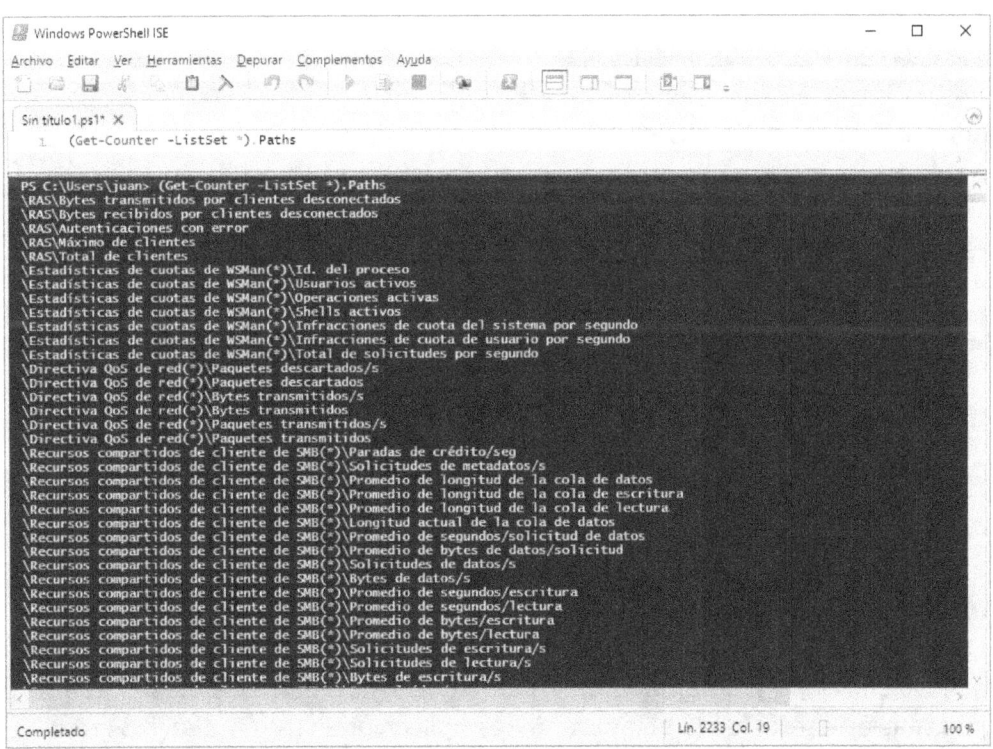

Ver las rutas de los contadores de rendimiento para el USB:

(Get-Counter -ListSet USB).Paths

El comando recupera las rutas de contadores de rendimiento para el conjunto de contadores llamado USB.

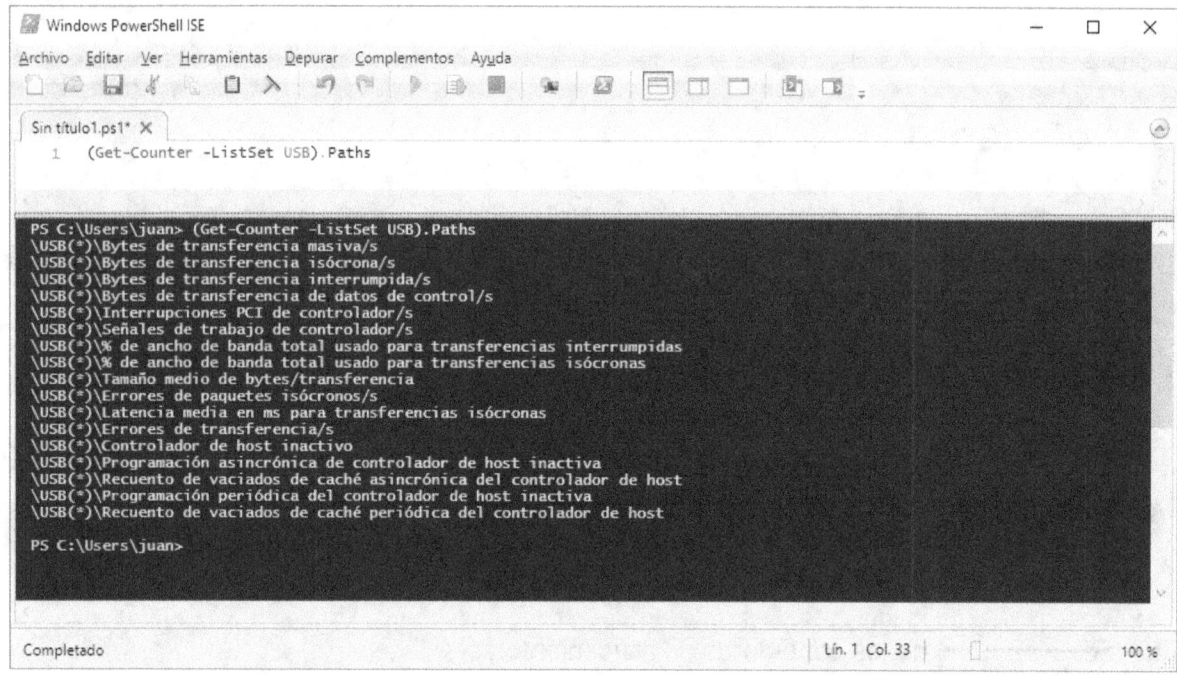

Ejemplo

Ver el número de conexiones TCP establecidas

Get-Counter -Counter "\TCPv4\Conexiones establecidas"

El comando obtiene el número de conexiones TCPv4 establecidas en el sistema.

Registros del sistema

El control de lo que ocurre en el sistema operativo se lleva a cabo mediante los Eventos del sistema, que son acontecimientos que ocurren en el sistema operativo.

El visor de eventos en Windows permite ver y examinar eventos que ocurren en el equipo. Windows tiene definidos tres tipos de registros de eventos o sucesos:

- De las aplicaciones. Son sucesos relacionados con la actividad de una determinada aplicación, los programadores pueden definir estos sucesos para recoger información acerca de la dinámica de las aplicaciones (errores, avisos, etc.).
- De seguridad. Son sucesos de auditoría definidos y activados previamente, para ello hay que activar las directivas de auditoría en la utilidad de Configuración de seguridad local.
- De sistema. Son sucesos relacionados con la actividad del sistema operativo.

Cmdlet que sirve para administrar registros de eventos:

Get-EventLog

Ejemplos

Ver eventos disponibles

Get-EventLog -List

Ver información sobre un tipo de evento

Get-EventLog Application
Get-EventLog HardwareEvents
Get-EventLog "Internet Explorer"
Get-EventLog Security
Get-EventLog System
Get-EventLog "Windows PowerShell"

Ver los últimos 10 errores en el sistema de registro

Get-EventLog -Logname System -EntryType Error -Newest 10 | Format-Table TimeGenerated,Source,Message -Wrap

Este comando obtiene los 10 eventos más recientes del registro del sistema de Windows que tienen un tipo de entrada Error. Los resultados se formatean en una tabla que muestra las columnas TimeGenerated (fecha y hora en que se generó el evento), Source (origen del evento) y Message (mensaje del evento), ajustando el texto para que se ajuste a la tabla.

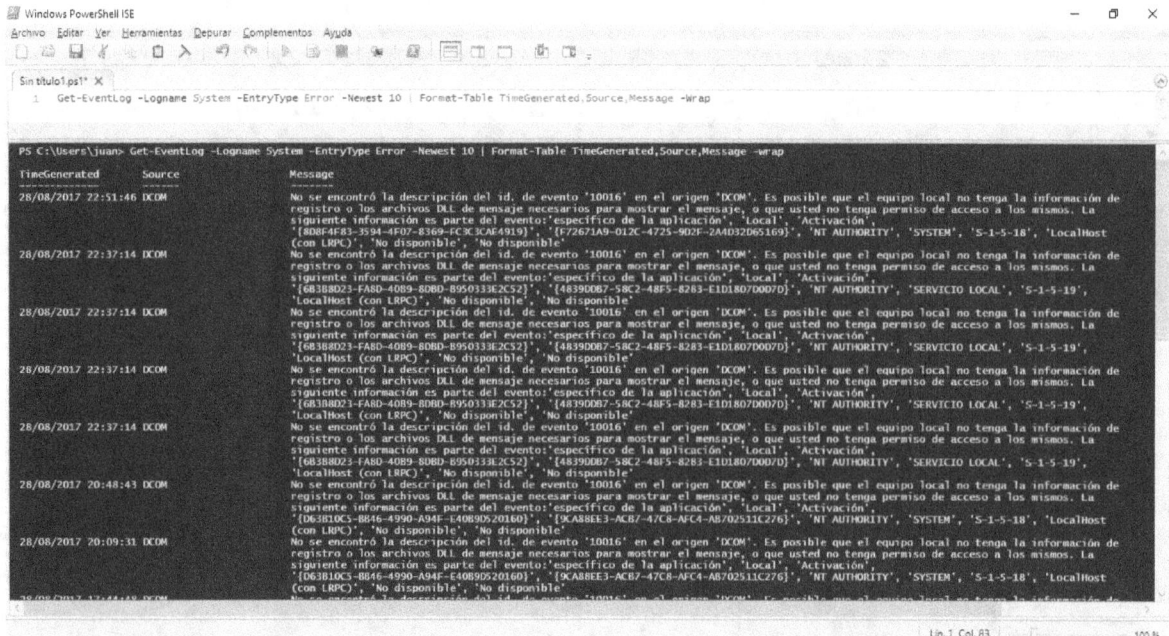

Ejercicios

Agrupar mensajes del log Application

Get-EventLog Application | Group-Object Message
Get-EventLog Application | Group-Object Message | Select-Object Name
Get-EventLog Application | Group-Object Message | Select-Object Name | Format-Custom

Información sobre IP en los logs

Get-EventLog Application | Where-Object Message -Match "192.168"
Get-EventLog Application | Where-Object Message -Match "192.168" | Select-Object Message
Get-EventLog Application | Where-Object Message -Match "192.168" | Select-Object Message | Format-Custom

Ver todos los logs desde hace un día

Get-EventLog -LogName System -EntryType Error, Warning -After (Get-Date).AddDays(-1)

Este comando obtiene los eventos del registro del sistema de Windows que tienen un tipo de entrada Error o Warning y que se generaron en el último día.

Ver intentos de inicio de sesión con credenciales explícitas (información por tipo de log)

Get-EventLog -LogName Security | Where {$_.InstanceID -eq 4648} | Select-Object Message | Format-List

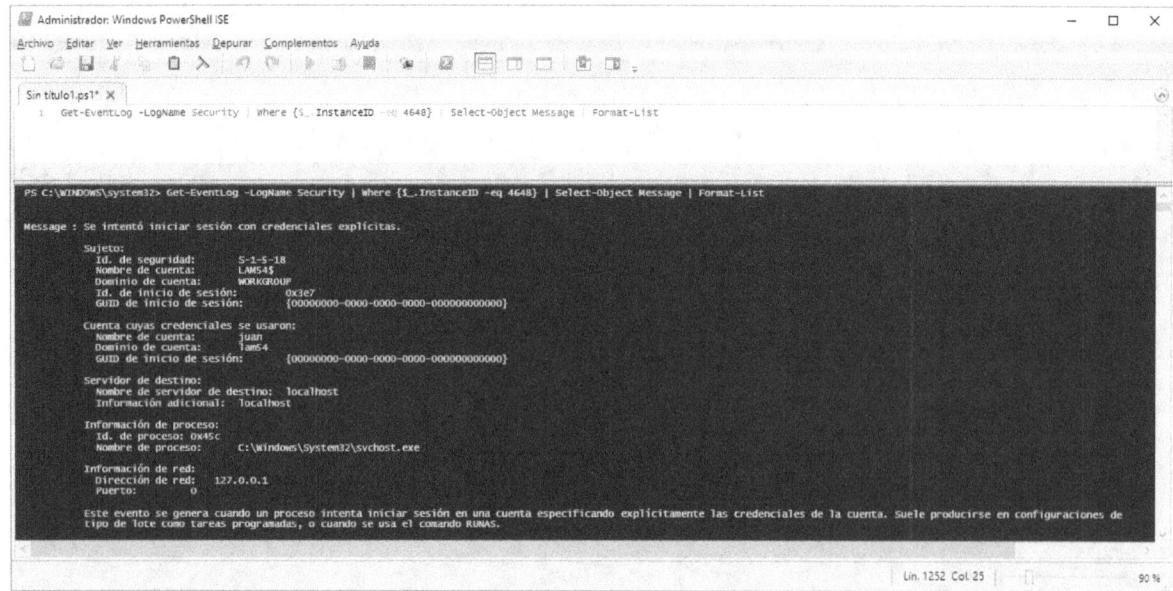

Información sobre el mensaje "explore", analizar el proceso Explore

Get-EventLog Application | Where-Object Message -Match "explore" | Select-Object Message | Format-Custom

Este comando busca en el registro de eventos de la Aplicación los eventos que contienen la palabra "explore" en el mensaje. Después, selecciona solo el campo Message y lo presenta utilizando un formato personalizado.

Ver logs sobre la aplicación de PowerShell

Get-WinEvent -LogName "Microsoft-Windows-PowerShell/Operational" -ErrorAction SilentlyContinue

Este comando obtiene los eventos del registro Microsoft-Windows-PowerShell/Operational. El uso de -ErrorAction SilentlyContinue suprime cualquier mensaje de error que pueda ocurrir durante la ejecución del comando, lo que permite que el comando se ejecute sin interrupciones incluso si no hay eventos disponibles o si hay otros problemas.

Ver los logs de asignación de privilegios especiales en los inicios de sesión desde hace dos días

Get-EventLog -LogName Security -InstanceId 4672 -After (Get-Date).AddDays(-1) | Sort-Object TimeGenerated | Out-GridView

Este comando obtiene los eventos del registro de Seguridad con el InstanceId 4672 (que indica un evento relacionado con el inicio de sesión con privilegios elevados) que se generaron en el último día. Después, ordena estos eventos por la fecha y hora en que fueron generados y los muestra en una ventana de visualización de cuadrícula (Out-GridView), permitiendo una revisión más fácil y visual de los resultados.

Reparación

Se entiende por reparar un sistema, corregir los problemas que tenga el sistema operativo. Los sistemas operativos disponen de herramientas que sirven para recuperar, reemplazar y corregir situaciones que impiden utilizarlo correctamente.

Copias de seguridad

En cualquier sistema operativo hay que asegurarse de que no se van a perder datos, y que si se produce la pérdida, por lo menos se podrán restaurar los datos perdidos. La duda no es saber si un disco duro fallará o no, sino cuándo lo hará, y para esto tenemos que estar preparados.

Una copia de seguridad consiste simplemente en tener duplicados los archivos en algún dispositivo o medio de almacenamiento, los archivos pueden ser de los usuarios o propios del sistema operativo.

Tipos de copias se seguridad:

- Copia completa. Se almacenan todos los archivos de los que se desea hacer copia y se marcan como copiados. Este tipo de copia requiere gran cantidad de tiempo y suficiente espacio de almacenamiento para guardar la copia.
- Copia incremental (progresiva). Se almacenan los archivos que se han modificado desde la última copia completa o incremental y se marcan como copiados.

Ejemplo

Simular mediante cadenas una copia de seguridad incremental

```
#Simular copia incremental
$valor1="hola"
$valor2="hola a"
$valor3="hola ad"
$valor4="hola adi"
$valor5="hola adio"
$valor6="hola adios"

$lunesc=$valor2.Replace($valor1,"");$lunesc
$martesi=$valor3.Replace($valor2,"");$martesi
$xi=$valor4.Replace($valor3,"");$xi
$ji=$valor5.Replace($valor4,"");$ji
$vi=$valor6.Replace($valor5,"");$vi

#Qué valores han cambiado
Compare-Object -ReferenceObject $valor2 -DifferenceObject $valor1 | where {$_.SideIndicator -eq "< =" -or $_.SideIndicator -eq "=>"}
```

- Copia diferencial. Se almacenan los archivos que se han modificado desde la última copia completa y no se marcan como copiados.

Ejemplo

Simular mediante cadenas una copia de seguridad diferencial

```
#Simular copia diferencial
$valor1="hola"
$valor2="hola a"
$valor3="hola ad"
$valor4="hola adi"
$valor5="hola adio"
$valor6="hola adios"

$xi=$valor4.Replace($valor1,"");$xi
```

$vi=$valor6.Replace($valor1,"");$vi

Restauración

Consiste en restaurar archivos y la configuración del sistema, ayuda a corregir problemas. El restaurador utiliza puntos de restauración para hacer que los archivos del sistema y la configuración vuelvan al estado en que se encontraban en un momento anterior, sin que esto afecte a los archivos de los usuarios.

Los puntos de restauración se crean automáticamente todas las semanas (siempre y cuando no esté deshabilitado) y justo antes de los eventos de sistema importantes, como la instalación de un programa o controlador de dispositivo. También puede crear un punto de restauración manualmente.

El cmdlet que sirve para crear un punto de restauración:

Get-ComputerRestorePoint

El cmdlet que sirve para restaurar:

Restore-Computer

Ejemplo

Crear un punto y restaurar

Get-ComputerRestorePoint
Restore-Computer -RestorePoint 255
Get-ComputerRestorePoint -LastStatus

271

11. Gestión del Directorio Activo en PowerShell

- Introducción
- Servidores y clientes
- Bases de datos
- Credenciales
- Objetos
- Grupo de Trabajo versus Directorio Activo
- Servicios de directorio
- Directorio Activo
    - Instalación de un Directorio Activo
    - Componentes
    - Dominio
    - Esquema
    - Catálogo global
    - Objetos del Directorio Activo
    - Unidades organizativas
    - Equipos
    - Usuarios
    - Perfiles móviles
    - Grupos
    - Operaciones con el Directorio Activo
    - Papelera de reciclaje Active Directory
- Directivas de Grupo
    - Registro
    - Objetos de directivas
    - Tipos de reglas
    - Funcionamiento
    - Listar directivas
    - Creación y manejo
    - Orden de aplicación de las directivas
    - Herencia, bloqueo, forzado y resolución de conflictos
    - Filtrado de Seguridad
    - Realizar copias de seguridad de las GPO
    - Directivas de contraseñas y bloqueo de cuentas
    - Asignación de derechos de usuario
- Auditoría
    - Registros de sucesos

Introducción

Los sistemas operativos han sido diseñados para poder acceder y compartir recursos en otros ordenadores, cuando nos referimos a acceder también hablamos de iniciar sesión utilizando la red, mediante credenciales (usuario y contraseña).

El acceder y compartir recursos, se puede hacer desde formas muy simples como entre dos ordenadores, hasta formas en las que intervengan miles de ordenadores. La mayoría de los sistemas operativos tienen aplicaciones, mecanismos de seguridad, estructuras, etc., que facilitan dichas tareas.

Las soluciones más simples son las que permiten compartir información entre pocos ordenadores (cualquier cliente comparte información con otro cliente), en el caso de querer compartir información de forma centralizada (un servidor comparte información con los cliente) y para un gran número de ordenadores también hay soluciones.

Deducimos que las soluciones más simples son entre clientes y las más complicadas son en las que actúa un servidor que se encarga de centralizar toda la información.

A simple vista también nos damos cuenta que compartir recursos entre clientes puede convertirse en algo caótico y difícil de localizar un recurso en concreto, además si un recurso está asociado a un cliente, esté, siempre debería estar conectado a la red.

La solución consiste en centralizar todos los recursos en un ordenador servidor, siempre se mantiene encendido y puede prestar servicios a cualquier cliente, la forma de almacenar y organizar la información sobre los usuarios, así como sus recursos, puede ser mediante los servicios de directorio. Cuando se trata de muchos usuarios es necesario optar por sistemas avanzados como los servicios de directorio.

Servidores y clientes

Para comprender el funcionamiento de los servicios de directorio hay que tener claro el concepto cliente y servidor. Un resumen simple sería que cuando un equipo cliente necesita un recurso lo tiene que hacer mediante una petición a otro equipo que podemos considerar que se trata de un servidor, ese servidor puede recibir peticiones de varios clientes.

La comunicación al final consiste en un intercambio de información entre el cliente y el servidor mediante un protocolo.

Algunos tipos de servidores, es una clasificación muy simple de lo que puede hacer un equipo que se comporta como un servidor:

- Archivos
- Impresión
- Correo electrónico
- Web
- FTP
- Proxy

Los servidores pueden estar dedicados a una función en concreta o no, además existe la posibilidad de realizar cualquier función de las anteriores y ser una estación de trabajo.

Ejemplo

Comunicación entre un cliente y un servidor mediante el protocolo UDP, el cliente manda un mensaje simple de "Hola" a la dirección IP del servidor que recibe el mensaje.

El servidor se mantiene escuchando en el puerto 2020:

```
##Server
$port=2020
$endpoint = new-object System.Net.IPEndPoint ([IPAddress]::Any,$port)
$udpclient=new-Object System.Net.Sockets.UdpClient $port
$content=$udpclient.Receive([ref]$endpoint)
[Text.Encoding]::ASCII.GetString($content)
$udpclient.Dispose()
```

Este script configura un servidor UDP que escucha en el puerto 2020, recibe un mensaje y lo convierte de bytes a texto ASCII antes de liberar el recurso del cliente UDP.

El cliente envía un mensaje al puerto 2020 del servidor, tiene que indicar la dirección IP del servidor:

```
##Client
$port=2020
$endpoint = new-object System.Net.IPEndPoint ([IPAddress]::Loopback,$port)
$udpclient=new-Object System.Net.Sockets.UdpClient
$b=[Text.Encoding]::ASCII.GetBytes('Hola')
$bytesSent=$udpclient.Send($b,$b.length,$endpoint)
$udpclient.Close()
```

Este script configura un cliente UDP que envía el mensaje "Hola" al servidor en el puerto 2020 utilizando la dirección de loopback.

Bases de datos

Uno de los conceptos que se van a tratar aquí es el Protocolo LDAP, que consiste en una base de datos en la que se pueden realizar consultas sobre objetos existentes.

Ejercicios

Practicar la consulta e inserción de datos en una Base de Datos MySQL desde PowerShell (enlaces sobre los que trabajar)

- https://www.jesusninoc.com/12/27/conectar-powershell-con-mysql/
- https://www.jesusninoc.com/03/18/arrancar-y-conectar-a-mysql-desde-powershell/
- https://www.jesusninoc.com/01/11/crear-una-base-de-datos-en-mysql-con-powershell
- https://www.jesusninoc.com/01/13/crear-una-tabla-en-una-base-de-datos-en-mysql-con-powershell/
- https://www.jesusninoc.com/01/17/insertar-valores-en-una-tabla-de-una-base-de-datos-en-mysql-con-powershell/
- https://www.jesusninoc.com/01/19/ver-valores-insertados-en-una-tabla-de-una-base-de-datos-en-mysql-con-powershell/

Almacenar la información enviada entre un cliente y un servidor en una base de datos MySQL con PowerShell (es un ejercicio bastante completo)

- https://www.jesusninoc.com/01/15/almacenar-la-informacion-enviada-entre-un-cliente-y-un-servidor-en-una-base-de-datos-mysql-con-powershell/

Credenciales

Las credenciales de inicio de sesión son nombres de usuario y contraseñas gestionados que dan acceso a los sistemas y sirven para identificar a una persona.

Utilizar contraseñas es un método para autentificarse, pero no es el único, hay otros métodos como, por ejemplo, el uso de tarjetas inteligentes que tiene la identidad grabada.

El concepto de credencial es fundamental a la hora de validarse dentro de un sistema, los clientes son los que intentan el acceso a los servidores mediante la utilización de credenciales.

Ejemplo

Simular el envío de credenciales entre un cliente y un servidor mediante el protocolo UDP. Una vez recibidos los credenciales por el servidor se ejecuta la aplicación Notepad.

Servidor escucha y ejecuta los credenciales:

```
$port=2022
$endpoint = new-object System.Net.IPEndPoint ([IPAddress]::Any,$port)
$udpclient=new-Object System.Net.Sockets.UdpClient $port
$content=$udpclient.Receive([ref]$endpoint)

# Ejecutar los credenciales que llegan por UDP
$jsonc = [Text.Encoding]::ASCII.GetString($content) | ConvertFrom-Json
$cred = New-Object -TypeName PSCredential $jsonc.UserName,($jsonc.Password | ConvertTo-SecureString)
Start-Process notepad -Credential $cred
```

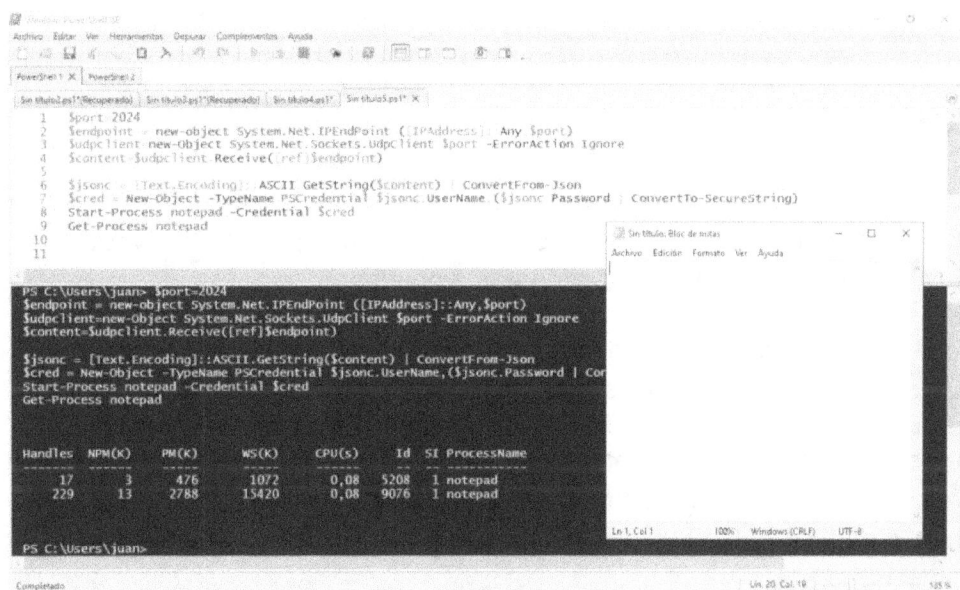

Cliente que envía los credenciales:

```
# Almacenar credenciales en un fichero JSON
Get-Credential | Select Username,@{n="Password"; e={$_.password | ConvertFrom-SecureString}} | ConvertTo-Json | Set-Content -Path credenciales.json -Encoding UTF8


$port=2022
$endpoint = new-object System.Net.IPEndPoint ([IPAddress]::Loopback,$port)
$udpclient=new-Object System.Net.Sockets.UdpClient
$val = Get-Content -Path .\credenciales.json -Encoding UTF8 -Raw
$b=[Text.Encoding]::ASCII.GetBytes($val.ToString())
$bytesSent=$udpclient.Send($b,$b.length,$endpoint)
$udpclient.Close()
```

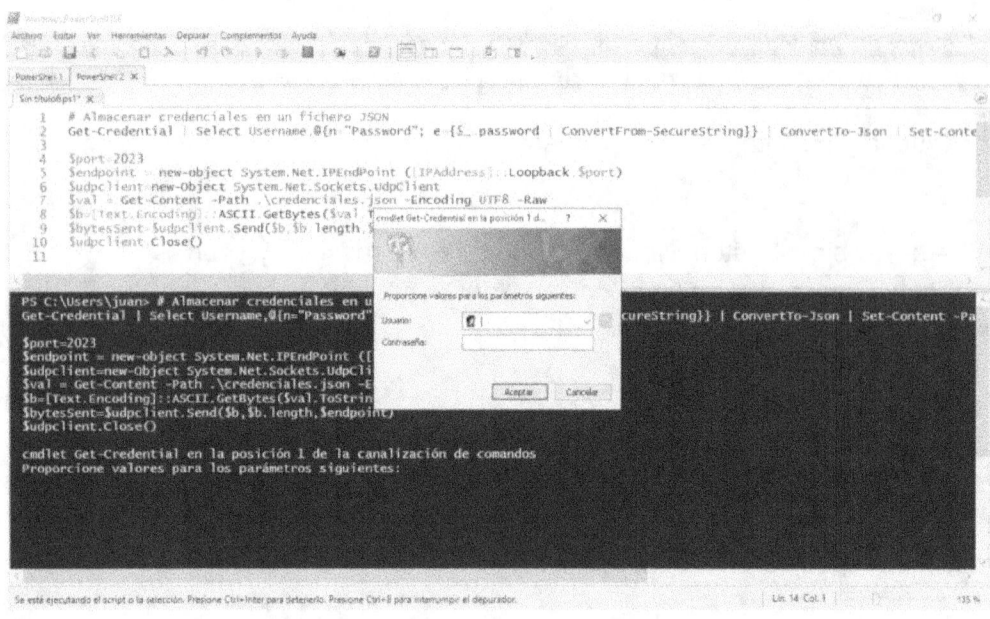

Objetos

Los objetos, propiedades (para nosotros los atributos son propiedades, debido a una explicación desde el punto de vista de la programación), métodos y eventos son las unidades básicas de la programación orientada a objetos.

Aunque el concepto objeto en informática es algo lógico que no podemos tocar, podemos pensar que el objeto es algo que existe aunque no sea físicamente real.

Un objeto es un elemento abstracto de una aplicación, que representa una instancia de una clase, la clase se puede definir como la estructura que va a tener el objeto. Propiedades, métodos y eventos son las unidades de creación básicas de los objetos y constituyen sus miembros.

El concepto objeto lo utilizaremos en el Directorio Activo para representar cualquier recurso que haya en la Red. Un objeto es un usuario, un grupo, un equipo, una impresora, un servicio, etc.

Algunos de los objetos que se pueden representar:

- Hardware: procesador, memoria, dispositivos, etc.
- Software: programas, archivos, carpetas, etc.
- Usuarios y grupos.
- Y más cosas...

Ejemplo

Crear un objeto coche con una propiedad que sea el color y un método que sea indicar la temperatura del motor

```
#Crear objeto coche
$coche=New-Object Object
#Añadir propiedad color de coche
Add-Member -MemberType NoteProperty -Name Color Negro -InputObject $coche
#Añadir método temperatura del motor
$coche | Add-Member ScriptMethod TemperaturaMotor {60}

#Mostrar el color del coche
$coche.color
#Mostrar la temperatura del motor
$coche.TemperaturaMotor()
```

Este script crea un objeto que representa un coche, añadiendo una propiedad para el color y un método para obtener la temperatura del motor. Después, muestra el color del coche y la temperatura del motor.

Grupo de Trabajo versus Directorio Activo

Existen los grupos de trabajo (concepto introducido por Microsoft en la versión de Windows 3.11) que sirven para compartir recursos entre usuarios individuales, dicho sistema se fundamenta en los credenciales (usuario y contraseña) y los permisos (NTFS y de red).

Este tipo de red tiene los inconvenientes de:

- Recursos compartidos que no se localizan y la información no está centralizada.
- Recursos compartidos con un número limitado de usuarios.
- La seguridad radica en las credenciales que se tienen que compartir.

Otra forma de compartir recursos y que veremos en detalle es el Directorio Activo, es un servicio de directorio cuya estructura centraliza recursos, los ofrece a los ordenadores y a los mediante la utilización del concepto dominio.

Si hablamos de una empresa pequeña el concepto grupo de trabajo encaja bien pero si la empresa tiene un gran número de usuario y equipos es necesario centralizar la información mediante un Directorio Activo.

Servicios de directorio

Una de las principales soluciones para centralizar recursos son los servicios de directorio, el elemento fundamental de los servicios de directorio es el directorio que se define como un elemento que almacena información sobre los distintos recursos de una red, a ese elemento que almacena información se accede de forma similar a como se hace con una base de datos (visto anteriormente), realizando búsquedas, lecturas y demás operaciones para tener acceso a los elementos de la red.

Los servicios de directorio son los métodos que se utilizan para almacenar información en el directorio, hay varios estándares que definen los servicios de directorio, el más conocido es el X.500.

Una parte importante en los servicios de directorio es la comunicación con él, es decir, qué protocolo de comunicación se utiliza.

En el caso del estándar X.500 al principio, la comunicación se realizaba mediante el protocolo DAP (Directory Access Protocol, Protocolo de acceso a directorios), era un protocolo muy complejo y pesado, como alternativa a este protocolo apareció LDAP (Lightweight Directory Access Protocol, Protocolo ligero de acceso a directorios), este protocolo era más sencillo y ligero, es el protocolo que actualmente se utiliza en la comunicación de los servicios de directorio.

La principal característica del protocolo LDAP es que es más ligero y que funciona sobre TCP/IP.

Hay numerosas implementaciones de los servicios de directorio, algunos ejemplos son el servicio de directorio de Red Hat, Open Directory de Apple, Active Directory (Directorio Activo) de Microsoft, OpenLDAP que es una implementación de código abierto, etc.

Directorio Activo

Es el servicio de directorio desarrollado por Microsoft y que se utiliza desde la versión de Windows Server 2000, ha estado presente en todas las versiones Server.

Active Directory utiliza varios servicios como LDAP, DNS, Kerberos, etc.

Uno de los protocolos fundamentales es el DNS, en Active Directory cada dominio se identifica por un nombre de dominio completo (FQDN, siglas en inglés Fully Qualified Domain Name).

Cada ordenador que forme parte del Active Directory tiene un nombre en el DNS con el propio nombre del equipo y además se le añade el nombre del dominio, por ejemplo "servidor1.red.com". El servidor DNS se tiene que encargar de traducir esos nombres a direcciones IP.

Resumimos que el Directorio Activo utiliza la nomenclatura de DNS para nombrar a los dominios, esto también se conoce como espacio de nombres o espacio de nomenclatura. Otra de las funciones que realiza el DNS con el Directorio Activo es la resolución de nombres.

Gracias a la resolución de nombres, se plantean distintas estructuras con dominios.

Los dominios permiten dividir redes extensas en varias redes para llevar a cabo la administración de usuarios, equipos, recursos, etc.

La ventaja de utilizar dominios es que se organizan recursos, se centraliza la seguridad y hay un mayor control de cuentas de usuario.

Los servidores que forman parte de un dominio muestran todos su servicios a los usuarios y estos se pueden ver todos los recursos si se tienen permisos para ello.

El conjunto de uno o más dominios que comparte un espacio de nombres contiguo, es decir, cuando una parte del nombre es común por ejemplo "red.local", se conoce como árbol, pongamos un ejemplo, los dominios "alumnos.red.local" y "red.local", en este caso el dominio "alumons.red.local" es un dominio secundario o un subdominio o hijo y "red.local" es el dominio raíz o padre.

En algunas organizaciones los dominios secundarios representan grandes unidades como por ejemplo las distintas sedes de una empresa.

Otro tipo de estructura es el bosque que consiste en grupo de árboles que no comparten un espacio de nombres contiguos, la forma en que se conectan es mediante relaciones de confianza. Pongamos un ejemplo, los dominios "red.local" y "internet.local" pueden formar parte de un bosque pero no comparten un espacio de nombres contiguo.

Se puede decir que un dominio único en árbol de dominio y además un bosque de un árbol.

La función que puede asumir un servidor en un dominio es de:

- Controlador de dominio (Domain Controller): Es el equipo en donde está centralizada es decir guardada toda la información. Dentro de un dominio, es fundamental que haya al menos un controlador de dominio, puede haber varios, su función es almacenar objetos del Directorio Activo como por ejemplo las unidades organizativas o las cuentas de usuario. Desde la versión de Windows Server 2008 se pueden crear controladores de dominio de sólo lectura (RODC, siglas en inglés de Read-Only Domain Controller), esto permite leer datos del dominio sin hacer modificadores, es la solución en entornos poco seguros. Todos los controladores de dominio admiten cambios y replican estos cambios a los demás controles de dominio. Los controladores de dominio también son miembros de los dominios.
- Miembro del servidor: Es un servidor dentro del dominio pero que no se comporta como controlador de dominio, puede asumir cualquier rol (función) como por ejemplo un servidor de archivos, un servidor web, etc.
- Servidor independiente: Se puede definir como un servidor que no es controlador ni pertenece a un dominio, la palabra define bastante bien el concepto, es un servidor independiente.

Otro elemento importante es el nivel funcional que consiste en la mínima versión del sistema operativo que utilizan los controladores de dominio.

Instalación de un Directorio Activo

En este apartado veremos brevemente como planificar, ejecutar, configurar y documentar la instalación de un Directorio Activo:

Configuraciones previas y relativas al equipo

Configuración IP, comprobamos que la configuración de red es correcta: IP, máscara, puerta de enlace, servidor DNS (en este caso que apunte a sí mismo con la IP 127.0.0.1).

Para la identificación del equipo, el ordenador tiene que identificarse de forma unívoca, es decir el nombre no puede ser el mismo que otro equipo de la red.

Sistema de archivos, la instalación se tiene que realizar sobre una partición NTFS.

Configuración relativa a la estructura de dominios

Número de dominios:

- Un solo dominio: Controla todos los objetos de la red y no tiene hijos, si el dominio se llama "red.local", un equipo se llamará "2011AULA-1.red.local".
- Un dominio con subdominios: Hay un dominio principal o padre y los dominios que se creen serán subdominios que penderá del padre, si el dominio principal se llama "red.local", dos dominios que cuelgan del padre serían "alumnos.red.local" y "profesores.red.local".
- Varios dominios independientes: Hay varios dominios padres que a su vez pueden o no tener subdominios hijos, dos dominios independientes pueden ser "red.local" y "empresa.local", cada uno es controlador principal y tiene su propia estructura.

Nivel funcional del dominio: La mínima versión del sistema operativo que utilizan los controladores de dominio.

Configuración relativa a los credenciales de administrador de red

Para realizar la instalación es necesario ser administrador del equipo.

Ejecución de la instalación del rol de Active Directory

Gracias a los asistentes la instalación se realiza de forma guiada, el objetivo es instalar el rol del servicio de dominio de Active Directory.

Configuración del controlador de dominio

Después de la instalación viene la configuración, en el caso del Active Directory la configuración consistirá en convertir el servidor en un controlador de dominio. Para convertir el servidor en un controlador de dominio se utiliza "dcpromo.exe".

Ejecutar "dcpromo.exe" desde "Inicio" - "Ejecutar". Se abre un asistente cuyo nombre es "Asistente para la instalación de los Servicios de dominio de Active Directory".

En la primera pantalla se muestra información sobre lo que es el asistente, dejando sin marcar la instalación en modo avanzado pulsamos en el botón "Siguiente".

La siguiente pantalla muestra información sobre la compatibilidad del sistema operativo, lo leemos y pulsamos en el botón "Siguiente".

En la pantalla "Elegir una configuración de implementación", marcamos la opción "Crear un dominio nuevo en un bosque nuevo", elegimos esta opción porque es el primer servidor que va a ser controlador de dominio de la red, una vez marcado pulsamos en el botón "Siguiente".

En la siguiente pantalla hay que escribir un nombre de dominio completo (FQDN) del nuevo dominio raíz del bosque que estamos creando, en caso de no tener un dominio registrado escribimos un nombre cualquier, después un punto y por último es conveniente finalizarlo con "local", en este caso escribimos "red.local", después pulsamos el botón "Siguiente".

En la siguiente pantalla seleccionamos el nivel funcional del bosque, dependiendo del nivel funcional se añaden unas características u otras.

El siguiente paso consiste en instalar opciones adicionales para el controlador de dominio, como es el primer controlador de dominio debe ser un servidor de catálogo global y no puede ser RODC, también es necesario instalar el servicio Servidor DNS.

En el siguiente paso seleccionamos la ubicación de la base de datos del controlador de dominio, los archivos de registro y SYSVOL, en este caso lo dejamos sin modificar nada y pulsamos en el botón "Siguiente".

En el siguiente paso se indica una contraseña para la cuenta de administrador del modo de restauración de servicios de directorio, esta contraseña se usará cuando el controlador de dominio se inicie en modo de restauración. Después de escribir la contraseña dos veces pulsamos en el botón "Siguiente".

La siguiente pantalla muestra un resumen de selecciones que hemos realizado, se puede exportar la configuración a un archivo de respuesta para usarse con otras operaciones desatendidas. Para continuar pulsar en el botón "Siguiente". El asistente configura los Servicios de dominio y pasados unos minutos finaliza la instalación, pulsamos en el botón "Finalizar" y el servidor se reiniciará.

Lo que hemos visto en este paso era cómo crear un controlador de dominio, en una red puede haber varios.

Documentar el proceso

Por último, es importante documentar todo el proceso realizado, tomando nota de todos los parámetros que se han utilizado.

Componentes

El directorio activo permite realizar múltiples tareas, aunque la más conocida es almacenar, buscar información de usuarios, equipos y otros objetos, además se encarga de autenticar a usuarios y equipos.

Todo lo que forma parte de un Directorio Activo se consideran recursos de red.

Desde PowerShell, se gestiona un Directorio Activo mediante los cmdlets del módulo "ActiveDirectory":

Get-Command -Module ActiveDirectory

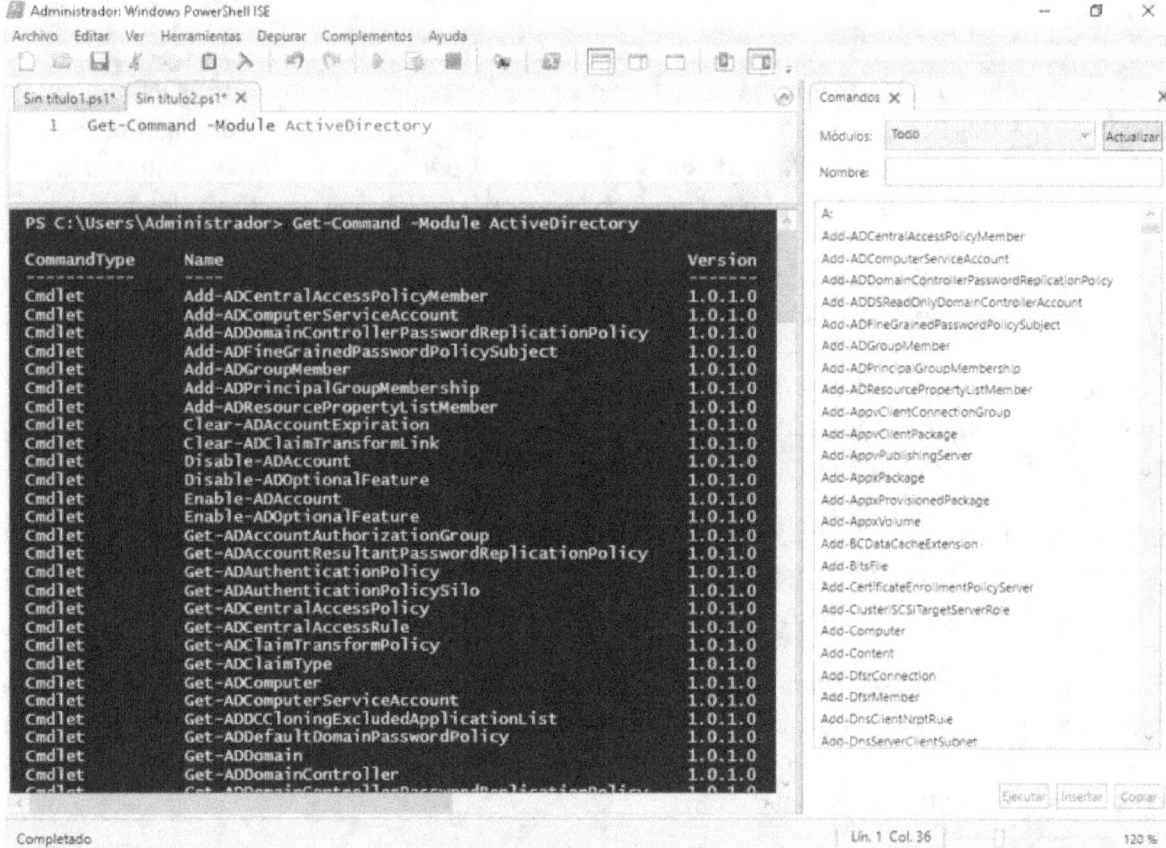

Componentes del Directorio Activo:

- Clases
- Objetos y atributos
- Unidades organizativas (OU, Organizational Unit)
- Equipos
- Usuarios
- Grupos
- Dominio
- Árbol de Dominio
- Bosque de Dominio
- Esquema
- Catálogo Global

A continuación veremos desde la perspectiva de PowerShell algunos de los componentes de un Directorio Activo.

Dominio

Es el elemento fundamental que agrupa todos los objetos (como por ejemplo equipos y usuarios) que se administran de forma estructurada y jerárquica.

Esquema

Un esquema es la definición de atributos y clases que forman parte de un directorio distribuido y es similar a los campos y las tablas de una base de datos. Los esquemas incluyen un conjunto de reglas que determinan el tipo y el formato de los datos que se pueden añadir o incluir en la base de datos. La clase User es un ejemplo de un valor *class* que se almacena en la base de datos. Algunos ejemplos de atributos de la clase User pueden incluir el nombre, apellidos, número de teléfono, etc.

Los atributos, las clases y los objetos son los elementos utilizados para crear definiciones de objetos en el esquema. A continuación se detallan los elementos del esquema:

Atributos

Cada atributo de esquema, que es similar a un campo en una base de datos, tiene varias propiedades que definen las características del atributo. Por ejemplo, la propiedad LDAP que utilizan los clientes para leer y escribir el atributo es LDAPDisplayName. La propiedad LDAPDisplayName debe ser única en todos los atributos y clases.

Clases

Las clases se parecen a las tablas de una base de datos, y también tienen varias propiedades que es necesario definir. Por ejemplo, objectClassCategory define la categoría de clase.

Identificador de objeto

Cada clase y atributo deben tener un OID (Identificador de objeto) exclusivo para todos los objetos. Los proveedores de software deben obtener su propio OID para garantizar la unicidad. La unicidad evita conflictos en el supuesto de que se utilice el mismo atributo en más de una solicitud para finalidades diferentes. Para garantizar la originalidad, puede obtener un OID raíz de una autoridad de registro de nombres de ISO. También puede obtener un OID básico de Microsoft.

Atributos vinculados a esquemas

Algunos atributos están vinculados a dos clases, con vínculos de paso y retroceso. Un excelente ejemplo de ello son los grupos. Si mira un grupo, verá los miembros de ese grupo; si echa un vistazo a un usuario, verá a qué grupos pertenece. Cuando añada un usuario a un grupo, Active Directory creará un vínculo al grupo y después Active Directory añadirá un vínculo para volver del grupo al usuario. Se debe generar un identificador de vínculo único al crear un atributo que se vinculará.

Catálogo global

El catálogo global es una partición de Active Directory que contiene información sobre todos los objetos del directorio. El catálogo global contiene en realidad una réplica parcial de los objetos del directorio para que cualquier usuario pueda encontrar información sobre el conjunto del bosque.

Objetos del Directorio Activo

Para poder trabajar con los objetos del Directorio Activo hay que identificar el tipo de la clase con la que se quiere trabajar. Muchas de las propiedades que maneja un objeto de AD tan solo se pueden acceder y modificar tratándolo como tal.

Obtener objetos

Mediante el cmdlet:

Get-ADObject

Ejemplo

Obtiene todos los objeto que estén ubicados en una unidad organizativa y sean del tipo usuario

Get-ADObject -Filter 'ObjectClass -eq "user"' -SearchBase 'OU=usuariosPrueba,DC=Dominio,DC=Local'

Crear objetos

Mediante el cmdlet:

New-ADObject

Ejemplo

Crea un objeto del tipo usuario

New-ADObject -name Usuario -type contact -ProtectedFromAccidentalDeletion $true

Este comando crea un nuevo objeto de contacto en Active Directory llamado "Usuario" y establece la propiedad ProtectedFromAccidentalDeletion en true, lo que protege el objeto de ser eliminado accidentalmente.

Mover objetos

Mediante el cmdlet:

Move-ADObject

Ejemplo

Mueve un objeto y lo pega en un destino determinado

Move-ADObject -Identity "OU=UnidadPSOrigen,DC=Dominio,DC=Local" -TargetPath "OU=UnidadDestino,DC=Domino,DC=Local"

Este comando mueve un objeto de Active Directory desde la unidad organizativa UnidadPSOrigen a la unidad organizativa UnidadDestino dentro del dominio especificado.

Eliminar objetos

Mediante el cmdlet:

Remove-ADObject

Ejemplo

Borra un objeto determinado

Remove-ADObject 'CN=Usuario,OU=Usuarios,DC=Dominio,DC=Local'

Este comando elimina el objeto de Active Directory denominado Usuario ubicado en la unidad organizativa Usuarios dentro del dominio especificado.

Modificar objetos

Mediante el cmdlet:

Set-ADObject

Ejemplo

Modifica la descripción de un usuario determinado

Set-ADObject 'CN=Usuario;OU=UnidadPs;DC=Dominio;DC=Local' -Description 'Modificación de la descripción'

Este comando modifica la descripción del objeto de Active Directory denominado Usuario ubicado en la unidad organizativa UnidadPs, estableciendo la nueva descripción como "Modificación de la descripción".

Unidades organizativas

Son contenedores en donde se pueden colocar otros objetos, estos contenedores son las unidades más pequeñas sobre las que pueden configurar directivas de grupo o delegar el control. Se utilizan por ejemplo para establecer una estructura jerárquica, por ejemplo para representar la división en departamentos de una empresa.

Crear una unidad organizativa

Mediante el cmdlet:

New-ADOrganizationalUnit

Mover una unidad organizativa

Mediante el cmdlet:

Move-ADObject

Eliminar una unidad organizativa

Mediante el cmdlet:

Remove-ADOrganizationalUnit

Equipos

Cada uno de los ordenadores que componen una red y pueden entrar a formar parte de un dominio, desde el dominio se puede administrar cada uno de los equipos.

Crear un equipo

Mediante el cmdlet:

New-ADComputer

Mover un equipo

Mediante la combinación de los siguientes cmdlets:

Get-ADComputer "nombreequipo" | Move-ADObject -TargetPath "OU=nombreOU, DC=primerapartedominio, DC=segundapartedomio"

Este comando obtiene el objeto del equipo llamado nombreequipo de Active Directory y lo mueve a la unidad organizativa especificada, nombreOU, dentro del dominio indicado.

Eliminar un equipo

Mediante el cmdlet:

Remove-ADComputer

Añadir un ordenador a un dominio

Cualquier ordenador puede compartir recursos con otros equipos de la red, en algunos sistemas operativos cuando el compartir recursos se hace entre un grupo pequeño de ordenadores se denomina grupo, en el caso de Windows Grupo de Trabajo. Los ordenadores también pueden formar parte de una estructura mayor para compartir recursos como es el dominio.

Aunque en este capítulo explicamos como añadir un ordenador a un dominio de Windows, los ordenadores que forman parte del dominio no tienen porque ser Windows, pueden tener otros sistemas operativos como Linux o UNIX.

Los principales requisitos para unir un cliente a un dominio son tener correctamente configurada la red y asignar un nombre distinto a cada equipo. La dirección IP de cada equipo cliente también será distinta.

Veamos cómo se añade un ordenador a un dominio de forma gráfica y mediante cmdlets de PowerShell.

Añadir un ordenador un dominio llamado "local.red" mediante cmdlets de PowerShell

Añadir un equipo al dominio (el script se ejecuta desde el equipo que queremos meter en el dominio).

El script es el siguiente:

```
# Ejecutar como administrador
$username = "dominio.local\administrador"
$password = 'Password' | ConvertTo-SecureString -AsPlainText -Force
$domainName = 'dominio.local'

# Convertir usuario y password en credenciales
$cred = [PSCredential]::new($username, $password)

# Añadir al dominio
Add-Computer -DomainName $domainName -Credential $cred

# Reiniciar el equipo
Restart-Computer
```

Este script en PowerShell se utiliza para agregar un equipo a un dominio específico. Primero, define el nombre de usuario y la contraseña, convierte estos en un objeto de credenciales y después utiliza el comando Add-Computer para unir el equipo al dominio. Finalmente, reinicia el equipo para aplicar los cambios.

Usuarios

Las personas que quieren utilizar un sistema operativo necesitan disponer de un nombre de usuario y una contraseña.

Los usuarios deberían ser únicos e individuales aunque a veces no es así, esto conlleva un importante riesgo de seguridad porque no se identifica correctamente a los usuarios dentro del sistema.

Algunas recomendaciones sobre la utilización de usuarios:

- Desactivar las cuentas de usuarios que no se utilizan.
- Evitar la utilización de cuentas genéricas y que no identifiquen al usuario, como por ejemplo "alumno", "usuario", etc.
- Establecer contraseñas seguras en las cuentas de usuario, estableciendo una vigencia máxima mínima de una contraseña, una longitud mínima y unos requisitos de complejidad.
- Cambiar la contraseña al iniciar sesión en el caso de que haya una contraseña por defecto.
- No utilizar las cuentas de administrador para realizar tareas básicas.
- Crear distintas cuentas de usuarios administradores para cada uno de los administradores que van a iniciar sesión en el ordenador.
- Reducir el número de usuarios que tienen permiso de administrador en el sistema.
- Cambiar el nombre de la cuenta de administrador.

Para crear un usuario es necesario tener permisos especiales, no todos los usuarios pueden crear otros usuarios.

A la hora de crear un usuario hay que seguir algunas normas, seguir unas normas facilita recordar los nombres y llevar un correcto control. Algunas pueden ser:

- El nombre de usuario tiene que ser único.
- La longitud del nombre de usuario debería ser similar para todos usuarios, es decir el mismo número de caracteres.
- Se pueden incluir letras, dígitos y algunos caracteres para crear el nombre.
- Cuando hay que crear un gran número de usuarios, se puede seguir utilizar la nomenclatura nombre y tres primeras letras del apellido. Por ejemplo el usuario para Isabel Martín sería "v198isamar2011".
- Al nombre de usuario podemos añadirle algún carácter identificativo, por ejemplo los usuarios del departamento de ventas pueden tener el carácter v delante del nombre. Por ejemplo, "v198isamar2011".

Características

Hay varias características que están relacionadas con la administración de usuarios y grupos en los sistemas operativos Windows:

- Cuenta de usuario: Las cuentas de usuario se pueden utilizar de forma local o en red, en este caso las que nos interesan son en red y además las cuentas de usuario que se crean en un dominio de Active Directory, esto permite a un usuario de un

dominio poder iniciar sesión en cualquier ordenador que forme parte del dominio o en algún dominio de confianza.
- **Listas de control de acceso:** Para utilizar recursos se requiere tener autorización, cada recurso tiene una lista donde aparecen los usuarios que pueden usar dicho recurso, estas listas se conocen como ACL (Access Control List, o Lista de Control de Acceso).

  El funcionamiento es el siguiente: cuando un usuario intenta acceder a un recurso, el recurso comprueba en la lista de control de acceso si el usuario tiene permiso o no para utilizarlo.

  La lista de control de acceso se compone de identificadores de seguridad (SID, Security IDentifier) y permisos. Los identificadores de seguridad son unos valores únicos de longitud variable que se utilizan para identificar a usuarios y grupos.
- **Perfil de usuario:** Los perfiles de usuario definen entornos de escritorio personalizados, en los que se incluye la configuración de cada usuario como por ejemplo la configuración de la pantalla, las conexiones de red y de impresoras, etc. El usuario o el administrador del sistema pueden definir las características del entorno del escritorio. La personalización del entorno de escritorio efectuada por un usuario no afecta a la configuración del resto de los usuarios.
- **Directivas de grupo:** Las directivas permiten a los administradores configurar el sistema operativo, estas configuraciones se pueden hacer en local o en red, en este apartado sólo veremos las locales, en general las directivas modifican el Registro de Windows.

Ver o listar usuarios

Hay varias formas de buscar usuarios, aquí entran en juego los filtros LDAP.

Mediante el cmdlet:

Get-ADUser

Ejemplo

<u>Analizar información sobre usuarios</u>

```
# Obtener todos los usuarios
Get-ADUser
# Obtener todos los usuarios de un unidad organizativa concreta
Get-ADUser -Path "OU=UnidadOrganizativa,DC=Dominio,DC=Local"
# Obtener todos los usuarios cuya cuenta de login sea menor que 5
Get-ADUser | Where {$_.LogOnCount -lt 5}
# Obtener todos los usuarios con punto de inicio de búsqueda determinado
Get-ADUser -SearchBase "UO=UnidadPartida,DC=Dominio,DC=Local"
# Obtener sólo determinada información de usuarios de una unidad organizativa
Get-ADUser -SearchBase "UO=UnidadPartida,DC=Dominio,DC=Local" -Properties * | select name, sam,distinguished
```

Ejercicios

Crear un usuario, meterlo en una Unidad Organizativa y buscarlo mediante un filtro LDAP

```
# Crear una OU
New-ADOrganizationalUnit -Name UnidadPS

# Crea un usuario en un lugar determinado
New-ADUSer -Name NombrePs -Sam NombreInicioSesion -Path
"OU=UnidadPS,DC=jesusninoc,DC=com"
 -AccountPassword (ConvertTo-SecureString "Contra$ena" -AsPlainText -force) -Enable
$true

$SAMAccountName = "asir*"
Get-ADUser -LDAPFilter "(samaccountname=$SAMAccountName)"
```

Utilizar un filtro LDAP para verificar la hora del último inicio de sesión de los usuarios del Active Directory

```
$SAMAccountName = "jesus*"
Get-ADUser -LDAPFilter "(samaccountname=$SAMAccountName)" | %{
    ($_ | Get-ADObject -Properties lastLogon).lastlogon
    $dt = [DateTime]::FromFileTime(($_ | Get-ADObject -Properties lastLogon).lastlogon)
    Write-Host $_ "last logged on at:" $dt
}
```

Este script busca mediante un filtro LDAP usuarios en Active Directory cuyo SAMAccountName coincida con el patrón jesus* y muestra la fecha y hora del último inicio de sesión. Para cada usuario encontrado, obtiene la propiedad lastLogon, convierte el valor a un formato de fecha legible y lo imprime en la consola junto con el nombre del usuario.

Comprobar la fecha de último acceso de los usuarios

```
Get-ADUser -Filter 'Name -like "*user*"' | %{
($_ | Get-ADObject -Properties lastLogon).lastlogon
$dt = [DateTime]::FromFileTime(($_ | Get-ADObject -Properties lastLogon).lastlogon)
Write-Host $_ "last logged on at:" $dt
}
```

Este script busca usuarios en Active Directory cuyo nombre contenga la palabra user y muestra la fecha y hora de su último inicio de sesión. Para cada usuario encontrado, obtiene la propiedad lastLogon, convierte el valor a un formato de fecha legible y lo imprime en la consola junto con el nombre del usuario.

Ver los usuarios que no han iniciado sesión en el Directorio Activo durante 100 días

Get-ADUser -Filter * -Properties LastLogonDate | ? {$_.lastlogondate -ne $null -and $_.lastlogondate -le ((get-date).adddays(-100))} | Format-List Name,LastLogonDate

Este script busca todos los usuarios en Active Directory y filtra aquellos que tienen una fecha de último inicio de sesión (LastLogonDate) no nula y que no han iniciado sesión en los últimos 100 días. A continuación, muestra una lista con el Nombre y la LastLogonDate de esos usuarios.

Crear usuarios

Para crear un usuario es necesario hacerlo como administrador y no hay que olvidar poner contraseña y que sea segura, es conveniente que cuando los usuarios establecen las contraseñas, lo hagan de forma segura, para eso se pueden configurar directivas de contraseñas.

A continuación dejamos unos enlaces que pueden servir como algoritmos a la hora de planificar el uso de contraseñas seguras dentro de la estructura de la empresa:

- https://www.jesusninoc.com/08/27/contrasenas-seguras-con-powershell-generar-contrasenas-seguras/
- https://www.jesusninoc.com/07/03/contrasenas-seguras-con-powershell-longitud-de-la-contrasena/
- https://www.jesusninoc.com/07/06/contrasenas-seguras-con-powershell-la-contrasena-aparece-en-un-diccionario/
- https://www.jesusninoc.com/10/20/contrasenas-seguras-con-powershell-la-contrasena-aparece-en-el-diccionario-de-la-rae/
- https://www.jesusninoc.com/07/05/contrasenas-seguras-con-powershell-la-contrasena-aparece-en-google/
- https://www.jesusninoc.com/07/07/contrasenas-seguras-con-powershell-convertir-en-hash-una-contrasena/

El cmdlet para crear usuarios es:

New-ADUSer

Ejercicio

Crear varios usuarios en el Directorio Activo leyendo de un fichero los nombres de los usuarios

Parámetros necesarios:

- Name: nombre que se muestra.
- Path: ruta en donde se crea el usuario primero se indica la Unidad Organizativa (asir1) después dominio de segundo nivel (andel) y por último dominio nivel superior (local)
- Sam: nombre para el Directorio Activo.
- AccountPassword es el password (es el mismo para todos en este caso).
- Enable habilitar la cuenta.

Más información sobre los parámetros:

- https://docs.microsoft.com/en-us/powershell/module/addsadministration/new-aduser?view=win10-ps

Script:

```
foreach($usuario in Get-Content .\usuarios.txt)
{
  $usuario
  $password = (ConvertTo-SecureString "Alum4dos" -AsPlainText -force)
  New-ADUSer -Name $usuario -Sam $usuario -Path "OU=asir1,OU=alumnos,DC=colegio,DC=local" -AccountPassword $password -Enable $true
}
```

Este script lee una lista de nombres de usuario desde un archivo llamado usuarios.txt y, para cada nombre, crea un nuevo usuario en Active Directory. Se establece una contraseña de "Alum4dos", se especifica el nombre y la ruta de la unidad organizativa donde se creará el usuario (OU=asir1,OU=alumnos,DC=andel,DC=local), y se habilita la cuenta del usuario.

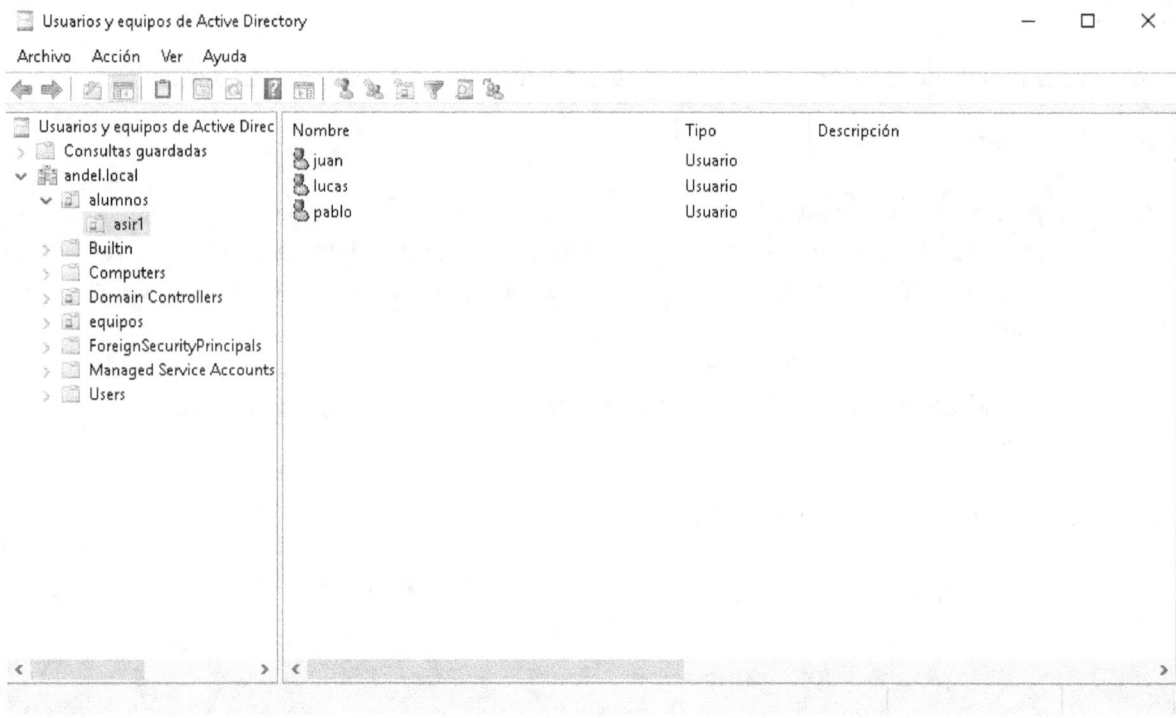

Cambiar contraseña a un usuario

Los cmdlets que sirven para cambiar la contraseña a un usuario son:

Set-ADAccountPassword
Set-ADUser

Ejemplo

Cambiar la contraseña a un usuario

Modifica la contraseña de un usuario
Set-ADUser -Identity "CN=Usuario,OU=Unidad,DC=Dominio,DC=Local" -AccountPassword (ConvertTo-SecureString "Contra$enia" -AsPlainText -Force)

Este comando modifica la contraseña del usuario en Active Directory identificado como Usuario, ubicado en la unidad organizativa Unidad dentro del dominio especificado. La nueva contraseña se establece como Contra$enia.

Ejercicio

Crear un usuario y cambiarle la contraseña

New-ADUser -Name usuario1
Set-ADAccountPassword -Identity usuario1

Modificar usuarios

El cmdlet que sirve para modificar usuarios es:

Set-ADUSer

Ejemplos

Modificaciones en usuarios

\# Modificar información de los usuarios
Set-ADUser -Identity "CN=Usuario,OU=Unidad,DC=Dominio,DC=Local" -Description "Descripción modificada"
\# Deshabilita la cuenta de un usuario
Set-ADUser -Identity "CN=Usuario,OU=Unidad,DC=Dominio,DC=Local" -Enable $true
\# Deshabilita cuenta de usuario
Disable-ADAccount -Identity "CN=Usuario,DC=Dominio,DC=Local"
\# Habilita cuenta de usuario
Enable-ADAccount -Identity "CN=Usuario,DC=Dominio,DC=Local"
\# Obtiene la cuenta del servicio de directorio deshabilitada
Search-ADAccount -AccountDisabled
\# Obtiene la cuenta del servicio de directorio con el password expirado
Search-ADAccount -PasswordExpired
\# Deshabilita la cuenta de usuario
UnlockADAccount -Identity "CN=Usuario,OU=Dominio,OU=Local"
\# Resetea el password el password de un usuario
Set-ADAccountPassword -Identity "CN=Usuario,OU=Dominio,OU=Local" -AccountPassword (ConvertTo-SecureString "Pas$word" -AsPlainText -force)
\# Activa la desactivación de la cuenta en una fecha determinada
Set-ADAccountExpiration -Identity "CN=Usuario,OU=Dominio,OU=Local" -DateTime "01/01/2018"

Ejercicio

<u>Crear usuarios con contraseñas, meterlos en un grupo y una unidad organizativa, para cada usuario crear una carpeta compartida que será la unidad Q: y establecer permisos a dicha carpeta (NTFS se heredan de la carpeta superior y se establece control total para el usuario que se crea, la parte de compartir ya está configurada y no lo hacemos en el script).</u>

Dentro de un fichero, en cada línea hay información sobre el usuario, nombre, contraseña y grupo al que pertenece.

La unidad organizativa es la misma que el grupo al que pertenece el usuario.

\#cn,sAMAccountname,FirstName,LastName,Password,Group
user1,user1,username,userlast,secret@1123,group

```
user2,user2,usernam2,userlast2,secret@1123,group
user3,user3,usernam3,userlast3,secret@1123,group2
```

Script con comentarios que explican cada línea:

```
#Create file:
#Users.csv
#cn,sAMAccountname,FirstName,LastName,Password,Group
#user1,user1,username,userlast,secret1123,group

Import-Module ActiveDirectory

#Read file
Import-Csv users.csv |%{
$nombreco=$_.FirstName + " " + $_.LastName
$ru="OU=" + $_.Group + ",DC=domain,DC=local"

#Create directory in \serverdepartament\
$HomeDirectory="\serverdepartament\" + $_.Group + "" + $_.sAMAccountname
mkdir $HomeDirectory
$HomeDirectory
$HomeDrive='Q:'

#Add user
New-ADUser -Name $_.FirstName -SamAccountName $_.sAMAccountname -HomeDrive
$HomeDrive -HomeDirectory $HomeDirectory -DisplayName $nombreco -Enabled $true
-ChangePasswordAtLogon $false -AccountPassword (ConvertTo-SecureString $_.Password
-AsPlainText -force) -PassThru -UserPrincipalName $_.sAMAccountname -Path $ru

#Add permission for each user (sAMAccountname) Full control (better with
System.Security.AccessControl.FileSystemAccessRule)
$usereta="domain" + $_.sAMAccountname + ":F"
$HomeDirectory + "-" + $usereta
cacls $HomeDirectory /G $usereta /E

#Add user into a group
Add-ADGroupMember -Identity "CN=groupusers,CN=Builtin,DC=domain,DC=local"
$_.sAMAccountname
}
```

Eliminar usuarios

El cmdlet que sirve para eliminar usuarios es:

Remove-ADUSer

Utilizar credenciales

El cmdlet Get-Credential crea un objeto de credencial para un nombre de usuario y contraseña específicos. Puede usar el objeto de credencial en operaciones de seguridad.

El cmdlet Get-Credential solicita al usuario una contraseña o un nombre de usuario y contraseña. De manera predeterminada, aparece un cuadro de diálogo de autenticación para solicitar al usuario. Sin embargo, en algunos programas host, como la consola de PowerShell, puede solicitar al usuario en la línea de comandos cambiando una entrada de registro.

Cmdlet:

Get-Credential

Ejemplo

Almacenar credenciales en un fichero XML

Get-Credential | Export-Clixml -Path credenciales.xml

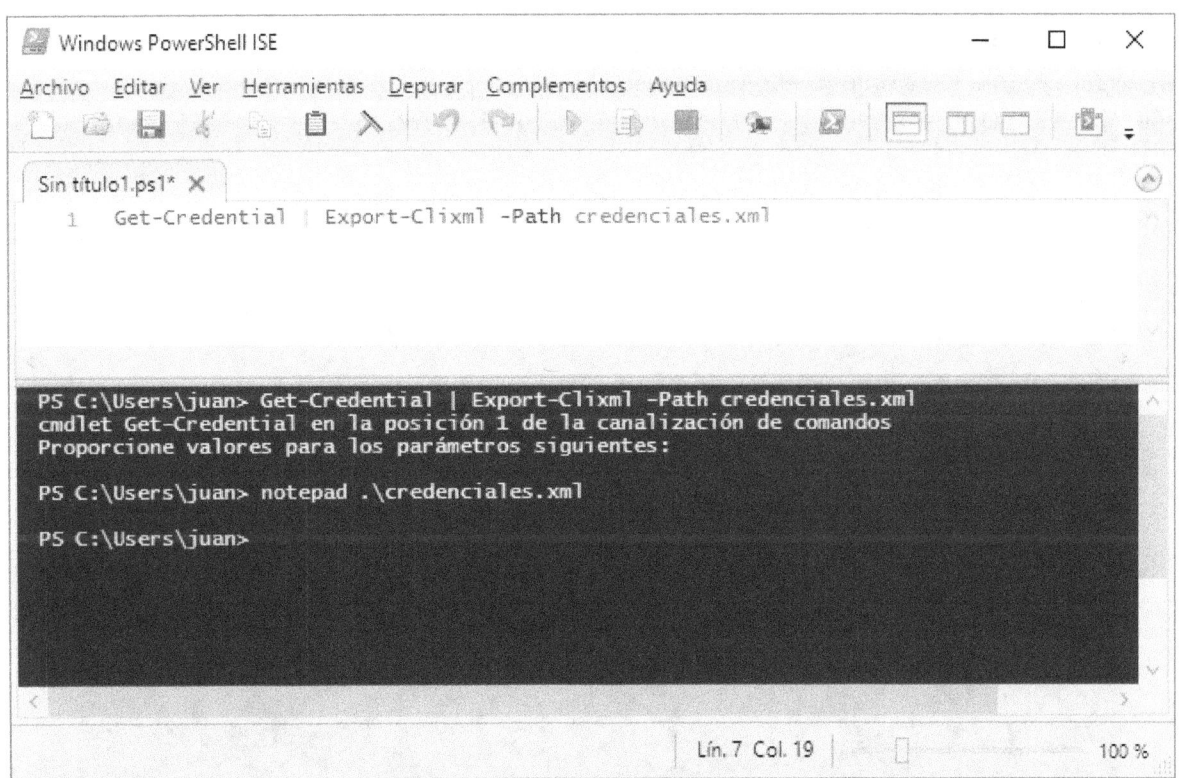

```
credenciales.xml: Bloc de notas

<Objs Version="1.1.0.1" xmlns="http://schemas.microsoft.com/powershell/2004/04">
  <Obj RefId="0">
    <TN RefId="0">
      <T>System.Management.Automation.PSCredential</T>
      <T>System.Object</T>
    </TN>
    <ToString>System.Management.Automation.PSCredential</ToString>
    <Props>
      <S N="UserName">pepito</S>
      <SS N="Password">01000000d08c9ddf0115d1118c7a00c04fc297eb01000000a1bc751c30960c42bafda9d2db68fefa000000000200000000001066000000001000020000002f55635750ec41fd67d4afc314b05ff0bea09b0fbfd32efeabc0035b79b0a501000000000e80000000020000200000000809d8fbcdb5a433a0799efd08696fd295df68f536b7bdc48807c256a24d6020e10000000d72176cb4a77ba2cb5fb0f74005872d540000000812364c5b775490debaf905d37666b7d71ff036cb1892dad2045b11c5b614b92d574e5958f89bc6f1b9db242d4a81145e5dcbad122576b67b81d19e7a4381543</SS>
    </Props>
  </Obj>
</Objs>
```

Utilizar credenciales almacenados

$credenciales=Import-Clixml -Path credenciales.xml
#Utilizar credenciales en otro equipo remoto
Get-WmiObject -Class Win32_BIOS -ComputerName 192.168.1.2 -Credential $credenciales

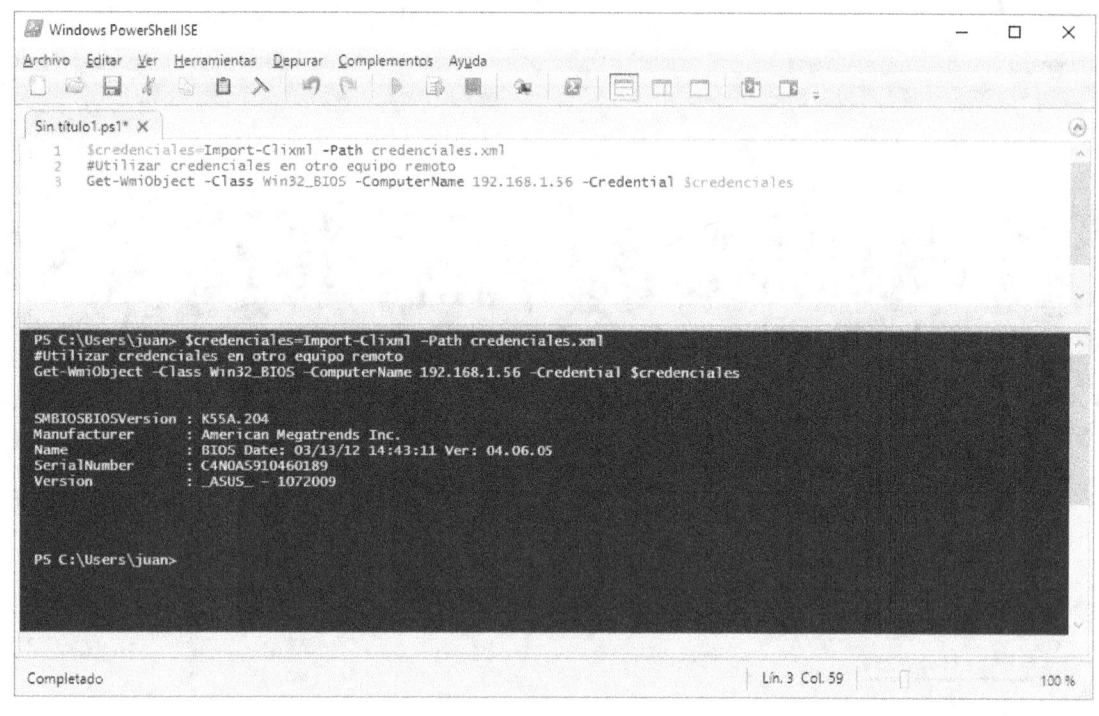

Ejercicios

Almacenar varios credenciales en un fichero

```
[PSCustomObject]@{
    Usuario1 = Get-Credential -Message Usuario1
    Usuario2 = Get-Credential -Message Usuario2
} | Export-Clixml -Path almacen.xml
```

Este script crea un objeto personalizado que almacena las credenciales de dos usuarios, Usuario1 y Usuario2, solicitando al usuario que ingrese las credenciales a través de cuadros de diálogo. Después, exporta estas credenciales a un archivo XML llamado almacen.xml utilizando el formato CLIXML, que permite la serialización de objetos de PowerShell.

Almacenar y utilizar credenciales mediante JSON

```
#Almacenar credenciales en un fichero JSON
Get-Credential | Select Username,@{n="Password"; e={$_.password | ConvertFrom-SecureString}} | ConvertTo-Json | Set-Content -Path credenciales.json -Encoding UTF8
notepad .\credenciales.json
```

```
#Utilizar credenciales desde un fichero JSON
$jsonc = Get-Content -Path .\credenciales.json -Encoding UTF8 -Raw | ConvertFrom-Json
$cred = New-Object -TypeName PSCredential $jsonc.UserName,($jsonc.Password | ConvertTo-SecureString)
Start-Process notepad -Credential $cred
```

Habilitar usuarios

El cmdlet que sirve para habilitar usuarios es:

Enable-ADAccount

Deshabilitar usuarios

El cmdlet que sirve para deshabilitar usuarios es:

Disable-ADAccount

Perfiles móviles

Los perfiles móviles permiten que la información personal de un usuario (elementos del escritorio, documentos, etc…) estén disponibles en todos los ordenadores del dominio. Esto se debe a que la información no es guardada localmente en el ordenador donde el usuario inicia sesión, sino que carga dicha información de un servidor de archivos donde es almacenada para su distribución por la red.

Con la definición expuesta anteriormente es clara la existencia de tres tipos de perfiles:

1. Perfiles locales: aquellos que se generan cuando un usuario es creado localmente e inicia sesión en en la máquina. Dichos archivos no salen del cliente donde ha sido creado el usuario. Si en un dominio no están configurados los perfiles móviles también se creará un perfil local por cada usuario que entre. Este tipo es utilizado en grupos de trabajo, donde no existe ningún dominio montado.
2. Perfiles en red o móviles: aquellos que guardan la información del usuario en un servidor y la dejan disponible cuando el usuario inicia sesión en un cliente del dominio. Este tipo es muy útil cuando se cuenta con un dominio y el usuario tiene la opción de iniciar sesión en cualquier ordenador de la organización, de forma que tiene disponible su información en cualquier sitio.
3. Perfiles temporales: son aquellos que se cargan cuando el perfil móvil está configurado pero por alguna razón no se ha podido cargar. Hay que tener en cuenta que este tipo de perfiles se elimina cuando el usuario cierra sesión.

Para poder configurar los perfiles móviles se realizan las siguientes tareas:

1. Se crea un grupo con los usuarios a los que se quiere que afecten los perfiles móviles. En el caso de querer que todos los usuarios del dominio tengan perfiles móviles se puede utilizar el grupo de todos (usuarios del dominio).
2. Se crea una carpeta que será la contenedora de los perfiles móviles. Dicha carpeta tendrá que estar compartida en red con control total por parte de los usuarios del grupo creado en el paso anterior. Es importante configurar bien los permisos ya que después se crearán carpetas particulares con cada uno de los perfiles y donde se aplicarán permisos específicos.
3. Con la ruta de la carpeta compartida se configuran las propiedades del usuario en la herramienta de usuarios y equipos, poniendo como acceso al perfil la ruta de la carpeta terminada en el nombre del usuario o bien de %username% (para que el sistema cree solo la carpeta con los permisos configurados).
4. Con todos estos pasos los perfiles móviles quedarían configurados. Tan solo falta configurar el cliente. Tan solo se deberán borrar o cambiar los perfiles locales de los usuarios. Para ello (y logueado en cliente con un usuario administrador) se va a equipo — propiedades — configuración avanzada — perfiles de usuario. Aquí aparecerá una lista con todos los perfiles existentes en la máquina local, pudiendo cambiarlos a móvil (si están configurados los pasos anteriores) o eliminarlos.

Grupos

Un grupo es un conjunto de usuarios que simplifica la administración y la asignación de permisos, concediendo permisos sobre recursos a todo un grupo de usuarios a la vez, en lugar de concederlos a cuentas de usuarios individuales. Los usuarios pueden pertenecer o no pertenecer a uno o varios grupos distintos.

Al crear un grupo hay que seguir algunas normas:

- El nombre de los grupos tiene que ser identificativo y representar al conjunto de usuarios que engloba.

- La longitud del nombre del grupo debería ser similar para todos los grupos.
- Se pueden incluir letras, dígitos y algunos caracteres para crear el nombre.

Los usuarios se pueden asociar en grupos, de esta forma es más sencillo asignar permisos para el acceso a determinados recursos, delegar funciones, etc.

Al igual que en el apartado de usuarios, en este apartado vamos a tratar los grupos de los Servicios de dominio de Active Directory, los grupos son objetos de directorio que residen en dominios o unidades organizativas, etc.

El directorio activo cuando se instala crea unos grupos predeterminados, a estos grupos predeterminados se les asigna automáticamente un conjunto de derechos de usuarios que autorizan a los miembros del grupo a realizar acciones, como por ejemplo iniciar sesión, realizar copias de seguridad, etc.

Por ejemplo, un miembro del grupo de operadores de copia puede realizar copias de seguridad en el dominio. Los grupos predeterminados se encuentran en el contenedor "Builtin" y en "Usuarios". Además de los grupos predeterminados, también se pueden crear nuevos grupos y añadirlos al dominio o a unidades organizativas.

Grupos predeterminados en Windows Server:

- Grupos integrados en "Builtin":
    - Operadores de cuentas: Los miembros de este grupo pueden crear, modificar y eliminar cuentas de usuarios, grupos y equipos que se encuentran en los contenedores Usuarios o Equipos y en las unidades organizativas del dominio, excepto la unidad organizativa Controladores de dominio.
    - Administradores: Los miembros de este grupo controlan por completo todos los controladores del dominio. De forma predeterminada, los grupos Administradores del dominio y Administradores de organización son miembros del grupo Administradores.
    - Operadores de copia de seguridad: Los miembros de este grupo pueden realizar copias de seguridad y restaurar todos los archivos en los controladores del dominio, independientemente de sus permisos individuales en esos archivos.
    - Invitados: De forma predeterminada, el grupo Invitados del dominio es un miembro de este grupo.
    - Creadores de confianza de bosque de entrada (sólo aparece en el dominio raíz del bosque): Los miembros de este grupo pueden crear confianzas de bosque de entrada unidireccionales en el dominio raíz del bosque.
    - Operadores de configuración de red: Los miembros de este grupo pueden modificar la configuración TCP/IP, así como renovar y liberar las direcciones TCP/IP en los controladores del dominio.
    - Usuarios del Monitor de sistema: Los miembros de este grupo pueden supervisar los contadores de rendimiento en los controladores del dominio.
    - Usuarios del registro de rendimiento: Los miembros de este grupo pueden administrar los contadores de rendimiento, los registros y las alertas de los controladores del dominio.

- Acceso compatible con versiones anteriores a Windows 2000: Los miembros de este grupo tienen acceso de lectura en todos los usuarios y grupos del dominio. Este grupo se proporciona para garantizar la compatibilidad con versiones anteriores en los equipos con Windows NT 4.0 y anteriores.
- Operadores de impresión: Los miembros de este grupo pueden administrar, crear, compartir y eliminar impresoras que están conectadas a los controladores del dominio.
- Usuarios de escritorio remoto: Los miembros de este grupo pueden iniciar la sesión en los controladores del dominio de forma remota.
- Replicador: Este grupo admite funciones de replicación de directorio y el Servicio de replicación de archivos lo utiliza en los controladores del dominio.
- Operadores de servidores: En los controladores de dominio, los miembros de este grupo pueden iniciar sesiones interactivas, crear y eliminar recursos compartidos, iniciar y detener varios servicios, hacer copias de seguridad y restaurar archivos, formatear el disco duro y apagar el equipo.
- Usuarios: Los miembros de este grupo pueden realizar las tareas más habituales, como ejecutar aplicaciones, utilizar impresoras locales y de red, así como bloquear el servidor.

- Grupos integrados en "Usuarios":
  - Publicadores de certificados: Los miembros de este grupo tienen permitida la publicación de certificados para usuarios y equipos.
  - DnsAdmins (instalado con DNS): Los miembros de este grupo tienen acceso administrativo al Servidor DNS.
  - DnsUpdateProxy (instalado con DNS): Los miembros de este grupo son clientes DNS que pueden realizar actualizaciones dinámicas en lugar de otros clientes, como los servidores DHCP.
  - Administradores de dominio: Los miembros de este grupo controlan el dominio por completo.
  - Equipos del dominio: Este grupo contiene todas las estaciones de trabajo y los servidores unidos al dominio.
  - Controladores de dominio: Este grupo contiene todos los controladores del dominio.
  - Invitados del dominio: Este grupo contiene todos los invitados del dominio.
  - Usuarios del dominio: Este grupo contiene todos los usuarios del dominio. De forma predeterminada, todas las cuentas de usuario creadas en el dominio pasan a ser miembros de este grupo automáticamente.
  - Administradores de organización (sólo aparece en el dominio raíz del bosque): Los miembros de este grupo controlan por completo todos los dominios del bosque.
  - Propietarios del creador de directiva de grupo: Los miembros de este grupo pueden modificar la Directiva de grupo en el dominio.
  - IIS_WPG: Es el grupo de procesos de trabajo de los Servicios de Internet Information Server (IIS).
  - Servidores RAS e IAS: Los servidores de este grupo tienen permitido el acceso a las propiedades de acceso remoto de los usuarios.

- Administradores de esquema (sólo aparece en el dominio raíz del bosque): Los miembros de este grupo pueden modificar el esquema de Active Directory.

Los grupos tienen dos características fundamentales que son el ámbito y el tipo. El ámbito de un grupo determina el alcance del grupo dentro de un dominio o bosque, existen tres ámbitos de grupo:

- Local de dominio: Los miembros de los grupos locales de dominio pueden incluir otros grupos y cuentas de dominios de Windows Server 2003, Windows 2000, Windows NT, Windows Server 2008 y Windows Server 2008 R2. A los miembros de estos grupos sólo se les pueden asignar permisos dentro de un dominio.
- Global: Los miembros de los grupos globales pueden incluir sólo otros grupos y cuentas del dominio en el que se encuentra definido el grupo. A los miembros de estos grupos se les pueden asignar permisos en cualquier dominio del bosque.
- Universal: Los miembros de los grupos universales pueden incluir otros grupos y cuentas de cualquier dominio del bosque o del árbol de dominios. A los miembros de estos grupos se les pueden asignar permisos en cualquier dominio del bosque o del árbol de dominios.

El tipo de grupo determina si se puede usar un grupo para asignar permisos desde un recurso compartido (para grupos de seguridad) o si se puede usar un grupo sólo para las listas de distribución de correo electrónico (para grupos de distribución).

Las operaciones con grupos en Windows Server se realizan en el directorio Activo tanto en modo texto mediante la línea de comando PowerShell (es necesario tener cargado el módulo ActiveDirectory) y mediante el modo gráfico mediante la herramienta "Usuarios y equipos de Active Directory", las operaciones se resumen en la siguiente tabla:

Ver o listar grupos

El cmdlet que sirve para ver grupos es:

Get-ADGroup

Crear grupos

El cmdlet que sirve para crear grupos es:

New-ADGroup

Añadir usuarios a grupos

El cmdlet que sirve para crear grupos es:

Add-ADGroupMember

Eliminar grupos

El cmdlet que sirve para crear grupos es:

Remove-ADGroup

Operaciones sobre el Directorio Activo

Administrar el directorio activo

Active Directory dispone de varias herramientas para administrarlo y son las siguientes:

- Usuarios y Equipos de Active Directory: Administra usuarios, equipos, grupos de seguridad y otros objetos, se accede desde el Administrador del servidor dentro (rol de Servicios de dominios de Active Directory) o desde Inicio - Herramientas administrativas.
- Sitios y Servicios de Active Directory: Crea sitios para administrar la replicación de la información de los Servicios de dominio, se accede desde el Administrador del servidor dentro (rol de Servicios de dominios de Active Directory) o desde Inicio - Herramientas administrativas.
- Dominios y confianzas de Active Directory: Sirve para administrar confianzas de dominios, niveles funcionales del bosque o del dominio, se accede desde Inicio - Herramientas administrativas.

Crear relaciones de confianza

Una relación de confianza es una relación que se establece entre dominios de forma que hace posible a los usuarios de un dominio autenticarse por medio de un controlador de dominio en otro dominio. La clave consiste en que se comparten las cuentas de usuario y otros objetos en los servidores del dominio.

Un aspecto importante en las relaciones de confianza es la dirección, antes de que un usuario pueda tener acceso a un recurso de otro dominio, el sistema de seguridad en los controladores de dominio debe determinar si el dominio que confía (el dominio que contiene el recurso al que el usuario intenta acceder) tiene una relación con el dominio de confianza (el dominio de inicio de sesión del usuario). La confianza puede ser en varias direcciones: unidireccional o bidireccional.

La relación unidireccional entre dos dominios A y B, significa que los usuarios del dominio A pueden tener acceso a los recursos del dominio B, mientras que los usuarios del dominio B no pueden tener acceso a los recursos del dominio A.

La relación bidireccional entre dos dominios significa que el dominio A confía en el dominio B y el dominio B confía en el dominio A, esto significa que las solicitudes de autenticación pueden pasar entre los dos dominios en ambas direcciones.

En el siguiente ejemplo vemos cómo se crea una relación de confianza bidireccional entre dos dominios.

Delegar el control de un dominio

El directorio activo permite delegar la administración del directorio a los usuarios que el administrador del dominio decida.

En el siguiente ejemplo vemos cómo delegar el control de una tarea a un usuario del dominio.

Iniciar una sesión en red

Para iniciar sesión en un equipo que previamente se haya unido a un dominio es necesario tener creado un usuario en el dominio.

En el siguiente ejemplo vemos cómo iniciar sesión en un dominio desde un ordenador con Windows.

Papelera de reciclaje Active Directory

En muchas ocasiones es necesario deshacer un trabajo por falta de planificación, por errores a la hora de realizarlos, etc... Windows Server tiene una función que permite enmendar errores a la hora de realizar borrados accidentales de cualquier objeto del directorio. Esta función es la llevada a cabo por la papelera de reciclaje, concepto idéntico a la papelera del sistema operativo por defecto.

Para poder habilitarla se debe:

1. Abrir el centro de administración de Active Directory, donde se muestra toda la información general del dominio montado, así como las configuraciones básicas.
2. Seleccionar el dominio sobre el cual se quiere activar la papelera y pulsar sobre "habilitar papelera de reciclaje".

Una vez hecho esto aparecerá un contenedor con el nombre Delete Objects, en el cual se incluirán todos los objetos que sean eliminados. Para poder recuperarlos hay que seleccionar el objeto concreto dentro de este contenedor y seleccionar la opción Restaurar, la cual colocará el objeto es la ubicación original donde estaba creado. En el caso de seleccionar Restaurar en.. se podrá seleccionar la UO que será la nueva ubicación.

Directivas de Grupo

Una de las tareas básicas en Active Directory es la administración del comportamiento de los objetos de una organización. Para ello se resume todo en la creación y aplicación de un conjunto de reglas que deben cumplir un número determinado de objetos. Estas reglas reciben el nombre de GPO (Group Policy Object) u objeto de directiva de dominio.

Las configuraciones de GPO se pueden hacer en local o en red. Las directivas locales se administran desde cualquier equipo abriendo la aplicación "Editar directivas de grupo local" y las configuraciones de Directivas de Grupo en red se realizan desde los servidores (Windows Server).

Algunos ejemplos de configuraciones de Directivas de Grupo en un Windows Server son:

- Ejecución de programas al iniciar sesión
- Ocultar unidades locales

- Bloquear el símbolo del sistema
- Bloquear el acceso al panel de control
- Bloquear la pantalla pasados unos minutos
- Cambiar el papel tapiz
- Restringir el uso de unidades ópticas
- Ejecución de un script
- Mapear unidades

En general las directivas modifican el registro de Windows que vemos a continuación.

Registro

Es una base de datos jerárquica central utilizada en Windows con el fin de almacenar información necesaria para configurar el sistema para uno o varios usuarios, aplicaciones y dispositivos de hardware.

El Registro contiene información que Windows utiliza como referencia continuamente, por ejemplo los perfiles de los usuarios, las aplicaciones instaladas en el equipo y los tipos de documentos que cada aplicación puede crear, las configuraciones de las hojas de propiedades para carpetas y los iconos de aplicaciones, los elementos de hardware que hay en el sistema y los puertos que se están utilizando.

Ejemplos

Ejecutar solo una vez un programa al iniciar la sesión de un usuario

¿Cómo saber si alguien ha utilizado mi ordenador?

- https://www.jesusninoc.com/04/20/como-saber-si-alguien-ha-utilizado-mi-ordenador/

Objetos de directivas

En este contenedor se ubican todos los objetos de directivas creados. Cada uno de los objetos de directivas creados contendrán las reglas que se aplicarán a los objetos indicados. Esta GPO no deja de ser una carpeta compartida que está ubicada en \\dominio.local\sysvol\dominio.local\Policies la cual guarda las configuraciones que serán repartidas a través de la red. Inicialmente se crean dos objetos de directivas:

- Default Domain Policy: Conjunto de reglas que se aplicarán a todos los objetos del directorio
- Default Domain Controller Policy: Conjunto de reglas que se aplicarán a los equipos que sean controladores de dominio (bien primario, secundario, de lectura, replicado, etc...)

Tipos de reglas

Existen dos tipos generales de reglas: por usuarios y por máquina. La primera afectará a todos los objetos de tipo usuario que estén incluidos dentro de la UO donde se aplica, mientras que la segunda se aplicará a todos los objetos de tipo ordenador que estén incluidos. Hay que tener cuidado con crear una GPO de máquina, aplicarla a una unidad organizativa y que en esta no estén incluidos objetos del tipo concreto.

Dentro de cada una de las configuraciones posibles se encuentran las Directivas y las Preferencias. Las primeras son todas las configuraciones como tal que se pueden aplicar dentro de la GPO y la segunda las opciones de preferencias que modifican entradas de registro.

Funcionamiento

Una GPO se define como el conjunto de reglas que se aplicarán sobre una unidad organizativa de forma que sea aplicada a todos los objetos que están contenidos en la misma. Permitiendo restringir/impedir el uso/acceso de ciertas característica del sistema a determinados usuarios.

Para poder administrar estos objetos se utiliza la consola administrativa Consola de administración de directivas de grupo (GPMC) dentro de las herramientas administrativas. Dentro de esta herramienta se pueden ver todas las UO sobre las cuales se pueden aplicar las reglas.

La administración de GPO también se puede realizar mediante PowerShell. Los cmdlets para relacionados con Directivas de Grupo:

Get-Command -Module GroupPolicy

Este comando lista todos los comandos disponibles en el módulo GroupPolicy en PowerShell. Este módulo incluye cmdlets relacionados con la gestión de políticas de grupo en entornos de Windows.

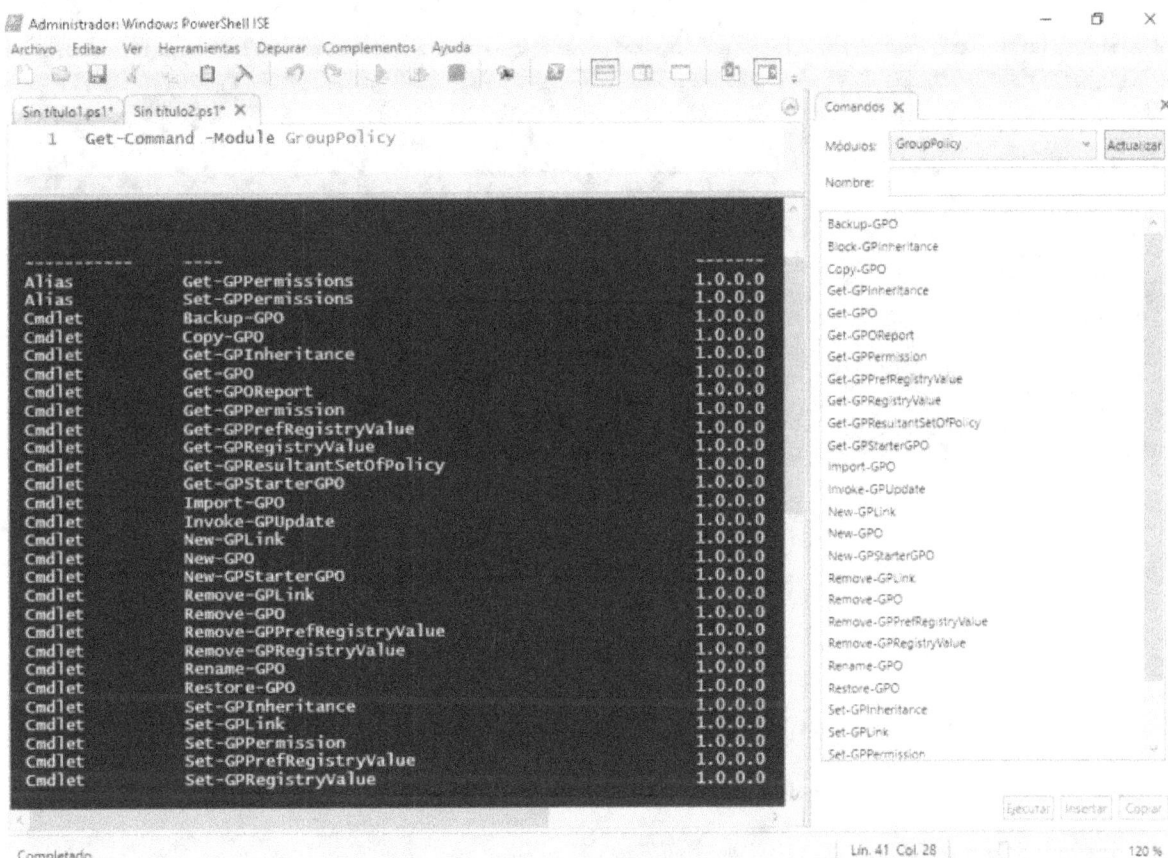

Listar directivas

Ejemplos

Listar los nombres de las GPO que se han creado en un Windows Server

Get-GPO -All | Select-Object DisplayName

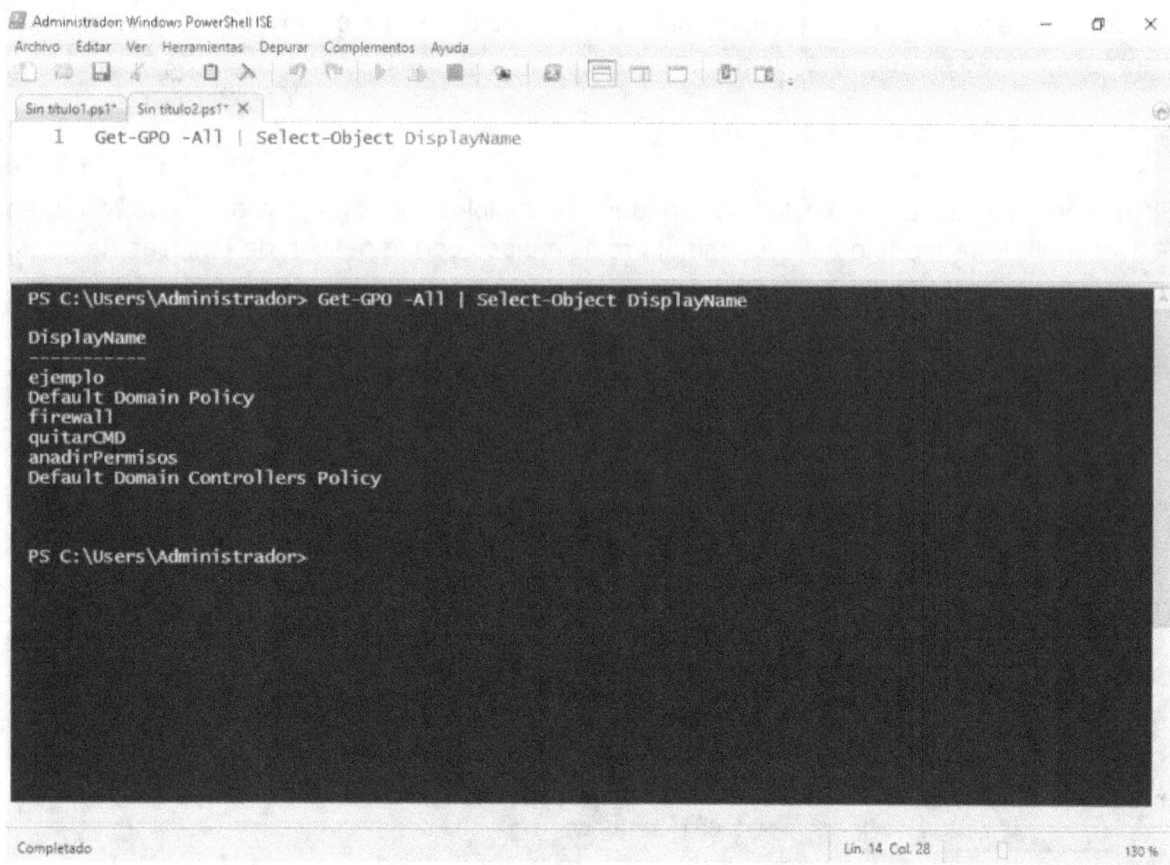

Listar una directiva en concreto

Get-GPO -Name "ScreenSaverTimeOut" | Get-GPOReport -ReportType HTML -Path $Home\report.html
Invoke-Item $Home\report.html

Mostrar las directivas que hayan sido creadas hace más de 10 días

Get-GPO -All | where {$_.CreationTime -gt (Get-Date).AddDays(-10)}

Este comando obtiene todas las Políticas de Grupo (GPO) en Active Directory y filtra aquellas que fueron creadas en los últimos 10 días.

Ver el estado de una GPO

Get-GPO -all | select DisplayName, GpoStatus

Este comando obtiene todas las Políticas de Grupo (GPO) en Active Directory y selecciona dos propiedades para mostrar: DisplayName (el nombre que se muestra de la GPO) y GpoStatus (el estado de la GPO, que puede indicar si está habilitada o deshabilitada).

Exportar información sobre una GPO en formato XML

Get-GPOReport -Name anadirPermisos -ReportType Xml

Buscar las directivas que no se están utilizando (que no están enlazadas)

Get-GPO -All | %{
   if ($_ | Get-GPOReport -ReportType XML | Select-String -NotMatch ""){
      Write-Host $_.DisplayName "| Utilizada"
  }
  else
  {
      Write-Host $_.DisplayName "| No utilizada"
  }
}

Este script obtiene todas las Políticas de Grupo (GPO) en Active Directory y genera un informe en formato XML para cada una. Si el informe contiene información (indicando que la GPO está en uso), imprime el nombre de la GPO seguido de "Utilizada". Si el informe no contiene información (indicando que la GPO no está en uso), imprime el nombre de la GPO seguido de "No utilizada".

Creación y manejo

A continuación se describen en general los pasos para implementar una directiva de grupo en una unidad organizativa:

1. Las directivas se aplican sobre Unidades Organizativas, no se pueden hacer directamente sobre usuarios, elegimos la Unidad Organizativa que contenga los usuarios a los que les queremos aplicar una directiva.
2. Configura una o más configuraciones de políticas basadas en el Registro y que aplican al equipo o a los usuarios.
3. Vincular la configuración o configuraciones del Registro a la directiva sobre la Unidad Organizativa.

Ejemplo

Crear una directiva de grupo que establezca el protector de pantalla (salvapantalla) después de 900 segundos

New-GPO -Name "ScreenSaverTimeOut" -Comment "Sets the time to 900 seconds"
Set-GPRegistryValue -Name "ScreenSaverTimeOut" -Key "HKCU\Software\Policies\Microsoft\Windows\Control Panel\Desktop" -ValueName ScreenSaveTimeOut -Type DWord -Value 900
New-GPLink -Name "ScreenSaverTimeOut" -Target "ou=alumnos,dc=colegio,dc=net"

Este conjunto de comandos crea una nueva Política de Grupo (GPO) llamada ScreenSaverTimeOut con un comentario que describe su función. Después, establece un valor de registro en la GPO que define el tiempo de espera para el protector de pantalla a 900 segundos. Finalmente, enlaza la GPO a la unidad organizativa people dentro del dominio colegio.net, aplicando así la política a los usuarios o equipos que se encuentren en esa unidad organizativa.

Orden de aplicación de las directivas

A la hora de aplicar directivas hay que tener en cuenta:

- La GPO con el orden de enlace más bajo se procesa en último lugar y, por lo tanto, tiene la mayor prioridad.
- El procesamiento se realiza en el orden especificado por el administrador.
- Objeto de directiva de grupo local: cada ordenador tiene exactamente un objeto de directiva de grupo que se almacena localmente. Esto procesa tanto la política de usuario como de equipo.

Niveles de aplicación en Active Directory:

- Sitio: las GPO vinculadas al sitio al que pertenece el ordenador se procesan a continuación.
- Dominio: el procesamiento de varios GPO vinculados a un dominio.
- Unidades organizativas: las GPO que están vinculadas a la unidad organizativa que está más arriba en la jerarquía de Active Directory se procesan primero, después las GPO que están vinculados a su unidad organizativa secundaria, y así sucesivamente. Finalmente, se procesan las GPO que están vinculadas a la unidad organizativa que contiene el usuario o al equipo.

Herencia, bloqueo, forzado y resolución de conflictos

Herencia de Directivas de Grupo

La herencia de GPO consiste en que cuando se vincula una GPO a una Unidad Organizativa la configuración de la misma se propaga a "todo lo que esté debajo".

Ejemplo

Obtener la herencia

```
# Configure Advanced Settings
## Inherited Group Policies
Get-GPInheritance -Target "ou=alumnos,dc=colegio,dc=net"
```

Este comando obtiene la herencia de Políticas de Grupo (GPO) para la unidad organizativa alumnos dentro del dominio colegio.net. Muestra las GPO que se aplican a esa unidad organizativa, incluyendo las que se heredan de unidades organizativas superiores en la jerarquía del Active Directory.

Bloqueo de Herencia de Directivas de Grupo

A nivel de Unidad Organizativa, se puede bloquear la herencia de GPO. Esto implica que en forma no selectiva (todas o ninguna) se bloqueará la aplicación de las GPO superiores.

Ejemplo

Bloquear la herencia de una directiva

```
# Configure Advanced Settings
## Inherited Group Policies
Get-GPInheritance -Target "ou=alumnos,dc=colegio,dc=net"

## Blocking inheritance
Set-GPInheritance -Target "ou=alumnos,dc=colegio,dc=net" -IsBlocked 1
```

Este conjunto de comandos primero obtiene la herencia de las Políticas de Grupo (GPO) para la unidad organizativa alumnos en el dominio colegio.net. Después, bloquea la herencia de las GPO aplicadas a esa unidad organizativa utilizando el segundo comando. Esto significa que alumnos no heredará las políticas de las unidades organizativas superiores, permitiendo así un mayor control sobre las configuraciones de políticas que se aplican a los usuarios o equipos en esa OU.

Forzar la aplicación de una GPO

Algo que es muy importante aclarar, es que la posibilidad de forzar la aplicación de una GPO, es a nivel del enlace ("Link"), y no de la GPO. Esto implica que como una GPO puede estar enlazada a más de una Unidad Organizativa, en alguna puede estar forzada y en otras no

Ejemplos

Forzar la aplicación de una GPO

```
# Configure Advanced Settings
## Enforcing Group Policies
Set-GPLink -Name "Default Domain Policy" -Target "dc=colegio,dc=net" -Enforced Yes
```

Este comando establece la política de grupo Default Domain Policy como forzada (enforced) en el dominio colegio.net. Al aplicar esta configuración, se asegura que esta política tenga prioridad y se aplique a todos los objetos dentro del dominio, incluso si hay otras políticas que puedan contradecirla.

Resolución de Conflictos de GPO

En ocasiones es necesario resolver conflictos provocados por la configuración de GPO.

Filtrado de Seguridad

Usando el filtrado de seguridad, se pueden exceptuar usuarios y grupos de la aplicación de GPO, o inclusive aún hacer que una GPO se aplique sólo a determinados usuarios y grupos, no a todos.

Exceptuar a una cuenta o grupo de aplicación de una GPO

Usando el filtrado de seguridad, se pueden exceptuar usuarios y grupos de la aplicación de GPO.

Aplicar una GPO solamente a un grupo determinado

Usando el filtrado de seguridad, se puede hacer que una GPO se aplique sólo a determinados usuarios y grupos, no a todos.

Ejemplo

Aplicar una GPO a un grupo

```
## Configure Security Settings
Set-GPPermission -Name "ScreenSaverTimeOut" -TargetName "Authenticated Users" -TargetType User -PermissionLevel None
Set-GPPermission -Name "ScreenSaverTimeOut" -TargetName "Authenticated Users" -TargetType User -PermissionLevel GPORead
Set-GPPermission -Name "ScreenSaverTimeOut" -TargetName "Petra" -TargetType User -PermissionLevel GPOApply
```

Los comandos configuran los permisos de la Política de Grupo ScreenSaverTimeOut. Primero, revocan todos los permisos para Authenticated Users con PermissionLevel None, lo que significa que no tendrán acceso a la política. Después, otorgan permisos de lectura a Authenticated Users con PermissionLevel GPORead, permitiéndoles ver la política. Finalmente, establecen el permiso para que el usuario Petra pueda aplicar la política mediante PermissionLevel GPOApply, lo que le permite beneficiarse de la configuración de la política.

Realizar copias de seguridad de las GPO

Una vez se han creado las GPO es una buena práctica crear una copia de seguridad de todos los objetos creados. Para ello, desde la consola de administración de directivas de grupo seleccionando el contenedor de objetos de directivas de grupo se selecciona "hacer copias de seguridad de todos" donde se selecciona la ubicación. Esto creará una carpeta de backup por cada GPO en la ubicación seleccionada.

Para poder realizar una restauración de un backup realizado se selecciona "administrar copias de seguridad" y se restaura la GPO que se quiera.

Directivas de contraseñas y bloqueo de cuentas

Se trata de directivas fundamentales para la correcta administración del Dominio.

La directiva de contraseñas sirve para configurar las características de la contraseña (longitud mínima, caracteres admitidos, etc.)

La directiva de bloqueo de cuentas sirve para configurar lo que ocurre cuando una cuenta se encuentra inhabilitada por algún suceso extraño que haya marcado el administrador. Las directivas de bloqueo permiten gestionar la duración del bloqueo, restablecer, umbral de bloqueos, etc.

Asignación de derechos de usuario

Proporciona información general y vínculos a información sobre los derechos de usuario de la configuración de directiva de seguridad de asignación de derechos de usuario que están disponibles en Windows. Los derechos de usuario rigen los métodos por los que un usuario puede iniciar sesión en un sistema. Los derechos de usuario se aplican en el nivel de dispositivo local y permiten a los usuarios realizar tareas en un dispositivo o en un dominio. Los derechos de usuario incluyen derechos y permisos de inicio de sesión. Los derechos de inicio de sesión controlan quién tiene autorización para iniciar sesión en un dispositivo y cómo pueden iniciar sesión. Los permisos de derechos de usuario controlan el acceso a los recursos de dominio y equipo, y pueden invalidar los permisos que se han establecido en objetos específicos. Los derechos de usuario se administran en la Directiva de grupo en el elemento asignación de derechos de usuario .

Cada derecho de usuario tiene un nombre de constante y un nombre de directiva de grupo asociado a él. Los nombres de las constantes se usan al hacer referencia al derecho de usuario en registrar eventos. Puede configurar la configuración de asignación de derechos de usuario en la siguiente ubicación de la consola de administración de directivas de grupo (GPMC) en equipo Configuration\Windows Settings\Security Settings\Local Policies\User asignación de derechos o en el dispositivo local mediante el editor de directivas de grupo local (gpedit. msc).

Auditoría

El concepto fundamental son los derechos de acceso que se utilizarán al crear reglas de acceso y auditoría. Se pueden ver mediante el siguiente cmdlet (en concreto se llama a una clase de Windows llamada FileSystemRights):

[Enum]::GetNames([System.Security.AccessControl.FileSystemRights])

Registros de sucesos

El Visor de eventos es un componente del sistema operativo Windows NT de Microsoft que permite a los administradores y usuarios ver los registros de eventos en una máquina local o remota.

12. Interfaces de usuario gráficas en PowerShell

- Introducción
- Componentes
  - Ventana (Window)
  - Formulario (Form)
  - Etiqueta (Label)
  - Etiqueta de enlace (LinkLabel)
  - Botón (Button)
  - Caja de texto (TextBox)
  - Casilla de verificación (CheckBox)
  - Cuadro combinado (ComboBox)
  - Selector de fecha y hora (DateTimePicker)
  - Cuadro de lista (ListBox)
  - Vista de lista (ListView)
  - Calendario mensual (MonthCalendar)
  - Cuadro de imagen (PictureBox)
  - Barra de progreso (ProgressBar)
  - Botón de opción (RadioButton)
  - Cuadro de texto enriquecido (RichTextBox)
  - Barra de estado (StatusStrip)
  - Caja de texto (TextBox)
- Contenedores
  - Cuadro de grupo (GroupBox)
  - Divisor (SplitContainer)
- Gestores de posiciones
- Eventos
- Dibujos
- Automatización

Introducción

La interfaz de usuario es el medio con el que el usuario puede comunicarse con un equipo o dispositivo, y comprende todos los puntos de contacto entre el usuario y el equipo.

Normalmente suelen ser fáciles de entender y fáciles de accionar, aunque en el ámbito de la informática es preferible referirse a que suelen ser "usables", "amigables e intuitivos" debido a su complejidad. En este contexto, cuando hablamos de Interfaces de Usuario Gráficas en PowerShell, nos referimos a cómo PowerShell facilita la creación de interfaces visuales con elementos como botones, cajas de texto, contenedores, gestores de posiciones, eventos y dibujos.

Estas herramientas permiten a los desarrolladores de PowerShell crear aplicaciones con interfaces atractivas y funcionales que mejoran la interacción entre el usuario y la máquina.

Elementos que componen las interfaces de usuario:

- Componentes como los botones, cajas de texto, etc.
- Contenedores
- Gestores de posiciones
- Eventos
- Dibujos

Componentes

La gestión de componentes se realiza mediante varias clases .NET.

Existen varias formas de gestionar interfaces de usuario, mediante los espacios de nombres:

- System.Windows: proporciona varias clases de elementos base importantes de Windows Presentation Foundation (WPF).
- System.Windows.Forms: contiene clases para crear aplicaciones para Windows que aprovechan todas las ventajas de las características de la interfaz de usuario enriquecida disponibles en el sistema operativo Microsoft Windows.

Ventana (Window)

En el contexto de Interfaces de Usuario Gráficas en PowerShell, una "Ventana" (Window) se refiere a un elemento fundamental. Es una región o espacio visual en la pantalla que contiene otros elementos de la interfaz de usuario, como botones, cuadros de texto, etiquetas, etc. Las ventanas son contenedores que permiten organizar y presentar información de manera estructurada.

En PowerShell, puedes crear ventanas para tus aplicaciones gráficas utilizando bibliotecas como Windows Presentation Foundation (WPF). Puedes personalizar el aspecto de la ventana, su tamaño, posición, título y otros atributos visuales. Además, dentro de una ventana, puedes ubicar todos los componentes que conforman tu aplicación, lo que facilita la interacción del usuario con la aplicación. La ventana sirve como el lienzo principal donde se despliega la interfaz y a menudo define la apariencia general de la aplicación.

Si se quiere trabajar con ventanas hay que utilizar la clase System.Windows.Window que brinda la capacidad de crear, configurar, mostrar y administrar la vida útil de ventanas y cuadros de diálogo.

Ejemplo

Crear una ventana

```
(
   [System.Windows.Window]@{
      Title = 'Mi ventana'
      Background = [System.Windows.Media.Brushes]::Red
   }
).ShowDialog()
```

Este código crea y muestra una ventana en una aplicación de PowerShell utilizando la biblioteca de Windows Presentation Foundation (WPF). La ventana tiene el título "Mi ventana" y un fondo de color rojo. Al ejecutar este código, aparecerá una ventana modal que permanece en primer plano hasta que el usuario la cierre.

Ejercicio

Crear una Windows Presentation Foundation (WPF) ventana en PowerShell de forma simple y sencilla

```
($window = [System.Windows.Window] @{
   Title = "Mi formulario"
   Height = 200
   Width = 400
   WindowStartupLocation = [System.Windows.WindowStartupLocation]::CenterScreen
   Background = [System.Windows.Media.Brushes]::Red
}).ShowDialog()
```

Crear una Windows Presentation Foundation (WPF) ventana en PowerShell que se mueva cada 5 segundos

```
Add-Type -TypeDefinition @"
   using System;
   using System.Windows;
   using System.Windows.Controls;
   using System.Windows.Media;
   using System.Windows.Threading;
"@

# Crea una nueva aplicación WPF
$app = [System.Windows.Application]::new()

# Crea una ventana
$window = [System.Windows.Window]::new()
$window.Title = "Ventana Móvil en PowerShell"
$window.Width = 300
$window.Height = 200
$window.WindowStartupLocation = "CenterScreen"

# Crea un contenedor para agregar contenido a la ventana
$grid = [System.Windows.Controls.Grid]::new()
$window.Content = $grid

# Crea un cuadro de texto dentro de la ventana
$textBlock = [System.Windows.Controls.TextBlock]::new()
$textBlock.Text = "¡Hola, esta ventana se mueve!"
$textBlock.FontSize = 20
$textBlock.HorizontalAlignment = "Center"
$grid.Children.Add($textBlock)
```

```
# Define el temporizador
$timer = [System.Windows.Threading.DispatcherTimer]::new()
$timer.Interval = [TimeSpan]::FromSeconds(5)

# Función para mover la ventana
$moveWindow = {
    $window.Left = (Get-Random -Minimum 0 -Maximum [SystemParameters]::VirtualScreenWidth)
    $window.Top = (Get-Random -Minimum 0 -Maximum [SystemParameters]::VirtualScreenHeight)
}

# Asocia la función al evento Tick del temporizador
Register-ObjectEvent -InputObject $timer -EventName "Tick" -SourceIdentifier "TimerEvent" -Action $moveWindow

# Inicia el temporizador
$timer.Start()

# Muestra la ventana
$window.ShowDialog()

# Detiene el temporizador cuando se cierra la ventana
$timer.Stop()
Unregister-Event -SourceIdentifier "TimerEvent"
```

Más información

- https://www.jesusninoc.com/07/08/crear-aplicaciones-wpf-parte-1/
- https://www.jesusninoc.com/07/09/crear-aplicaciones-wpf-parte-2/
- https://www.jesusninoc.com/07/10/crear-aplicaciones-wpf-parte-3/
- https://www.jesusninoc.com/09/11/crear-aplicaciones-wpf-parte-4/
- https://www.jesusninoc.com/02/12/enviar-una-ventana-mediante-el-protocolo-udp-de-un-ordenador-a-otro-desde-powershell-hacerlo-de-forma-simple-y-sencilla/
- https://www.jesusninoc.com/02/27/cargar-un-formulario-contenido-en-un-fichero-json-desde-powershell/

Formulario (Form)

Un "Formulario" (Form) se refiere a un tipo de ventana que se utiliza comúnmente en la creación de interfaces de usuario gráficas, especialmente en el contexto de Windows Forms (WinForms). Un formulario representa una ventana o un cuadro de diálogo que constituye la interfaz de usuario de una aplicación. Los formularios son ventanas que contienen controles y elementos de interfaz de usuario que permiten a los usuarios interactuar con una aplicación de manera estructurada.

Algunas características clave de los formularios en PowerShell son:

- **Interfaz de usuario:** Los formularios proporcionan un lienzo en el que puedes colocar botones, cuadros de texto, etiquetas y otros controles para crear una interfaz de usuario visual.
- **Eventos:** Puedes asociar eventos a los controles en un formulario para responder a las acciones del usuario, como hacer clic en un botón o ingresar datos en un cuadro de texto.
- **Diseño personalizado:** Puedes personalizar la apariencia del formulario, como su tamaño, posición, título y estilo visual. Además, puedes diseñar la disposición de los controles en el formulario.
- **Funcionalidad:** Los formularios permiten a los desarrolladores crear aplicaciones interactivas que recopilen información, realicen cálculos y ejecuten acciones específicas en respuesta a las interacciones del usuario.
- **WinForms:** En PowerShell, los formularios se crean comúnmente utilizando el marco de trabajo Windows Forms (WinForms), que proporciona una forma sencilla y efectiva de diseñar interfaces de usuario basadas en ventanas.

Un ejemplo típico de uso de formularios en PowerShell es la creación de aplicaciones de escritorio con interfaces de usuario gráficas para realizar tareas específicas, como administrar archivos, bases de datos o automatizar procesos.

Ejemplo

Crear un formulario (dos posibles formas de crearlo que hacen lo mismo)

1.

```
$Form = New-Object System.Windows.Forms.Form
$Form.ShowDialog()
```

2.

```
(
   [System.Windows.Forms.Form]@{
      Text = 'Mi formulario'
   }
).ShowDialog()
```

El primer bloque de código crea un formulario de Windows utilizando la biblioteca de Windows Forms en PowerShell. La línea $Form.ShowDialog() muestra el formulario como un cuadro de diálogo modal, que permanecerá en primer plano hasta que el usuario lo cierre.

El segundo bloque de código también crea y muestra un formulario de Windows. En este caso, el formulario tiene el texto "Mi formulario" como título. Al ejecutar .ShowDialog(), el formulario se muestra como un cuadro de diálogo modal similar al primero.

Más información

- https://www.jesusninoc.com/11/09/crear-formularios-parte-1/
- https://www.jesusninoc.com/02/25/crear-formularios-parte-2/
- https://www.jesusninoc.com/03/03/crear-formularios-parte-3/
- https://www.jesusninoc.com/02/03/crear-una-aplicacion-grafica-en-powershell-que-represente-un-piano-con-las-notas-del-do-a-si-y-que-suene-cada-nota/
- https://www.jesusninoc.com/02/03/crear-formulario-dentro-de-otro-formulario-mediante-una-funcion-con-powershell/
- https://www.jesusninoc.com/02/01/convertir-un-script-de-powershell-en-un-ejecutable-de-windows-convertir-un-formulario-en-powershell/

Etiqueta (Label)

Una "Etiqueta" (Label) es un elemento de la interfaz de usuario gráfica que se utiliza para mostrar texto o información estática en una ventana, generalmente en un formulario o en otros contenedores de interfaces gráficas. Representa una etiqueta estándar de Windows. Las etiquetas son componentes visuales que no permiten la interacción del usuario, lo que significa que no se pueden editar ni hacer clic en ellas. En lugar de eso, se utilizan para proporcionar información descriptiva o etiquetar otros controles en la interfaz gráfica.

Algunas características clave de las etiquetas en PowerShell son las siguientes:

- Texto descriptivo: Las etiquetas se utilizan para mostrar información que describe otros controles o proporciona instrucciones al usuario. Por ejemplo, pueden etiquetar cuadros de texto para indicar qué tipo de información se espera en ese campo.
- Personalización: Puedes personalizar el texto, el tamaño, la fuente y el estilo visual de una etiqueta para que se ajuste al diseño de tu interfaz de usuario.
- No interactivas: Las etiquetas son elementos estáticos y no permiten la interacción del usuario. No se pueden editar ni hacer clic en ellas, lo que las hace ideales para mostrar información de solo lectura.
- Facilitan la usabilidad: Ayudan a mejorar la usabilidad de la interfaz al proporcionar indicaciones claras sobre cómo utilizar otros controles en la ventana.

Ejemplo

Crear un componente de tipo etiqueta y añadirlo a un formulario

```
$Label = [System.Windows.Forms.Label]@{
    text = "Etiqueta de ejemplo"
```

```
    AutoSize = $True
}

$Form = [System.Windows.Forms.Form]@{
    Text = 'Mi formulario'
}

$Form.Controls.Add($Label)
$Form.ShowDialog()
```

Este código crea un formulario de Windows con una etiqueta. Primero, se define una etiqueta con el texto "Etiqueta de ejemplo" y se configura para que ajuste automáticamente su tamaño. Después, se crea un formulario con el título "Mi formulario". La etiqueta se añade a los controles del formulario y, finalmente, se muestra como un cuadro de diálogo modal que permanece en primer plano hasta que el usuario lo cierra.

Etiqueta de enlace (LinkLabel)

Un "LinkLabel" es un término comúnmente utilizado en el contexto de interfaces gráficas de usuario (GUI) para describir un control que representa un hipervínculo o enlace dentro de una aplicación o ventana. Representa un control de etiqueta de Windows que puede mostrar hipervínculos. Este control se usa típicamente en aplicaciones de software para proporcionar a los usuarios una forma de acceder a recursos externos o realizar acciones específicas al hacer clic en el enlace.

En el mundo de la programación y el desarrollo de aplicaciones, un "LinkLabel" generalmente presenta las siguientes características:

- Texto de enlace: Muestra un texto que generalmente está formateado de manera que se parezca a un hipervínculo típico en la web. Esto incluye un color y subrayado especial, lo que indica que se puede hacer clic en él.
- Interacción: Permite a los usuarios hacer clic en el texto del enlace para activar una acción o abrir una URL en un navegador web.
- Estilo visual: Puede incluir un cambio en el estilo visual del texto cuando el cursor se coloca sobre el enlace, a menudo resaltando o subrayando el texto.
- Acciones personalizadas: Puede estar vinculado a diversas acciones, como abrir una página web, realizar una búsqueda en una base de datos, mostrar información adicional, entre otros.

Ejemplo

Crear un componente de tipo etiqueta de enlace y añadirlo a un formulario

```
$LinkLabel = [System.Windows.Forms.LinkLabel]@{
    text = "Etiqueta de ejemplo"
```

```
    AutoSize = $True
}

$LinkLabel.add_Click({[system.Diagnostics.Process]::start("https://www.jesusninoc.com")})

$Form = [System.Windows.Forms.Form]@{
    Text = 'Mi formulario'
}

$Form.Controls.Add($LinkLabel)
$Form.ShowDialog()
```

Este código crea un formulario de Windows que contiene un LinkLabel. La etiqueta tiene el texto "Etiqueta de ejemplo" y se ajusta automáticamente a su contenido. Al hacer clic en la etiqueta, se abre el navegador web y se dirige a "https://www.jesusninoc.com". El formulario tiene el título "Mi formulario" y se muestra como un cuadro de diálogo modal. El cuadro de diálogo permanecerá en primer plano hasta que el usuario decida cerrarlo.

Botón (Button)

Un "Botón" (Button) es un elemento de la interfaz de usuario gráfica que permite a los usuarios interactuar con una aplicación al hacer clic en ella. Representa un control de botón de Windows. Los botones son controles fundamentales en el diseño de interfaces de usuario y se utilizan comúnmente para iniciar acciones, ejecutar comandos o activar eventos en una aplicación.

Algunas características clave de los botones en PowerShell son las siguientes:

- **Texto o icono**: Los botones suelen mostrar texto descriptivo que indica la acción que se realizará al hacer clic en el botón. También es posible agregar un icono junto al texto para una representación visual adicional.
- **Eventos**: Puedes asociar eventos al botón, como un evento de clic, para que la aplicación responda a la acción del usuario al hacer clic en el botón.
- **Funcionalidad personalizada**: Los botones se utilizan para realizar acciones específicas dentro de la aplicación, como guardar datos, enviar formularios, realizar cálculos, o cualquier tarea que sea relevante para la funcionalidad de la aplicación.
- **Estilo visual**: Puedes personalizar el estilo visual del botón, incluyendo su tamaño, color, fuente y más, para que se ajuste al diseño general de la interfaz de usuario.

Ejemplo

Crear un componente de tipo botón y añadirlo a un formulario

```
$form = [System.Windows.Forms.Form] @{
    Text = 'Mi formulario'
```

```
}
$button = [System.Windows.Forms.Button] @{
 Text = 'Pulsar'
 Dock = 'Fill'
}
$form.Controls.Add($button)
$form.ShowDialog()
```

Este código crea un formulario de Windows que incluye un botón. El formulario tiene el título "Mi formulario". Se define un botón con el texto "Pulsar", que está configurado para expandirse y llenar todo el espacio disponible en el formulario (Dock = 'Fill'). El botón se añade a los controles del formulario, y al final, se muestra el formulario como un cuadro de diálogo modal que permanecerá en primer plano hasta que el usuario lo cierre.

Ejercicios

Crear un formulario con un botón en PowerShell de forma simple y sencilla

```
using assembly System.Windows.Forms
using namespace System.Windows.Forms
$form = [Form] @{
 Text = 'Mi formulario'
}
$button = [Button] @{
 Text = 'Pulsar'
 Dock = 'Fill'
}
$button.add_Click{
 $form.Close()
}
$form.Controls.Add($button)
$form.ShowDialog()
```

Este código crea un formulario de Windows que incluye un botón que, al pulsarlo, cerrará el formulario. El formulario tiene el título "Mi formulario". Se define un botón con el texto "Pulsar", que está configurado para expandirse y llenar todo el espacio disponible en el formulario (Dock = 'Fill'). Se añade un evento Click al botón, de modo que cuando el usuario hace clic en él, el formulario se cierra ($form.Close()). El botón se agrega a los controles del formulario, y finalmente, se muestra el formulario como un cuadro de diálogo modal que permanecerá en primer plano hasta que se cierre.

Añadir botones a un formulario en PowerShell de forma automática

```
$buttons_functionslist=@(
    "Botón1",
    "Botón2",
    "Botón3"
```

```
    "Botón4"
    "Botón5"
)

$buttons_functionbuttoncount = $buttons_functionslist.count

$loop = 0

#Formulario
$Form = New-Object System.Windows.Forms.Form
$Form.Text="Formulario"
$Form.Size=New-Object System.Drawing.Size(500,500)
$Form.StartPosition="CenterScreen"

while($loop -lt $buttons_functionbuttoncount)
    {
    $thisbutton = New-Object System.Windows.Forms.Button
    [string]$thisbuttonname = $buttons_functionslist[$loop]
    $thisbutton.Text = $thisbuttonname
    $thisbutton.size = New-Object System.Drawing.Size(100,20)
    $thisbutton.Location = New-Object System.Drawing.Size(200,(20*$loop+1))
    $thisbutton.Add_Click({
        Write-Host $this.Text
      })
    $Form.Controls.Add($thisbutton)
    $loop += 1
    }

$Form.ShowDialog()
```

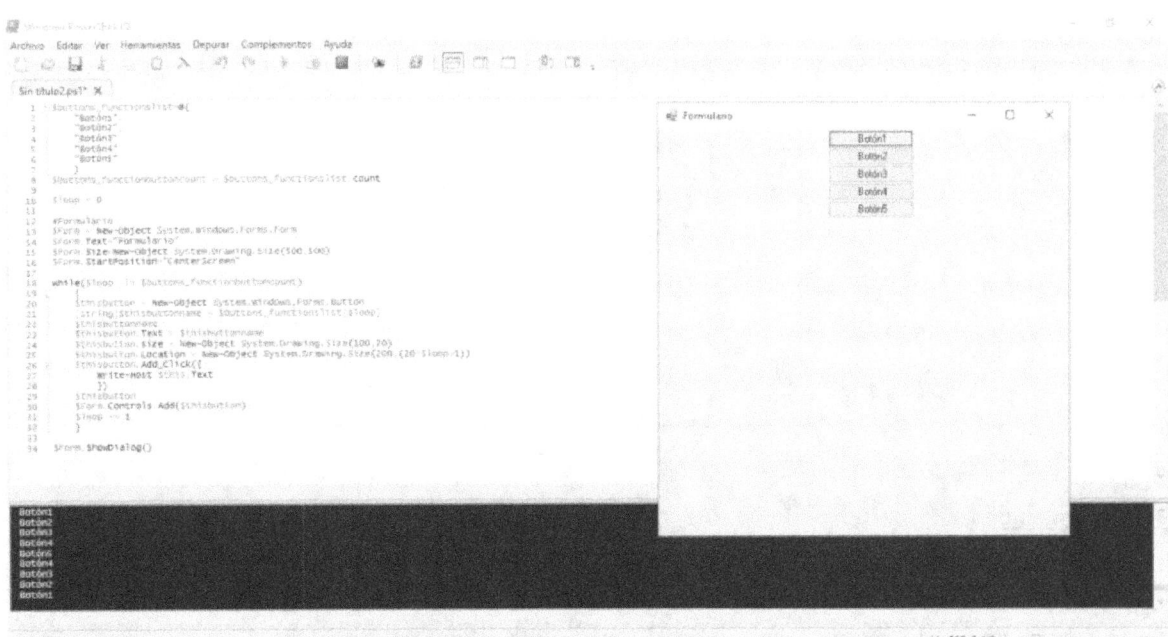

Crear un formulario con dos botones (uno de los botones deshabilitado)

using assembly System.Windows.Forms
using namespace System.Windows.Forms

$form = [Form] @{
 Text = 'Mi formulario'
}
$button = [Button] @{
 Text = 'Pulsar'
 Location = [System.Drawing.Size]::new(100,100)
 BackColor = '#CCCC99'
}
$button2 = [Button] @{
 Text = 'No Pulsar'
 Location = [System.Drawing.Size]::new(100,200)
 Enabled = $false
 BackColor = '#99CC99'
}
$button.add_Click{
 start cmd
}
$button2.add_Click{
 start notepad
}
$form.Controls.Add($button)
$form.Controls.Add($button2)
$form.ShowDialog()

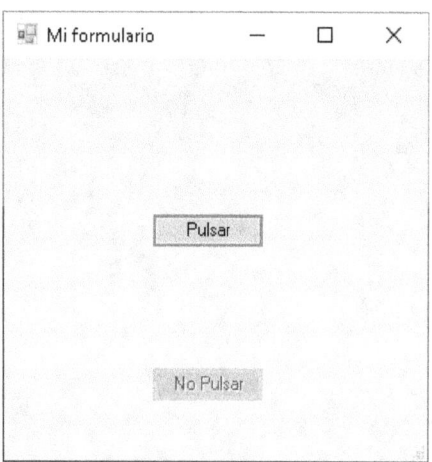

Más información

- https://www.jesusninoc.com/06/17/ver-mediante-una-lista-de-botones-en-un-formulario-de-powershell-las-categorias-de-una-pagina-en-wordpress/

- https://www.jesusninoc.com/06/19/abrir-las-categorias-de-una-pagina-web-en-wordpress-que-se-listan-mediante-botones-en-un-formulario-de-powershell/
- https://www.jesusninoc.com/03/23/crear-un-formulario-con-botones-que-sean-los-numeros-del-1-al-9-y-cada-vez-que-se-pulsa-un-numero-se-anada-a-una-caja-de-texto-en-powershell/

Caja de texto (TextBox)

Una "Caja de texto" (TextBox) es un control de interfaz de usuario gráfica que permite a los usuarios ingresar y editar texto. Representa un control de cuadro de texto de Windows. Estas cajas de texto son elementos fundamentales en la creación de formularios y aplicaciones que requieren entrada de datos textual, como campos de búsqueda, campos de texto en formularios, y más.

Aquí tienes algunas características clave de las cajas de texto en PowerShell:

- Entrada de texto: Los usuarios pueden escribir y editar texto dentro de una caja de texto.
- Eventos: Puedes asociar eventos a las cajas de texto para responder a las acciones del usuario, como cuando se ingresa o modifica el texto.
- Propiedades de estilo: Puedes personalizar la apariencia de la caja de texto, incluyendo el tamaño, el color, el tipo de letra y el formato.
- Validez de datos: Puedes implementar validación para asegurarte de que los datos ingresados cumplan con ciertos criterios antes de procesarlos.

Ejemplo

Crear un componente de tipo caja de texto y añadirlo a un formulario

```
$form = [System.Windows.Forms.Form] @{
 Text = 'Mi formulario'
}
$TextBox = [System.Windows.Forms.TextBox] @{
 Text = "Texto de prueba"
}
$form.Controls.Add($TextBox)
$form.ShowDialog()
```

Este código crea un formulario de Windows que contiene un cuadro de texto. El formulario tiene el título "Mi formulario". Se define un cuadro de texto (TextBox) con el texto predeterminado "Texto de prueba". El cuadro de texto se añade a los controles del formulario, y al final, se muestra el formulario como un cuadro de diálogo modal, lo que significa que permanecerá en primer plano hasta que el usuario lo cierre.

Casilla de verificación (CheckBox)

Una "Casilla de verificación" (CheckBox) es un elemento de interfaz de usuario que permite a los usuarios seleccionar o deseleccionar una opción. Representa un control CheckBox de Windows. Las casillas de verificación se utilizan comúnmente para presentar una lista de elementos o opciones entre las cuales los usuarios pueden elegir.

Algunas características clave de las casillas de verificación en PowerShell son las siguientes:

- Selección de opciones: Los usuarios pueden marcar o desmarcar una casilla de verificación para seleccionar o deseleccionar una opción específica.
- Eventos: Puedes asociar eventos a las casillas de verificación para responder a las selecciones del usuario.
- Agrupación: Puedes agrupar casillas de verificación para permitir que los usuarios seleccionen múltiples opciones de una lista.
- Validación de datos: Las casillas de verificación son útiles para validar y recopilar selecciones del usuario.

Ejemplo

Añadir una casilla de verificación a un formulario

```
$CheckBox = [System.Windows.Forms.CheckBox]@{
   text = "Opción 1"
}

$Form = [System.Windows.Forms.Form]@{
   Text = 'Mi formulario'
}

$Form.Controls.Add($CheckBox)
$Form.ShowDialog()
```

Este código crea un formulario de Windows que incluye una casilla de verificación. El formulario tiene el título "Mi formulario". Se define una casilla de verificación (CheckBox) con el texto "Opción 1". La casilla de verificación se añade a los controles del formulario, y finalmente, se muestra el formulario como un cuadro de diálogo modal, lo que significa que permanecerá en primer plano hasta que el usuario lo cierre.

Ejercicio

Añadir varias casillas de verificación a un formulario

```
$CheckBox_functionslist=@(
    "CheckBox1",
    "CheckBox2",
    "CheckBox3"
    "CheckBox4"
    "CheckBox5"
)

$CheckBox_functionbuttoncount = $CheckBox_functionslist.count

$loop = 0

#Formulario
$Form = New-Object System.Windows.Forms.Form
$Form.Text="Formulario"
$Form.Size=New-Object System.Drawing.Size(500,500)
$Form.StartPosition="CenterScreen"

while($loop -lt $CheckBox_functionbuttoncount)
    {
    $thisCheckBox = New-Object System.Windows.Forms.CheckBox
    [string]$thisCheckBoxname = $CheckBox_functionslist[$loop]
    $thisCheckBox.Text = $thisCheckBoxname
    $thisCheckBox.size = New-Object System.Drawing.Size(100,20)
    $thisCheckBox.Location = New-Object System.Drawing.Size(200,(20*$loop+1))
    $thisCheckBox.Add_Click({
        Write-Host $this.Text
        })
    $Form.Controls.Add($thisCheckBox)
    $loop += 1
    }

$Form.ShowDialog()
```

Cuadro combinado (ComboBox)

Representa un control de cuadro combinado de Windows.

Ejercicio

Añadir un cuadro combinado con varias opciones a un formulario

```
$textComboBox = @(
        "CheckBox1",
        "CheckBox2",
        "CheckBox3"
        "CheckBox4"
        "CheckBox5"
)

$ComboBox = [System.Windows.Forms.ComboBox]@{
   text = "Seleccionar"
}

foreach($elemento in $textComboBox)
{
   $ComboBox.Items.Add($elemento)
}

$Form = [System.Windows.Forms.Form]@{
   Text = 'Mi formulario'
```

}

$Form.Controls.Add($ComboBox)
$Form.ShowDialog()

El código define una interfaz gráfica en PowerShell que crea un formulario con un cuadro combinado (ComboBox). Primero, se establece un array llamado $textComboBox que contiene varias opciones de texto, como "CheckBox1", "CheckBox2", "CheckBox3", "CheckBox4" y "CheckBox5". Después, se inicializa un ComboBox titulado "Seleccionar". A continuación, se utiliza un bucle foreach para agregar cada elemento del array $textComboBox al ComboBox. Finalmente, se crea un formulario titulado "Mi formulario" y se añade el ComboBox a este formulario, que después se muestra al usuario mediante el método ShowDialog().

Selector de fecha y hora (DateTimePicker)

Representa un control de Windows que permite al usuario seleccionar una fecha y una hora, y mostrarlas con un formato especificado.

Ejemplo

Crear un selector de fecha y hora dentro de un formulario

```
$form = [System.Windows.Forms.Form] @{
 Text = 'Mi formulario'
}

$DatePicker = [System.Windows.Forms.DateTimePicker] @{
    Width = "200"
    Location = "50, 10"
}

$TimePicker = [System.Windows.Forms.DateTimePicker] @{
    Width = "200"
    Location = "50, 50"
    Format = [System.Windows.Forms.DateTimePickerFormat]::Custom
    CustomFormat = "HH:mm:ss"
}

$form.Controls.Add($DatePicker)
$form.Controls.Add($TimePicker)
$form.ShowDialog()
```

El código crea un formulario que contiene un selector de fecha y un selector de hora. El formulario tiene un título, y el selector de hora permite seleccionar la hora en formato de 24 horas. Una vez ejecutado, el formulario se mostrará hasta que el usuario lo cierre.

Cuadro de lista (ListBox)

Representa un control de Windows para mostrar una lista de elementos.

Ejercicio

Crear un formulario con una ListBox (o cuadro de lista)

```
using assembly System.Windows.Forms
using namespace System.Windows.Forms

$form = [Form] @{
 Text = 'Mi formulario'
}

$listBox = [ListBox] @{
 Location = New-Object System.Drawing.Point(10,40)
 Size = New-Object System.Drawing.Size(260,40)
 Height = 150
}

[void] $listBox.Items.Add('1')
[void] $listBox.Items.Add('2')

$button = [Button] @{
 Text = 'Pulsar y mostrar elemento seleccionado'
 Size = New-Object System.Drawing.Size(260,40)
}
$button.add_Click{
 Write-Host $listBox.SelectedItem
 $form.Close()
}

$form.Controls.Add($listBox)
$form.Controls.Add($button)
$form.ShowDialog()
```

Vista de lista (ListView)

Representa un control de vista de lista de Windows, el cual muestra una colección de elementos que se pueden ver mediante distintas vistas.

Ejemplo

<u>**Crear un formulario con una vista de la lista distinta**</u>

```
$form = [System.Windows.Forms.Form] @{
   Text = 'Mi formulario'
   Width = 400
   Height = 400
}

$datos = [System.Windows.Forms.ListViewItem] @{
   Text = "1"
}

$datos.SubItems.Add('Pepito')
$datos.SubItems.Add('Grillo')

$ListView = [System.Windows.Forms.ListView] @{
   View = 'Details'
   Width = 400
   Height = 400
}
```

```
$ListView.Columns.Add('Identificador')
$ListView.Columns.Add('Nombre')
$listView.Columns.Add('Apellido')
$ListView.Items.AddRange(($datos))

$form.Controls.Add($ListView)
[void] $form.ShowDialog()
```

El código crea un formulario de 400x400 píxeles que contiene un control ListView con tres columnas: "Identificador", "Nombre" y "Apellido". Se agrega un único elemento a la lista con un identificador de "1", nombre "Pepito" y apellido "Grillo".

Calendario mensual (MonthCalendar)

Representa un control de Windows que permite al usuario seleccionar una fecha mediante una presentación del calendario mensual visual.

Ejemplo

Crear un formulario con un calendario mensual

```
$form = [System.Windows.Forms.Form] @{
 Text = 'Mi formulario'
}

$calendar = [Windows.Forms.MonthCalendar] @{
   ShowTodayCircle   = $false
   MaxSelectionCount = 1
}
$form.Controls.Add($calendar)

$form.ShowDialog()
```

Este fragmento de código crea un formulario utilizando la biblioteca de Windows Forms que incluye un control de calendario.

Cuadro de imagen (PictureBox)

Representa un control de cuadro de imagen de Windows para mostrar una imagen.

Ejemplo

Mostrar una imagen mediante un cuadro de imagen dentro de un formulario

```
$form = [System.Windows.Forms.Form] @{
 Text = 'Mi formulario'
}

$img = [System.Drawing.Image]::Fromfile((Get-Item '.\thumbnailimagen.bmp'))

$PictureBox = [System.Windows.Forms.PictureBox] @{
    SizeMode = "Autosize"
    Anchor = "Bottom, right"
    Image = $img
}

$form.controls.add($PictureBox)

$form.ShowDialog()
```

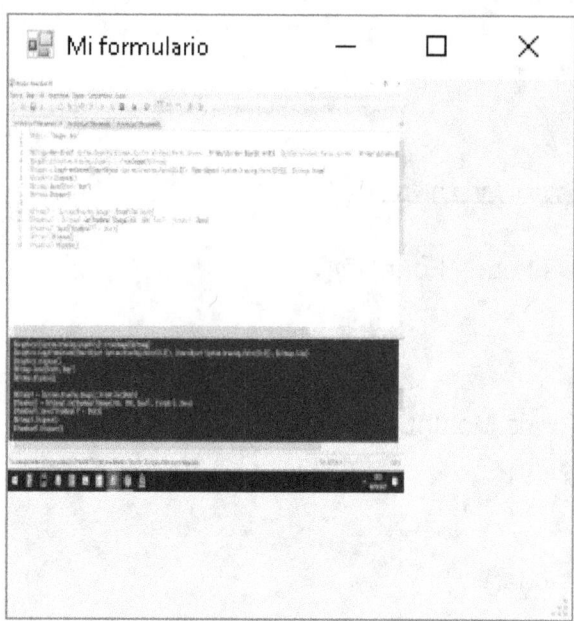

Barra de progreso (ProgressBar)

Representa un control de barra de progreso de Windows.

Ejemplo

Mostrar una barra de progreso dentro de un formulario

```
$Form = [System.Windows.Forms.Form]@{
    Text = 'Mi formulario'
```

```
}

$ProgressBar = [System.Windows.Forms.ProgressBar]@{
    Step = 1
}

$Timer = [System.Windows.Forms.Timer]@{
    Interval = 100
}

$Form.Controls.Add($ProgressBar)

$timer1.add_tick($ProgressBar.PerformStep())
$timer1.Start()

$Form.ShowDialog()| Out-Null
```

Este fragmento crea un formulario que incluye una barra de progreso (ProgressBar) y un temporizador (Timer) para actualizar la barra de progreso.

Botón de opción (RadioButton)

Permite al usuario seleccionar una sola opción de un grupo de opciones cuando se combina con otros controles de botón de opción.

Ejemplo

Añadir un botón de opción a un formulario

```
$RadioButton = [System.Windows.Forms.RadioButton]@{
    text = "Opción 1"
}

$Form = [System.Windows.Forms.Form]@{
    Text = 'Mi formulario'
}

$Form.Controls.Add($RadioButton)
$Form.ShowDialog()
```

Este fragmento crea un formulario sencillo que incluye un botón de opción (radio button).

Cuadro de texto enriquecido (RichTextBox)

Representa un control RichTextBox de Windows.

Ejemplo

<u>Añadir un cuadro de texto enriquecido a un formulario</u>

```
$RichTextBox = [System.Windows.Forms.RichTextBox]@{
   text = "Texto ejemplo"
}

$Form = [System.Windows.Forms.Form]@{
   Text = 'Mi formulario'
}

$Form.Controls.Add($RichTextBox)
$Form.ShowDialog()
```

Este fragmento de código en PowerShell crea un formulario que incluye un cuadro de texto enriquecido (RichTextBox).

Barra de estado (StatusStrip)

Representa un control de barra de estado de Windows.

Ejemplo

<u>Añadir una barra de estado a un formulario</u>

```
$StatusStrip = [System.Windows.Forms.StatusStrip]@{
}

$Form = [System.Windows.Forms.Form]@{
   Text = 'Mi formulario'
}

$Form.Controls.Add($StatusStrip)
$Form.ShowDialog()
```

El código crea un formulario titulado "Mi formulario" que incluye una barra de estado. Sin embargo, dado que no se han agregado elementos a la barra de estado, no mostrará información alguna cuando se ejecute. Una vez ejecutado, el formulario se mostrará hasta que el usuario lo cierre.

Caja de texto (TextBox)

Representa un control de cuadro de texto de Windows.

Ejemplo

<u>Añadir una caja de texto a un formulario</u>

```
$TextBox = [System.Windows.Forms.TextBox]@{
    text = "Text"
}

$Form = [System.Windows.Forms.Form]@{
    Text = 'Mi formulario'
}

$Form.Controls.Add($TextBox)
$Form.ShowDialog()
```

El código crea un formulario titulado "Mi formulario" que incluye un cuadro de texto que contiene el texto "Text". Sin embargo, hay un error en el nombre de la propiedad text, que debe ser corregido a Text. Una vez ejecutado, el formulario se mostrará hasta que el usuario lo cierre, permitiendo la edición del texto.

Contenedores

Un contenedor se compone de componentes, de esa forma se simplifica la tarea de colocar elementos en los interfaces.

Cuadro de grupo (GroupBox)

Representa un control Windows que muestra un marco alrededor de un grupo de controles con un título opcional.

Ejemplo

<u>Añadir varios botones de opciones a un formulario</u>

```
$Form = [System.Windows.Forms.Form]@{
    Text = 'Mi formulario'
}

$RadioButton1 = [System.Windows.Forms.RadioButton]@{
```

```
    text = "Opción 1"
    Location = "20,20"
}
$RadioButton2 = [System.Windows.Forms.RadioButton]@{
    text = "Opción 2"
    Location = "20,40"
}
$RadioButton3 = [System.Windows.Forms.RadioButton]@{
    text = "Opción 3"
    Location = "20,60"
}

$GroupBox = [System.Windows.Forms.GroupBox]@{
    Text = 'Opciones'
    Visible = $true
}

$GroupBox.Controls.Add($RadioButton1)
$GroupBox.Controls.Add($RadioButton2)
$GroupBox.Controls.Add($RadioButton3)

$Form.Controls.Add($GroupBox)

$Form.ShowDialog()
```

El código crea un formulario titulado "Mi formulario" que contiene un cuadro de grupo titulado "Opciones" con tres botones de opción. Una vez ejecutado, el formulario se mostrará hasta que el usuario lo cierre, permitiendo que el usuario seleccione una de las opciones.

Divisor (SplitContainer)

Representa un control que consta de una barra móvil que divide el área de presentación de un contenedor en dos paneles de tamaño variable.

Gestores de posiciones

Los elementos que componen los formularios deben organizarse dentro de ellos mediante una gestión adecuada de las posiciones. La ubicación de los componentes visuales es relativa al contenedor en el que están situados. Es importante tener en cuenta que la coordenada (0,0) representa la esquina superior izquierda del contenedor.

Ejemplo

Mostrar un formulario con componentes representados en distintas posiciones

```
$Form = [System.Windows.Forms.Form]@{
   Text = 'Mi formulario'
   Size = "300,300"
}

$RadioButton1 = [System.Windows.Forms.RadioButton]@{
   text = "Opción 1"
   Location = "20,20"
}
$RadioButton2 = [System.Windows.Forms.RadioButton]@{
   text = "Opción 2"
   Location = "20,40"
}
$RadioButton3 = [System.Windows.Forms.RadioButton]@{
   text = "Opción 3"
   Location = "20,60"
}
$RadioButton4 = [System.Windows.Forms.RadioButton]@{
   text = "Opción 4"
   Location = "20,80"
}

$GroupBox1 = [System.Windows.Forms.GroupBox]@{
   Text = 'Opciones'
   Visible = $true
   Location = "10,10"
   Size = "260,110"
}

$GroupBox1.Controls.Add($RadioButton1)
$GroupBox1.Controls.Add($RadioButton2)
$GroupBox1.Controls.Add($RadioButton3)
$GroupBox1.Controls.Add($RadioButton4)

$Form.Controls.Add($GroupBox1)

$GroupBox2 = [System.Windows.Forms.GroupBox]@{
   Text = 'Valoración'
   Visible = $true
   Location = "10,130"
   Size = "260,110"
}

$TextBox = [System.Windows.Forms.TextBox]@{
```

```
  text = "Text"
  Location = "20,30"
}
```

$GroupBox2.Controls.Add($TextBox)

$Form.Controls.Add($GroupBox2)

$Form.ShowDialog()

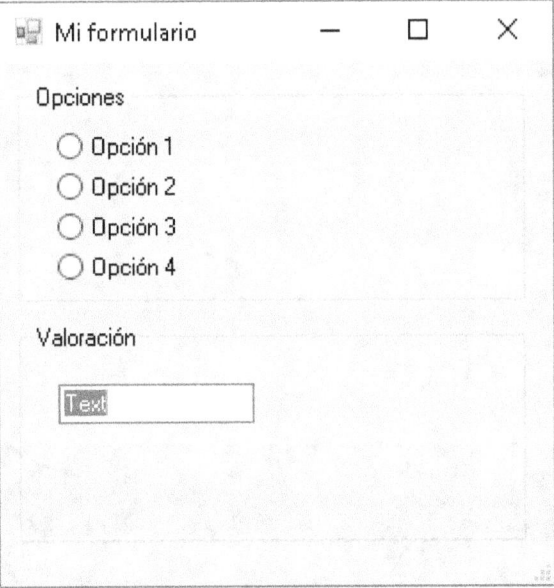

Eventos

Cuando se espera la realización de una acción por parte de un control, puede ser la acción de un usuario interactuando con la interfaz, un ejemplo sería pulsar un botón que cierra una ventana. Hay que especificar las acciones que se llevan a cabo por parte de los controles.

Ejemplos

Crear un botón y añadir un evento que cuando se haga click en el botón aparezca un mensaje de "Estoy pulsando"

```
$form = [System.Windows.Forms.Form] @{
 Text = 'Mi formulario'
}
$button = [System.Windows.Forms.Button] @{
 Text = 'Pulsar'
 Dock = 'Fill'
}
```

```
function Hago-Click{
    Write-Host "Estoy pulsando"
}

$button.add_click({Hago-Click})

$form.Controls.Add($button)
$form.ShowDialog()
```

Crear un formulario, añadir una etiqueta, un botón y una caja de texto, el usuario escribe un texto en la caja de texto y pulsa Enter, en ese caso el texto escrito en la caja de texto aparecerá en la consola de PowerShell, también puede pulsar la tecla ESC, en ese caso saldrá del formulario

```
#Crear un formulario, añadir una etiqueta, un botón y una caja de texto
#Funcionalidad para el formulario:
#Pulsar la tecla Enter almacena en una variable el contenido de la caja de texto y se muestra
#Pulsar la tecla Escape sale del formulario

#Formulario
$Form = New-Object System.Windows.Forms.Form
$Form.Text="Formulario"
$Form.Size=New-Object System.Drawing.Size(500,500)
$Form.StartPosition="CenterScreen"

#Etiqueta
$Label=New-Object System.Windows.Forms.Label
$Label.Text="Etiqueta de ejemplo"
$Label.AutoSize=$True
```

```
$Label.Location=New-Object System.Drawing.Size(160,160)

#Botón
$Button=New-Object System.Windows.Forms.Button
$Button.Size=New-Object System.Drawing.Size(75,23)
$Button.Text="Botón de ejmplo"
$Button.Location=New-Object System.Drawing.Size(180,180)

#Caja de texto
$TextBox = New-Object System.Windows.Forms.TextBox
$TextBox.Location = New-Object System.Drawing.Size(100,220)
$TextBox.Size = New-Object System.Drawing.Size(260,20)

#Funcionalidad para el formulario:
#Pulsar la tecla Enter almacena en una variable el contenido de la caja de texto y se muestra
#Pulsar la tecla Escape sale del formulario
$Form.KeyPreview = $True
$Form.Add_KeyDown({if ($_.KeyCode -eq "Enter"){$Var=$TextBox.Text;Write-Host $Var;$Form.Close()}})
$Form.Add_KeyDown({if ($_.KeyCode -eq "Escape"){$Form.Close()}})

#Añadir etiqueta
$Form.Controls.Add($Label)

#Añadir botón
$Form.Controls.Add($Button)

#Añadir caja de texto
$Form.Controls.Add($TextBox)

$Form.ShowDialog()
```

Ejercicios

Crear una aplicación mediante en PowerShell que incremente y disminuya la frecuencia de sonido

```
# Formulario con sus botones (arriba, abajo, caja de texto)

#Beep function
#Generates simple tones on the speaker

#Beep(Freq,Duration)
#Beep(Frecuencia,Duración)

#Freq: The frequency of the sound, in hertz
#Duration: The duration of the sound, in milliseconds
```

```
# Definición de componentes
$form1 = New-Object System.Windows.Forms.Form
$DownButton = New-Object System.Windows.Forms.Button
$Upbutton = New-Object System.Windows.Forms.Button

# Definición de formulario
$System_Drawing_Size = New-Object System.Drawing.Size
$System_Drawing_Size.Height = 262
$System_Drawing_Size.Width = 284
$form1.ClientSize = $System_Drawing_Size
$form1.DataBindings.DefaultDataSourceUpdateMode = 0
$form1.Name = "formulario"
$form1.Text = "Beep"

# Definición de botón -
$System_Drawing_Point = New-Object System.Drawing.Point
$System_Drawing_Point.X = 224
$System_Drawing_Point.Y = 104
$DownButton.Location = $System_Drawing_Point
$DownButton.Name = "-"
$System_Drawing_Size = New-Object System.Drawing.Size
$System_Drawing_Size.Height = 34
$System_Drawing_Size.Width = 48
$DownButton.Size = $System_Drawing_Size
$DownButton.TabIndex = 2
$DownButton.Text = "-"
$DownButton.UseVisualStyleBackColor = $True
$DownButton.add_Click($handler_DownButton_Click)

# Añadir botón al formulario
$form1.Controls.Add($DownButton)

# Definición de botón +
$System_Drawing_Point = New-Object System.Drawing.Point
$System_Drawing_Point.X = 224
$System_Drawing_Point.Y = 48
$Upbutton.Location = $System_Drawing_Point
$Upbutton.Name = "+"
$System_Drawing_Size = New-Object System.Drawing.Size
$System_Drawing_Size.Height = 34
$System_Drawing_Size.Width = 48
$Upbutton.Size = $System_Drawing_Size
$Upbutton.TabIndex = 1
$Upbutton.Text = "+"
$Upbutton.UseVisualStyleBackColor = $True
$Upbutton.add_Click($handler_UpButton_Click)
```

```powershell
# Añadir botón al formulario
$form1.Controls.Add($Upbutton)

# Definición de caja de texto con valor por defecto
$TextBox = New-Object System.Windows.Forms.TextBox
$TextBox.Location = New-Object System.Drawing.Size(100,220)
$TextBox.Size = New-Object System.Drawing.Size(50,20)
$TextBox.Text = 37

# Añadir cada de texto
$form1.Controls.Add($TextBox)

# Mostrar el formulario
$form1.ShowDialog()

# Programar qué hacer cuando se pulsa el + o el -
$handler_DownButton_Click=
{
    if([Int]$TextBox.Text -in 37..32766)
    {
        [System.Console]::Beep([Int]$TextBox.Text,200)
        $TextBox.Text = ([Int]$TextBox.Text -1)
    }
    else
    {
        $TextBox.Text = 37
    }
}

$handler_UpButton_Click=
{
    if([Int]$TextBox.Text -in 37..32766)
    {
        [System.Console]::Beep([Int]$TextBox.Text,200)
        $TextBox.Text = ([Int]$TextBox.Text +1)
    }
    else
    {
        $TextBox.Text = 37
    }
}
```

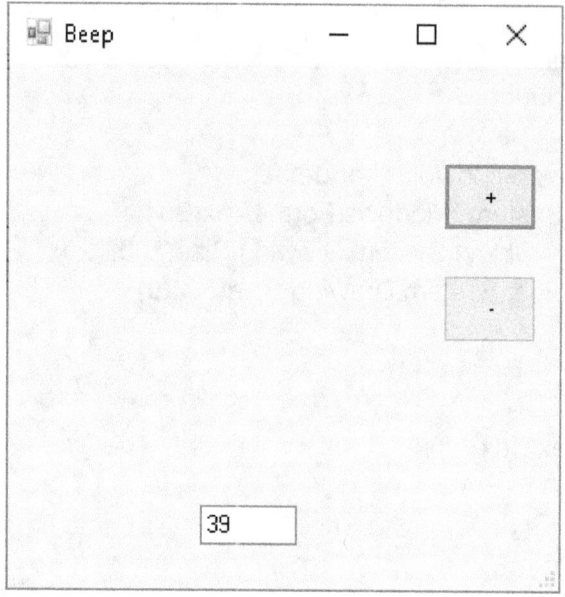

Dibujos

En los interfaces se pueden realizar dibujos en el caso de PowerShell se utiliza el espacio de nombres System.Drawing que proporciona acceso a la funcionalidad gráfica básica de GDI+. Los espacios de nombres System.Drawing.Drawing2D, System.Drawing.Imaging y System.Drawing.Text proporcionan una funcionalidad más avanzada.

Ejemplos

Mostrar los colores de cada uno de los pixeles que tiene una imagen BMP

```
$Cave = [System.Drawing.Bitmap]::FromFile('.\fichero.bmp')
for ($x = 0;$x -lt $Cave.Height;$x+=1)
{
   for ($y = 0;$y -lt $Cave.Width;$y+=1)
   {
      Write-Host "X="$x "Y="$y ($Cave.GetPixel($y,$x).name).substring(2,6)
   }
}
```

Dibujar una recta en una imagen dentro de un formulario de PowerShell

```
# Crear en Pen
$mypen = new-object Drawing.Pen red
$mypen.width = 5

# Crear el formulario
$form = New-Object Windows.Forms.Form
```

```
$form.Width = 580
$form.Height = 235
$formGraphics = $form.createGraphics()

# Añadir una imagen al formulario
$Image = [system.drawing.image]::FromFile("C:\Users\Desktop\bank.jpg")
$Form.BackgroundImage = $Image

# Dibujar una línea en la imagen del formulario
$form.add_paint({$formGraphics.DrawLine($mypen, 550, 170, 420, 185)})

$form.ShowDialog()
```

Dibujar líneas paralelas en PowerShell

```
[void] [System.Reflection.Assembly]::LoadWithPartialName("System.Drawing")
[void] [System.Reflection.Assembly]::LoadWithPartialName("System.Windows.Forms")

$mypen = new-object Drawing.Pen red
$mypen.width = 10
$form = New-Object Windows.Forms.Form
$formGraphics = $form.createGraphics()
$form.add_paint({$formGraphics.DrawLine($mypen, 10, 10, 200, 10)})
$form.add_paint({$formGraphics.DrawLine($mypen, 10, 60, 200, 60)})
$form.add_paint({$formGraphics.DrawLine($mypen, 10, 110, 200, 110)})
$form.add_paint({$formGraphics.DrawLine($mypen, 10, 160, 200, 160)})
$form.ShowDialog()
```

Ejercicios

Dibujar una casa en PowerShell

```
#Create pen
$mypen = new-object Drawing.Pen red
$mypen.width = 10

$form = New-Object Windows.Forms.Form
$formGraphics = $form.createGraphics()

#Drawing tiled
$form.add_paint({$formGraphics.DrawLine($mypen, 100, 10, 10, 100)})
$form.add_paint({$formGraphics.DrawLine($mypen, 100, 10, 200, 100)})

#Drawing square
#$form.add_paint({$formGraphics.DrawLine($mypen, 10, 10, 200, 10)})
$form.add_paint({$formGraphics.DrawLine($mypen, 10, 100, 200, 100)})
$form.add_paint({$formGraphics.DrawLine($mypen, 10, 200, 200, 200)})
$form.add_paint({$formGraphics.DrawLine($mypen, 10, 100, 10, 200)})
$form.add_paint({$formGraphics.DrawLine($mypen, 200, 100, 200, 200)})

$form.ShowDialog()
```

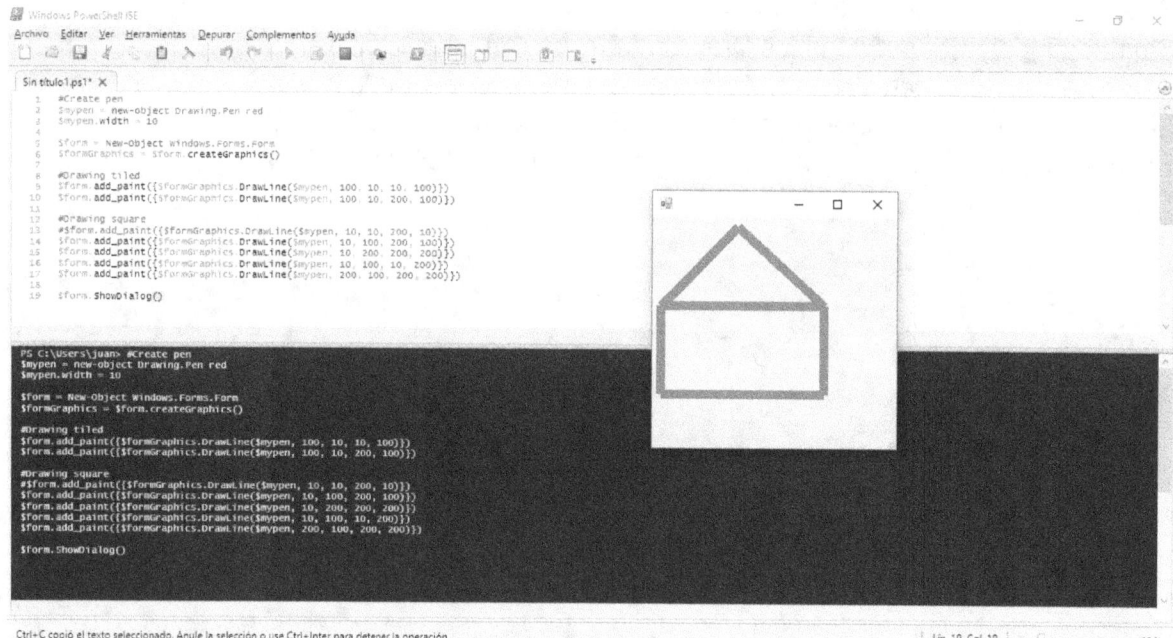

Dibujar un texto dentro de un objeto Bitmap

Add-Type -AssemblyName System.Drawing

$file = "example2.png"

$png = new-object System.Drawing.Bitmap 200,50
$font = new-object System.Drawing.Font Arial,30

$colorl = [System.Drawing.Brushes]::White

```
$graphics = [System.Drawing.Graphics]::FromImage($png)

$graphics.DrawString("Hello",$font,$colorl,5,5)
$graphics.Dispose()
$png.Save($file)
```

Añadir una marca de agua a una imagen

```
#Cargar imagen
$imagen = [System.Drawing.Image]::FromFile("D:\power\foto5.bmp")
#Crear Bitmap
$bmp = New-Object System.Drawing.Bitmap([int]($imagen.width)),([int]($imagen.height))
#Cargar Graphic
$dibujo = [System.Drawing.Graphics]::FromImage($bmp)
#Dibujar la marca de agua utilizando una figura de tipo rectángulo y un texto con una fuente
$dibujo.DrawImage($imagen,(New-Object Drawing.Rectangle
0,0,$imagen.Width,$imagen.Height),0,0,$imagen.Width,$imagen.Height,([Drawing.Graphics
Unit]::Pixel))
$dibujo.DrawString('Marca de agua',(New-Object
System.Drawing.Font("Arial",29,[Drawing.FontStyle]'Bold' )),(New-Object
Drawing.SolidBrush ([System.Drawing.Color]::Red)),0,10)
#Guardar el Bitmap
$bmp.Save('D:\power\foto5marcagua.bmp',[System.Drawing.Imaging.ImageFormat]::Bmp)
$bmp.Dispose()
$imagen.Dispose()
```

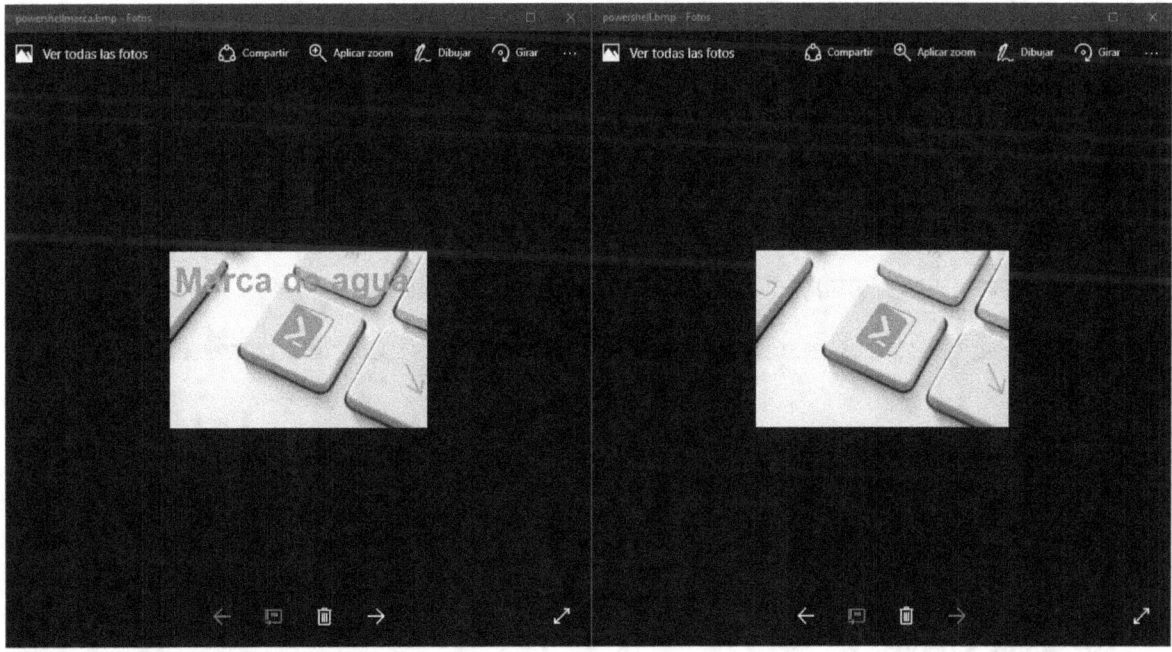

Añadir una marca de agua a varias imágenes

```
#Cargar System.Drawing
[Reflection.Assembly]::LoadWithPartialName("System.Drawing")
```

```
#Listar imágenes
Get-ChildItem D:\power\video\capturas2 | %{
#Listar cada imagen
$_
#Cargar imagen
$imagen = [System.Drawing.Image]::FromFile($_.FullName)
#Crear Bitmap
$bmp = New-Object System.Drawing.Bitmap([int]($imagen.width)),([int]($imagen.height))
#Cargar Graphic
$dibujo = [System.Drawing.Graphics]::FromImage($bmp)
#Dibujar la marca de agua utilizando una figura de tipo rectángulo y un texto con una fuente
$dibujo.DrawImage($imagen,(New-Object Drawing.Rectangle 0,0,$imagen.Width,$imagen.Height),0,0,$imagen.Width,$imagen.Height,([Drawing.GraphicsUnit]::Pixel))
$dibujo.DrawString('Marca de agua',(New-Object System.Drawing.Font("Arial",29,[Drawing.FontStyle]'Bold' )),(New-Object Drawing.SolidBrush ([System.Drawing.Color]::Red)),0,10)
#Guardar el Bitmap
$bmp.Save('D:\power\video\capturas3\'+$_.Name,[System.Drawing.Imaging.ImageFormat]::Bmp)
$bmp.Dispose()
$imagen.Dispose()
}
```

Crear un objeto Bitmap y guardar una captura de la pantalla dentro del mismo

```
$b = New-Object System.Drawing.Bitmap([System.Windows.Forms.Screen]::PrimaryScreen.Bounds.Width, [System.Windows.Forms.Screen]::PrimaryScreen.Bounds.Height)
$g = [System.Drawing.Graphics]::FromImage($b)
$g.CopyFromScreen((New-Object System.Drawing.Point(0,0)), (New-Object System.Drawing.Point(0,0)), $b.Size)
$g.Dispose()
$b.Save("fichero.bmp",'Bmp')
```

Crear un formulario con un botón que al pulsarlo realiza una captura de pantalla cinco segundos después

```
using assembly System.Windows.Forms
using namespace System.Windows.Forms

function screenshot($path)
{
    Start-Sleep -Seconds 6
        $b=New-Object System.Drawing.Bitmap([System.Windows.Forms.Screen]::PrimaryScreen.Bounds.Width, [System.Windows.Forms.Screen]::PrimaryScreen.Bounds.Height)
        $g=[System.Drawing.Graphics]::FromImage($b)
```

```
        $g.CopyFromScreen((New-Object System.Drawing.Point(0,0)), (New-Object System.Drawing.Point(0,0)), $b.Size)
        $g.Dispose()
        $b.Save($path,'Bmp')
}

$form = [Form] @{
Text = 'Mi formulario'
BackgroundImageLayout = "None"
}
#Creación de los botones
$button = [Button] @{
 Text = 'Realizar captura de pantalla (en 5 segundos realiza)'
 Dock = 'Top'
}

#Acciones de los botones
$button.add_Click{

screenshot(".\test.bmp")

#Creación del formulario
$Image=[system.drawing.image]::FromFile(".\test.bmp")

$form2 = [Form] @{
Text = 'Mi formulario'
BackgroundImage = $Image
Width = $Image.Width
Height = $Image.Height
BackgroundImageLayout = "None"
}
$form2.ShowDialog()
}

#Añadir botones al formulario
$form.Controls.Add($button)
$form.ShowDialog()
```

Realizar una captura de pantalla mediante una interfaz gráfica creada con PowerShell

```
[Reflection.Assembly]::LoadWithPartialName("System.Drawing")
Add-Type -AssemblyName System.Windows.Forms
Add-Type -AssemblyName System.Drawing

function screenshot($path)
{
```

```
    $b=New-Object System.Drawing.Bitmap([System.Windows.Forms.Screen]::PrimaryScreen.Bounds.Width, [System.Windows.Forms.Screen]::PrimaryScreen.Bounds.Height)
    $g=[System.Drawing.Graphics]::FromImage($b)
    $g.CopyFromScreen((New-Object System.Drawing.Point(0,0)), (New-Object System.Drawing.Point(0,0)), $b.Size)
    $g.Dispose()
    $b.Save($path,'Bmp')
}

$form = New-Object System.Windows.Forms.Form
$form.Text = "Guardar fondo"
$form.Size = New-Object System.Drawing.Size(300,200)
$form.StartPosition = "CenterScreen"

$OKButton = New-Object System.Windows.Forms.Button
$OKButton.Location = New-Object System.Drawing.Point(75,120)
$OKButton.Size = New-Object System.Drawing.Size(75,23)
$OKButton.Text = "Guardar"
$OKButton.DialogResult = [System.Windows.Forms.DialogResult]::OK
$form.AcceptButton = $OKButton
$form.Controls.Add($OKButton)

$CancelButton = New-Object System.Windows.Forms.Button
$CancelButton.Location = New-Object System.Drawing.Point(150,120)
$CancelButton.Size = New-Object System.Drawing.Size(75,23)
$CancelButton.Text = "Cancelar"
$CancelButton.DialogResult = [System.Windows.Forms.DialogResult]::Cancel
$form.CancelButton = $CancelButton
$form.Controls.Add($CancelButton)

$label = New-Object System.Windows.Forms.Label
$label.Location = New-Object System.Drawing.Point(10,20)
$label.Size = New-Object System.Drawing.Size(280,20)
$label.Text = "Nombre para guardar la foto:"
$form.Controls.Add($label)

$textBox = New-Object System.Windows.Forms.TextBox
$textBox.Location = New-Object System.Drawing.Point(10,40)
$textBox.Size = New-Object System.Drawing.Size(260,20)
$form.Controls.Add($textBox)

$form.Topmost = $True

$form.Add_Shown({$textBox.Select()})
$result = $form.ShowDialog()
```

```
if ($result -eq [System.Windows.Forms.DialogResult]::OK)
{
Start-Sleep -Seconds 1
$x = $textBox.Text
$path= "$HOME\Desktop\$x.bmp"
screenshot($path)
}
```

Realizar una miniatura de una imagen

```
$Path = "imagen.bmp"

$Bitmap=New-Object
System.Drawing.Bitmap([System.Windows.Forms.Screen]::PrimaryScreen.Bounds.Width,
[System.Windows.Forms.Screen]::PrimaryScreen.Bounds.Height)
$Graphics=[System.Drawing.Graphics]::FromImage($Bitmap)
$Graphics.CopyFromScreen((New-Object System.Drawing.Point(0,0)), (New-Object
System.Drawing.Point(0,0)), $Bitmap.Size)
$Graphics.Dispose()
$Bitmap.Save($Path,'Bmp')
$Bitmap.Dispose()

$BitmapT = [System.Drawing.Image]::FromFile($Path)
$Thumbnail = $BitmapT.GetThumbnailImage(200, 200, $null, [intptr]::Zero)
$Thumbnail.Save("thumbnail" + $Path)
$BitmapT.Dispose()
$Thumbnail.Dispose()
```

Detectar el color de un píxel de una captura de pantalla

```
$path="prueba.bmp"
```

```
$b=New-Object System.Drawing.Bitmap([System.Windows.Forms.Screen]::PrimaryScreen.Bounds.Width,[System.Windows.Forms.Screen]::PrimaryScreen.Bounds.Height)
$g=[System.Drawing.Graphics]::FromImage($b)
$g.CopyFromScreen((New-Object System.Drawing.Point(0,0)), (New-Object System.Drawing.Point(0,0)), $b.Size)
$g.Dispose()
$b.Save($path,'Bmp')

$Cave = [System.Drawing.Bitmap]::FromFile('.\prueba.bmp')
$Cave.GetPixel(974,1005)
```

Comparar dos imágenes con PowerShell indicando el momento en el que empieza la diferencia

```
#Es necesario que las dos imágenes estén en la misma posición inicial
$foto1 = [System.Drawing.Bitmap]::FromFile('C:\Users\juan\Desktop\recono\coche.png')
$foto2 = [System.Drawing.Bitmap]::FromFile('C:\Users\juan\Desktop\recono\coche - copia.png')

$pixelestotales=0
$pixelesdistintos=0

$primeraposicion=0

for($y=0;$y -lt $foto1.Height;$y+=1)
{
    for($x=0;$x -lt $foto1.Width;$x+=1)
    {
        $pixelestotales+=1
        if($foto1.GetPixel($x,$y).name -eq $foto2.GetPixel($x,$y).name)
        {
        }
        else
        {
            $pixelesdistintos+=1
            if($primeraposicion -eq 0)
            {
                Write-Host "Empieza la diferencia de la foto: $x,$y"
                $primeraposicion=1
            }
        }
    }
}

$porcentajepixelesdistintos=($pixelesdistintos/$pixelestotales)*100
Write-Host "Píxeles totales: $pixelestotales"
```

Write-Host "Píxeles distintos: $pixelesdistintos, porcentaje de píxeles distintos: $porcentajepixelesdistintos"

Comparar dos imágenes con PowerShell mostrando la diferencia

```
#Es necesario que las dos imágenes estén en la misma posición inicial
$foto1 = [System.Drawing.Bitmap]::FromFile('C:\Users\juan\Desktop\recono\coche.png')
$foto2 = [System.Drawing.Bitmap]::FromFile('C:\Users\juan\Desktop\recono\coche - copia.png')

$pixelestotales=0
$pixelesdistintos=0

for($y=0;$y -lt $foto1.Height;$y+=1)
{
   for($x=0;$x -lt $foto1.Width;$x+=1)
   {
      $pixelestotales+=1
      if($foto1.GetPixel($x,$y).name -eq $foto2.GetPixel($x,$y).name)
      {
         switch ($foto1.GetPixel($x,$y).name){
            default{Write-Host ' ' -BackgroundColor White -ForegroundColor Black -NoNewLine}
         }
      }
      else
      {
         $pixelesdistintos+=1
         switch ($foto2.GetPixel($x,$y).name){
```

```
            default{Write-Host ' ' -BackgroundColor Black -ForegroundColor White -NoNewLine}
        }
      }
    }
    Write-Host " "
}

$porcentajepixelesdistintos=($pixelesdistintos/$pixelestotales)*100
Write-Host "Píxeles totales: $pixelestotales"
Write-Host "Píxeles distintos: $pixelesdistintos, porcentaje de píxeles distintos: $porcentajepixelesdistintos"
```

Extraer coordenadas GPS de imágenes con PowerShell

```
$imagePath = 'C:\Users\juan\Desktop\recono\IMG_20171226_232738.jpg'
$imageProperties = New-Object -TypeName System.Drawing.Bitmap -ArgumentList $imagePath

[double]$LatDegrees = ((([System.BitConverter]::ToInt32($imageProperties.GetPropertyItem(2).Value, 0)) / ([System.BitConverter]::ToInt32($imageProperties.GetPropertyItem(2).Value, 4)));
[double]$LatMinutes = ([System.BitConverter]::ToInt32($imageProperties.GetPropertyItem(2).Value, 8)) / ([System.BitConverter]::ToInt32($imageProperties.GetPropertyItem(2).Value, 12));
[double]$LatSeconds = ([System.BitConverter]::ToInt32($imageProperties.GetPropertyItem(2).Value, 16)) / ([System.BitConverter]::ToInt32($imageProperties.GetPropertyItem(2).Value, 20));
[double]$LonDegrees = ((([System.BitConverter]::ToInt32($imageProperties.GetPropertyItem(4).Value, 0)) / ([System.BitConverter]::ToInt32($imageProperties.GetPropertyItem(4).Value, 4)));
[double]$LonMinutes = ([System.BitConverter]::ToInt32($imageProperties.GetPropertyItem(4).Value, 8)) / ([System.BitConverter]::ToInt32($imageProperties.GetPropertyItem(4).Value, 12));
[double]$LonSeconds = ([System.BitConverter]::ToInt32($imageProperties.GetPropertyItem(4).Value, 16)) / ([System.BitConverter]::ToInt32($imageProperties.GetPropertyItem(4).Value, 20));

"Latitude: $LatDegrees;$LatMinutes;$LatSeconds"
"Longitude: $LonDegrees;$LonMinutes;$LonSeconds"
```

Más información

- https://www.jesusninoc.com/02/01/how-to-draw-the-letter-a/
- https://www.jesusninoc.com/04/03/drawing-number-one/
- https://www.jesusninoc.com/11/28/dibujar-una-recta-en-una-imagen-dentro-de-un-formulario-de-powershell/

- https://www.jesusninoc.com/03/09/dividir-en-dos-partes-una-captura-de-pantalla/
- https://www.jesusninoc.com/01/22/convert-bitmap-to-html/
- https://www.jesusninoc.com/01/22/convert-bitmap-to-write-host/
- https://www.jesusninoc.com/01/08/convert-una-imagen-jpg-a-caracteres-en-la-consola-de-powershell/
- https://www.jesusninoc.com/03/12/tratamiento-de-imagenes-con-powershell-simular-en-un-dibujo-varias-alturas/

Automatización

En los interfaces gráficos se pueden realizar automatizaciones, en algunos casos se hace de forma gráfica y en otros mediante la gestión de eventos.

Saber más

- https://www.jesusninoc.com/02/03/crear-una-aplicacion-grafica-en-powershell-que-represente-un-piano-con-las-notas-del-do-a-si-y-que-suene-cada-nota/
- https://www.jesusninoc.com/02/03/automatizar-el-funcionamiento-de-una-aplicacion-que-simula-un-piano-pulsar-automaticamente-las-notas-del-piano/
- https://www.jesusninoc.com/01/30/buscar-el-nombre-de-una-clase-de-un-formulario-en-powershell-con-microsoft-spy/
- https://www.jesusninoc.com/01/30/buscar-el-nombre-de-una-clase-de-un-formulario-en-powershell-con-microsoft-spy-y-escribir-un-mensaje-en-una-caja-de-texto-desde-powershell/
- https://www.jesusninoc.com/01/31/buscar-el-nombre-de-una-clase-de-un-formulario-en-powershell-con-microsoft-spy-y-escribir-un-mensaje-en-una-caja-de-texto-sin-conocer-el-identificador-de-ventana-en-concreto-del-proceso-desde-powers/
- https://www.jesusninoc.com/01/30/escribir-y-un-mensaje-en-una-caja-de-texto-y-hacer-click-en-un-boton-de-un-formulario-de-powershell-de-forma-automatica-utilizando-sendmessage-y-findwindowex-de-user32-dll/